欧洲学术丛书
孙周兴 冯俊 主编
赵千帆 执行主编

我们时代的思想姿态

The Gesture of Thought of Our Time

孙周兴 著

同济大学出版社 · 上海
TONGJI UNIVERSITY PRESS · SHANGHAI

图书在版编目（CIP）数据

我们时代的思想姿态 / 孙周兴著 . —上海：同济大学出版社，2023.12

（欧洲学术丛书）

ISBN 978-7-5765-0579-5

Ⅰ. ①我… Ⅱ. ①孙… Ⅲ. ①哲学—随笔—文集 Ⅳ. ① B-53

中国国家版本馆 CIP 数据核字（2023）第 002365 号

“十四五”国家重点出版物出版规划项目

欧洲学术丛书

我们时代的思想姿态

孙周兴　著

丛书策划　熊磊丽　张　翠
责任编辑　丁国生
责任校对　徐春莲
封面设计　张　微

出版发行　同济大学出版社 www.tongjipress.com.cn
（地址：上海市四平路 1239 号　邮编：200092　电话：021-65985622）
经　　销　全国各地新华书店
印　　刷　上海颛辉印刷厂有限公司
开　　本　710mm × 960mm　1/16
印　　张　17
字　　数　340 000
版　　次　2023 年 12 月第 1 版
印　　次　2023 年 12 月第 1 次印刷
书　　号　ISBN 978-7-5765-0579-5
定　　价　108.00 元

总　序

欧洲曾经是一个整体单位。中古基督教的欧洲曾以教会和拉丁文为基础形成相对统一的文明形态。文艺复兴前后，欧洲分出众多以民族语言为基础的现代民族国家。这些民族国家有大有小，有强有弱，也有早有晚（德国算是其中的一个特别迟发的国家了），风风雨雨几个世纪间，完成了工业化—现代化过程。而到 20 世纪的后半叶，欧洲重新开始了政治经济上的一体化进程，1993 年 11 月 1 日，“欧盟”正式成立。至少在名义上，又一个统一的欧洲诞生了——是谓天下大势，分久必合，合久必分么？

马克思当年曾预判：要搞社会主义或者共产主义，至少得整个欧洲一起搞——可惜后来的革命实践走了样。一个统一的欧洲显然也是哲人马克思的理想。而今天的欧盟似乎正在一步步实现马克思他老人家的社会理想。虽然欧盟起步不久，内部存在种种差异、矛盾和问题，甚至有冲突和分裂的危险，但一个崇尚民主自由的欧洲，一个重视民生福利的欧洲，一个趋向稳重节制姿态的欧洲，在今天的世界上是有特别重要的地位和价值的。

马克思之后，欧洲文化进入到一个全面自我反省的阶段。哲人尼采发起的现代性文化批判尤其振聋发聩，但他依旧怀有对“好欧洲人”的希冀。而 20 世纪上半叶相继发生的两次世界大战，更是彻底粉碎了近代以来欧洲知识人的启蒙理性美梦和欧洲中心主义立场，从此以后，“世界历史”进入一个全新的阶段。但另一方面，我们也不得不看到，欧洲的哲学—科学—技术—工业—商业体系，至今仍旧是在全球范围内占统治地位的知识形态、文化形式、制度设计、生产和生活方式。这就是说，今天世界现实的主体和主线依然是欧洲—西方式的。现代性批判的任务仍然是未完成的，而且在今天已成为一个全球性的课题。

欧洲已经是“世界历史性”的欧洲。有鉴于此，我们当年创办了“同济大学欧洲思想文化研究院”。也正因此，我们今天要继续编辑出版“欧洲学术丛书”，愿以同舟共济的精神，推进我国的欧洲文化研究事业。

孙周兴

2017 年 8 月 25 日写于海口

2023 年 4 月 27 日改写于杭州

自　序

响应友人倪梁康博士的号召，我把自己十年来（1990 年以来）一些比较轻松的文章收在一起，凑成眼下这本小书。起初我是相当犹豫的，自己作文少，作成的文字中也少有可读的。但再想想，以为可以趁机把自己过去做过的东西清理一下，虽然未免战战兢兢，但也是一次盘点旧货的机会，往后作文做人，或许就可能小心谨慎些了。此外我也自忖，因为内、外部的种种原因，近几年来自己的心情渐趋浮躁，常有不稳当的感觉，所以，若能腾出一段时间来修理自己的过去，至少可以起到稳定心思的作用，也可以为自己的今后做一个筹划。于是才下决心出这本书。

本书中的大部分文章是一些通常被人们叫作“学术随笔”的东西。梁康博士也是这样向我传达要求的。所谓“学术随笔”，我想大概是指从事学术研究的人们写的比较随意的文字，或者，是指一种带有学术性质的随笔吧。但若认真细究起来，“学术随笔”好像还不能够成为一个严格的文体概念，因为“学术”与“随笔”简直是水火不容的两件东西——“学术”怎么可以“随笔”，“随笔”又怎么可以“学术”呢？好在在我们这个时代里，“文体”似乎已经变得越来越不那么重要了；而且我也宁愿认为，文章就是文章，做得有没有意思、好不好读才是关键，什么什么“体”倒在其次的。

这回选编时，自我感觉并不好，常有歇手不干的念头产生。有的论题并不算太差，我却没有把文章做到令自己满意的份上——而这本是作文的一个基本要求。无可奈何中，我对其中一些文章（特别是早些年发表的几篇）作了文字加工，或有增加，或有删削，总之是想尽量把它们装扮一下。但这件事也并不好弄，原来写的东西固然不好看，毕竟也有自身的路子和样子，又限于目前的力量，并不能当真大动干戈，所以加工的效果依旧是不理想的——到了这步田地，也就只好随它去了。

这些文章被我划分成为三组，而且每一组均被冠以一个硕大的题目，依次为“哲学与时代”“诗歌与思想”和“东方与西方”。这实际上就是把我此前做过的文章作了一个领域上的归类和安排。但不待说，这种编排和立题是不可能十分严格的，未必非如此不可的，有的文章甚至放在任何一组里都是可以的。我大约是一个比较讲究工整的人，所以每一组都被我摆弄为八篇。为此我不得不把几篇计划中的文章赶写了出来。也因为仿佛每一组都有了一个相对集中的主题，我就壮了一下胆子，把少数几篇在论题上相关的但似乎并不属于“学术随笔”的演讲稿以及一篇“编者引论”也放在里面了。但愿不至于太让人讨厌就是了。

这里还想作一个内容上的简单提示。在第一组文章中，我试图表达自己对于哲学的本质及其在现时代的命运的几个基本看法。我是在亚里士多德的“第一哲学”意义上，也即在后世所谓的“存在学”意义上来理解哲学的，正因为这样，我得以把哲学视为一门希腊-欧洲特有的以“形式化”的观念思维为特征的学问。第二组文章差不多是对后哲学的“诗歌”和“思想”关系的讨论。我对此题目一直有点兴趣，因为在我看来，这种关系已经成了当代文化的一个轴心问题，一个关乎现代文化节制和平衡的深层问题。第三组文章显得比较杂乱了，既有几篇书评类的东西，又有讨论翻译问题的文章，还有别的，但似乎都还可以往“东方与西方”这个大题目上挂靠一下。在今天，在我们这里，无论是个体的处境还是群体的现实，无疑都受到“东方与西方”这个题目的规定；而对于从事西方学术研究的中国学者来说，它更是一道解脱不了的紧箍咒了。

读者不难看出，无论在哪一组文章中，我这些年来用力较多的海德格尔思想都或隐或显地起着某种引导作用，尽管其中有的文章并不是直接议论海德格尔的。

书的命名也总是一件难事。我在或花哨或平实的多种可能性之间犹豫良久，终于还是采取偷懒的态度，从目录中选取了一个文章标题，稍作改动，以为书名。这个书名看起来有点大而无当，但或许比较能够概括和综合这本拼凑而成的集子。所谓“我们时代的思想姿态”，倒也不是要标榜什么，而无非是一种自我期许而已——因为我想，无论是思想还是做人，姿态都是最为要紧的，而要真正摆出属己的姿态来，决非易事。

如果没有倪梁康博士的督促，眼下这本书显然还是不可能形成的。在整理成稿的过程中，项义华兄和陆兴华兄为我提供了各方面的支持。朋友们的援臂相助让我感受到了生活中最值得珍视的东西。

2000年12月3日记于德国伍泊塔

目　录

第三编　东方与西方

第一编
哲学与时代

在何种意义上讲哲学是西方的[1]

在德国思想家马丁·海德格尔生前出版的著作中，有三本书以“道路”（Weg）立名：1950 年的《林中路》（*Holzwege*）、1967 年的《路标》（*Wegmarken*）以及 1959 年的《在通向语言的途中》（*Unterwegs zur Sprache*），现在分别被辑为《海德格尔全集》的第五、九、十二卷。学界公认这三“路”都很重要。笔者花了最近六七年时间来翻译这三“路”，虽然艰苦，但感觉还是值得的。《林中路》和《在通向语言的途中》两书的中译本已经在前两年间相继出版，笔者作本文时，两书只在台湾地区有繁体字版印行：《林中路》，台北 1994 年出版；《在通向语言的途中》，台北 1993 年出版。两书简体字版至 1997 年分别由上海译文出版社和商务印书馆出版。而《路标》中译本现在也已有了简体字版（北京 2000 年）。而今《路标》的中译本即可见书，我想在这里说几句译者的话，一是简单地介绍一下《路标》一书，二是就海德格尔毕生所探讨的“存在问题”来谈谈“哲学”的问题。

先谈《路标》一书。《路标》是海德格尔晚年自编的一本文集，汇集了海氏自 1919 年至 1961 年近半个世纪间所作的一些重要文章，计有十四篇，按写作时间顺序编排而成。在《路标》一书中，我们可以比较全面地了解到海德格尔本人的“存在思想”之进程，以及他对于欧洲–西方“存在历史”的独特清理、批判。该书书名亦已向我们明示，它包含着海德格尔在对“存在问题”的不懈追问道路上的各个标记——“路标”。

① 本文系作者为《路标》中译本（台北 1996 年）作的译者序，原载《读书》，北京 1996 年第 8 期，署名白波。收入本书时作了增补。

在《路标》一书中可以见到海德格尔不同时期的诸多名篇。按照通常的分期方法，其中前五篇属于早期海德格尔（20 世纪 30 年代前）的作品，如《现象学与神学》《形而上学是什么?》《论根据的本质》等文，是早期海德格尔哲学的名篇。后九篇则归于晚期海德格尔哲学，如《论真理的本质》(1930 年）一文，标志着海德格尔思想“转向”(Kehre）的开端；《关于人道主义的书信》一篇，最明确地传达出后期海德格尔对于其前期哲学的自我反思和自我批判，以及他与以萨特为代表的现代“实存主义”(又译“存在主义”）哲学思潮的自觉划界，也被学界视为海德格尔思想“转向”达到完成的一个标志；而写于 1955 年的《面向存在问题》一文，对 20 世纪后半叶的“后现代主义”思潮产生了显著的影响，尤其是海德格尔在其中首创的“涂划法”(即在“存在”一词上打叉删除，而又以此保留“痕迹”)，后为法国激进思想家雅各·德里达所继承和发扬，对后者的“消解论”思想起到了直接的启发作用。

在上列海德格尔三“路”中，以眼下这本《路标》最具“学术性”，因为比较而言，《路标》书中的文章在形式上（文风、论题等）更近于西方传统学术的讨论风格。从文风上看，《路标》中的文章还是哲学专业的，而其他两“路”，特别是《在通向语言的途中》，就差不多成了诗意十足的文学作品了。从论题上看，《路标》书讨论的几乎完全是哲学史专业的题目。我们从中可以看到海德格尔对西方哲学史上诸多哲学巨匠的讨论，或专题，或兼及，从古希腊哲学大家柏拉图和亚里士多德，到德国近代哲学家莱布尼茨、康德和黑格尔，以及至与海氏同时代的欧洲现代哲学家，如雅斯贝尔斯和萨特，等等。显然，海德格尔把这十四篇不同时期的文章汇集在一起，是有一个专题设计的意图的。

海德格尔在“前言”中亦已明言，《路标》一书意在让读者体察到一条“通向对思想之实事的规定的道路”。所谓“思想之实事”在海氏那里就是“存在”(Sein)。在《林中路》中，海德格尔也把他前期哲学的奠基之作《存在与时间》称为“路标”，实即因为海氏在《存在与时间》中重新提出和追问了“存在问题”，确立了他毕生思想的这个唯一主题。

作为一个理论课题，这个“存在”问题对我们东方人来说毕竟有些无稽，简直令人无从谈起。但它却是西方-欧洲哲学文化的一个根本问题。它绝不是海德格尔或者无论哪个西方哲学家任意发明出来的，而是一个植根于西方思想和语言中的、与西方人的历史性的文化和生存休戚相关的问题。海德格尔甚至把西方的历史称为“存在历史”(Seinsgeschichte)，实为“存在之发生史”，亦可见海德格尔所理解的“存在”首先还不只是一个理论课题而已。不过，在海德格尔看来，自希腊柏拉图时代以降的西方形而上学哲学对“存在”的纯粹理论的探讨，本身就是一种对“存在”之发生运作的“遮蔽”。以海德格尔的说法，形而上学的历史就是“存在之被遗忘状态的历史”。但必须看到，即便这样一个断言也并不是纯然否定性的，并不就意味着海德格尔对西方形而上学传统的全盘否定。海德格尔倒是在“存在”的“命运”(Geschick)或“天命发送”(Schickung)的意义上来理解“历史”(Geschichte)，包括形而上学史的。也就是说，形而上学属于西方的历史性命运。

众所周知，在西方学术传统中，关于“存在”(希腊文的On，拉丁文的esse，德文的Sein，英文的Being)的学问，是所谓“存在学”(Ontologia)。在中文翻译上，我们现在至少有“万有论”“本体论”“存在论”“是论”等译法。我个人倾向于把这个Ontologia译为“存在学”。在我看来，广为流行的“本体论”一译比较难合Ontologia之本义，虽然我们可以通过解释把“本体”与“存在”牵连起来。译为“存在论”本无大碍，因为Ontologia本来就是“存在学说”(Seinslehre)，但这个译名在具体语境里也常常有一些小小的不畅快。

例如，海德格尔喜欢把 Onto logie 与 Theo logie 并用，视两者为西方形而上学的基本要素，有时甚至干脆就把两者合写为 Onto Theo Logie（“存在—神—逻辑学”），因此，如若我们把两者分别译为“存在之论”（“存在论”）与“神之学”（“神学”），感觉总是不太好——明明都是“学”（logie）嘛！

此外还有“是论”一译。我想，持此译名的学者们大概是要突出强调 Ontologia 中的 On 与系词“是”（einai）的形式联系，也即 Being 与 to be 的形式联系，从而强调 Ontologia 的特异性。这种用心固然是很可称道的。但问题恰恰就在于，即便在西文中，作为名词的 On 或者 Being（“存在”）与系词 einai 或者 to be（“是”）也并没有词面上的统一性，为什么我们中文中非得把两者统一起来呢？依我看，如若我们把名词 On 和系词 einai 一概译为“是”，多半会增加混乱，对于了解义理未必会有多少促进。

值得特别指出的是，在现代汉语学术的基本译名中，我们这里译为“存在学”的西文名词 Ontologia，大概算得上最为混乱、最有争议、最难于统一的一个译名了。我敢说，还没有其他任何一个西文学科专名像“存在学”这样，在汉语学界受到如此持久的讨论、争议和解释，同时受到如此顽固的曲解和误解。这种情况是很值得我们深思一番的。它本身就已经表明，“存在学”这门“学”体现了西方-欧洲哲学文化的根本内核，一个与我们中国传统思想和表达格格不入的“硬核”。

“存在学”可以被看作“形而上学”的核心部分，也许后者的内涵更为广大一些，但在海德格尔那里则往往被等同起来使用。海德格尔甚至也在“存在学”的意义上使用“哲学”一词，从而也把“哲学”与“形而上学”等同起来了。海德格尔的理由似乎相当简单：“哲学”是希腊的，而“哲学”（“第一哲学”）研究的是“存在之为存在”，因而就可以与“存在学”“形而上学”划一。

海德格尔在20世纪50年代曾写《这是什么——哲学?》(或直译为:《什么是哲学?》。中译文可参看《海德格尔选集》上卷，孙周兴编选，上海：上海三联书店，1996年，第588页以下)。他在此文中直白地指出：无论是“哲学”(Philosophie) 这个主题，还是“这是什么?”(Was ist das ?) 这样一种追问方式，两者都起源于希腊，也就是说，“哲学”“存在学”或“形而上学”是“希腊的”，而且只是“希腊的”，是“希腊”所专有的。海德格尔的这个主张需要我们认真对待。若展开言之，这也就等于说：“哲学”“存在学”或“形而上学”是西方-欧洲所特有的，而其他非欧洲的民族文化是没有“哲学”的，是没有“存在学”或“形而上学”的。

这样说来，问题就特别严重了。

我们要问：海德格尔这个论点的论据究竟何在？在何种意义上可以说“哲学”是“欧洲的”或“西方的”呢？证据主要来自语言，主要显示于语言。海德格尔认为，希腊的哲学家们发展出一种独特的问题方式，即“这是什么?”的问题方式，从语言上看，这种问法其实就标志着希腊语言中——扩大讲，即印欧语言中——系词系统以及存在判断句的高度发达。由此亦可推出，在系词和存在判断句不发达或者晚成的语言文化传统（如汉语文化）中，是没有也不可能有“存在学”或者“哲学”的。

“存在学”研究的是“存在”(On，Sein，Being)，而在希腊文中，On作为名词是从系词einai演化而来的，是经过不定式的形式抽象、进一步动名词化而形成的。这也表明，“存在”(On) 范畴的出现是以语法上趋于成熟的希腊语言为基础的。在海德格尔看来，“存在”范畴是在前苏格拉底的早期希腊“思想”向希腊体系化的“哲学”(柏拉图-亚里士多德的哲学) 的转变中形成的。据海氏研究，前苏格拉底的早期思想家们，例如巴门尼德，还是用einai的各种不同的形式来表示“存在”的，还没有在他的思想语言中使用作为范畴的名词On；而柏拉图和亚里士多德就开始用名词性的 On 来统一前苏格拉底思想家们表示“存在”的不同词语形式了，由此才形成了一种以一个固定不变的、绝对的“存在”（或者所谓的“现象世界”背后的“真实世界”，也即尼采所批判的“另一个世界”）为定向的哲学的追问传统，即形而上学的“柏拉图主义”传统。

总之，海德格尔认为，“存在学”或“形而上学”乃是一套建立在特定的（即希腊的或印欧的）语言系统基础之上的范畴系统，其中的核心范畴就是“存在”（On）。所以“存在学”或“哲学”是“希腊的”，从而也就是“西方-欧洲的”。作为一个范畴系统，“存在学”或“哲学”的基本方法是“形式化”（Formalisierung），这一点早就为胡塞尔所揭示，后又为海德格尔所强调。① 这里我们必须特别注意的是“存在学”或“哲学”的“形式”特性。通常把形成于希腊的几何学和逻辑学视为典型的“形式科学”，其实人们往往忘记了另一门根本性的“形式科学”，那就是“存在学”，或者说，是“存在学”意义上的“哲学”。

可以看出，海德格尔是从他的“存在历史观”和“存在—语言”思想出发来立论的。而在 20 世纪，也有一些西方语言学家和哲学家，从各自的角度思及这个“存在—语言”的维度，从而为海德格尔的上述观点提供了有力的支持。这方面的情况我在别处已经有所讨论，但在这里还想作一个概括性论述。②

20 世纪法国著名的语言学家邦文尼斯特（Benveniste）指出：古希腊的亚里士多德哲学中的“十范畴”乃是“一种特定的语言状态的观念反映”。这也就是说，亚里士多德的哲学范畴是建立在希腊语言的基

① 参看胡塞尔：《逻辑研究》第一卷，海牙 1984 年；以及海德格尔：《宗教生活现象学》，《全集》第六十卷，第四章，美茵法兰克福 1995 年。

② 参看孙周兴：《说不可说之神秘——海德格尔后期思想研究》，上海：上海三联书店，1994 年，前两章。

础上的。法国著名的汉学家谢和耐（J. Gernet）亦认定，希腊语言有以下两个基本的特点：一是体现在语言使用中的“范畴”；二是“存在”观念的根本性意义。[①] 由此足见“存在问题”和“存在学”对于西方欧洲文明的独特性了。

谢和耐进一步从东西方文化比较的角度，分析了中国汉语思想和文明的特殊性。谢氏指出，虽然印度思想的道路不同于希腊的道路，但它也是建立在一整套语言学的范畴之上的（梵语也是一种属于印欧语系的语言），是特别重视“存在”观念的；唯一的例外就是中国文明了，中国文明是建立在一种与印欧语言系统完全不同的“语言模式”之上的。汉语不同于印欧语言，它既没有“语法”范畴，也没有表示“存在”的系动词，因而，在汉语思想中没有形成超越的“存在”观念。

我们也知道，汉语中的系词“是”是晚出的，大约出现在东汉末年，而这就是说，在汉语思想文化的成型时期（即先秦时代）根本还没有这个“是”；而且，汉语中这个晚出的“是”又是从指示代词（“这”）转化而来的，完全不同于印欧语言中经过不定式的抽象而形成的系词“是”。这在语言学研究上已经有了相当明确的定论。在这里，最根本之点恐怕还在于：即使在经过“语法化”——在一定意义上可以说“西方化”——之后的现代汉语中，系词“是”的作用也并没有像印欧语言中的系词那么重要，或者说，它也没有获得印欧语言中的系词所具有的全部语法形式功能，当然也还是不能体现与名词性的“存在”范畴的形式联系的。——语言的本源性是难以离弃的。

还有一位现代语言学家约翰纳斯·罗曼（J. Lohmann），原为德国弗赖堡大学的教授，更明确地从“存在学”角度对汉语与印欧语言系统作了深入比较，并且得出一个结论：中国（汉语）传统思想文化中

---

① 参看谢和耐：《中国和基督教——中国和欧洲文化之比较》，耿升译，上海：上海古籍出版社 1991 年版，第 347—348 页。

没有“存在学差异”（Ontologische Differenz），不可能形成“存在学”。罗曼认为，在印欧语系的语言中，“存在学差异”是明确地体现在语言结构和语法形式中的，而在汉语中则不然。在古代印欧语言中，名词和动词是由词根与词尾组成的，词根表达概念内容，词尾表达概念与事物的关系，所以，在名词和动词形式中就表达出存在与存在者的关系，反映了所谓的“存在学差异”，即存在与存在者的“逻辑—存在学上的差异”。而在汉语中，特别是在古汉语中，词类的界限是不清楚的，概念与客体之间的区分是模糊不清的，也没有形成印欧语言中那种“主—谓”陈述结构（也即系词的不发达）。因此，罗曼认为，汉语中没有形成西方-欧洲式的“存在学差异”。[①]

上面列举的几位欧洲语言学家、汉学家都算不上严格的哲学家，根本也不能说是海德格尔的信徒。当然，约翰纳斯·罗曼曾与海德格尔共过事，受到过海德格尔思想的影响，也对海德格尔的观点有不少引证和讨论，但我们似乎还不能因此认为这位语言学家就是“海德格尔主义者”。[②]但显然，他们是有思想的语言学家，与作为思想家的海德格尔处于一种“近邻关系”中。他们都与海德格尔一样，深入西方哲学和文化的最根本的问题中去了。在真正意义上讲，只有西方-欧洲的文化才是一种“哲学文化”。但这样一个断言并不是在“种族中心主义”（“欧洲中心主义”）的目光里下的，而毋宁说是一个“反种族中心主义”的断言。因为特别是在海德格尔那里，这个断言始终是与“哲学批判”紧紧在一起的。

有必要指出，说中国（汉语）传统文化中没有“哲学”或“存在学”，并没有贬低中国传统文化的意思，更不是说古老的汉语文化没有

---

① 参看约翰纳斯·罗曼：《海德格尔的存在学差异与语言》，载罗曼编：《词语》（Lexis）第一卷，拉尔 1948 年，第 49 页以下。英译文载科克尔曼斯编译：《论海德格尔与语言》，伊汶斯顿 1972 年，第 303 页以下。

② 参看罗曼：《哲学与语言科学》，柏林，1965 年。

自己的“思想”。“哲学”与“思想”是两回事。况且，在我们今天这个多文化交往的世界化时代里，“存在”问题也已经呈现为现代汉语思想的一个课题了，西方的“哲学”也已经成为中国现代学术中的一门基本的“学”了。

语言论思路的开拓是 20 世纪西方学术思想的一大成果。这在学界已属不争的事实。近些年来，我国学者对所谓的“语言论转向”亦津津乐道，多有宣扬。不过，这条具有时代特征的语言论思路的世界性意义仍有待我们进一步去体认、揭示和实现。在我看来，它在文化学上的重要意义就在于：通过多元语言文化视野的开启，一种“非种族中心主义”的文化观得以逐步确立，逐步成为我们时代的主流学术话语倾向。虽然与世界范围内的政治经济层面的现实权益冲突相对照，这种文化观仍未免理想化，未免脆弱，但它毕竟已经有了一个指向未来的开端。

最后，作为海德格尔著作的中译者，我想起欧洲作家米兰·昆德拉给出的一个提醒：“请注意，全世界的译者在‘在’和‘有’这些字面前感到的恐惧！他们为了用一个他们认为少一些平庸的字来代替它们，会什么都干得出来！”[①] 我想，对于昆德拉这里所说的“恐惧”，我们汉语的译者们应该最有体会了。译过一些海德格尔文字的我对于昆德拉的这一番提醒尤为惊恐。或出于“优美的语文”的考虑，或出于自作聪明的卖弄，也或出于语言间的难以逾越的鸿沟，我在译文中究竟干了些什么勾当呢？

① 米兰·昆德拉：《被背叛的遗嘱》，孟湄译，上海：上海人民出版社 1995 年版，第 101 页。

什么是科学：从哲学角度看科学[1]

在座有科学家，有技术家。今天我以“哲学工作者”的身份来跟各位谈科学，恐怕就有班门弄斧的嫌疑，甚至可能有摸老虎屁股的危险了。众所周知，当今时代是一个技术的时代，但技术是以科学为根的，而科学又是以哲学为根的。这里所谓的“根”，就是“基础”和“本”（Grund）的意思。人是容易忘“本”的。我在这里说科学是技术的“根”，先生们大概不至于反对；但我进一步又说哲学是科学的“根”，各位或许就有异议了。希望我下面的讲话，能够把这里的关系说个清楚。自然，待我讲完后，也欢迎大家批判。

一、科学是分科之学

什么是科学？今天即便在大学里面，也已经少有人提此问题了。我们从小就学科学，讲科学；现在我们在研究科学。但正如黑格尔所言：熟知并非真知。对于科学，我们仍大有追问的必要。

我们知道，在汉语中，“科学”是一个外来词，一个译名。以“科学”译英文的 science 和德文的 Wissenschaft，我们的译家们取的是“分科之学”的意思。科学就是分门别类进行研究的学问。显然，这是一个十分宽泛的说法（定义）了。据此看来，今日大学里所设的所有门类，

① 本文系作者 1998 年 6 月 5 日晚在浙江大学“求是学术沙龙”上作的专题报告，主要部分曾在《浙江教育报》上刊出，全文未发表过。

都是科学。从大类上讲，有人文科学（精神科学）、社会科学、自然科学等；从小类上讲，不但数、理、化、天、地、生是科学，而且经济学、社会学、政治学、心理学、文艺学、哲学、神学等也是科学。

的确，纯粹就“分类”而言，我们通常讲的人文科学与自然科学就没有什么分别。以我个人为例，若有人问我是干什么的，我就说是搞文科的；细问下去，我就说是做哲学的，做哲学中的西方哲学，做西方哲学中的现代部分，做现代西方哲学中的德国哲学；若再细问下去，我就说是做20世纪德国哲学中的现象学部分，做现象学中的海德格尔哲学，而且一向主要是做海德格尔哲学的后期部分，现在准备关心一下前期部分——喏，我的“专业”就是这样被确定下来的。这种基于分类的专业化，在文、理、工各科中都是一样的情况。它当然构成了对“人性”的限制（所谓分工的“异化”），但在现代社会里，却差不多就是我们个人的一个“活命法宝”了。

我们从中文字面上把“科学”理解为“分科之学”。虽然这样一个“科学”概念还是很不充分的，还未能揭示出科学的本质，但也必须看到，“分类”确实是科学的一个重要特质。科学一产生，就有了分类。众所周知，今日世界的教学建制和知识系统，就是建立在西方的科学（知识）分类体系基础上的。对于科学和知识来说，分类是极其必要的，但须注意的是，这种分类又是有原则和限制的。依我看来，时下国内大学某些系科的设置，诸如大学里的“旅游学院”“财会学院”之类东西，就属于“分类过度”的产物了。在我们这里，之所以要这样“过度地分类”，据说是为了吸引考生。同样为了这个目的，一些大学甚至把数、理、化、天、地、生这些基础科学的名称都改变了。我个人以为，这就很有点亵渎科学的味道了。

我们今天会认为，科学的分类是按照“课题对象”进行的。但实际上，在“科学之父”亚里士多德那里，科学分类的依据却并不是研究领域，而是人类的行为或行动。亚里士多德认为，人类行为无非有三种：

认识、实践、创造。与之相应，“知识”（Espiteme），亦即广义的“科学”，也就可以分为三类：一为理论性科学，如数学、物理学、形而上学等；二为实践性科学，如伦理学、政治学、经济学等；三为创造性科学，如诗学、修辞学等。因为在希腊人看来，“认识”是人的最高活动，人只有通过“认识”才能够掌握最高的真理，进而才能获得至高的幸福，所以，理论性科学是最高的科学。这是希腊文化精神的一个基本特征。苏格拉底所谓“知识即是德性”，也应当从这个意义上来理解的。

我们之所以把亚里士多德称为“科学之父”，原因大致有以下三个：其一，亚氏是希腊科学（知识）的集大成者，他首创了科学分类体系；其二，虽然在希腊，亚氏并不是最重视数学的，但他是“形式逻辑”的创立者，同样对希腊演绎科学作出了巨大的贡献；其三，希腊人一般偏于沉思，而轻视或忽视观察和实验（经验），偏偏亚氏是一个例外。近代科学的各个具体门类，包括动物学、生物学、天文学、植物学、地质学等，亚氏都有观察性的研究。我们今天各门科学的历史，几乎都要追溯到亚里士多德那里。

不难看到，亚里士多德为我们提供了一个十分广义的“科学”概念，也就是希腊的“知识”（Espiteme）概念。这也是中文的“科学”这个译名的初始意义。但这种初始的意义已经渐渐消失掉了。我们今天说到“科学”，想的差不多就是“自然科学”。就我所知，即便在现代欧洲语言中，好像也只有德语的 Wissenschaft（科学、知识），还算接近于亚里士多德或者希腊意义上的“科学”。

二、科学的本质：纯粹的形式化思维

我们对于科学的进一步认识，还是要回到古希腊去，仍旧要回到亚里士多德那里。亚氏从人类行为的功效和目的的角度，对三类科学（知识）作了区分：理论性科学是纯粹的，非实用的，无外在目的的；而其他两类，实践性科学和创造性科学，则是指向实际效果的、有外在目的的，它们或者是为了指导城邦公民的政治、伦理生活，或者是为了指导创作、制作。这就是说，前者只为求知而求知，后两者则为着一定目的、一定实果而求知。

在这里，亚里士多德强调理论性科学的纯粹性，已经为我们彰明西方科学的一个本质特性：科学思维是一种纯粹的形式化思维。这种形式化的科学思维被称为“希腊理性”。其榜样科学是数学（几何学）和逻辑学，两者又笼统地被称为“演绎科学”。

科学（演绎科学）的纯粹性和形式性，似乎是用不着我在这里多讲的了，在座诸位都是训练有素的行家里手。我们知道，欧几里得几何学是最早出现的演绎科学之一。这门科学只涉及抽象对象（点、线、面等），而不涉及实质或实际的对象。它从有限的几条公设、公理和定义出发，把通过严密的演绎而得出的一个个命题连接起来，通过形式化的验算来保证每个命题的有效性，并在连贯的推理中把这种有效性确定起来，构成一个严密的演绎体系。[①] 只涉及“形式”（也即理想的、抽象的对象）而无关乎“实质”，这是几何学最显著的一个特点。它跟经验无关，与具体对象无关。这种几何学是古希腊的特产，世界上其他文明类型都没有形成这样一门形式（演绎）科学。在古代中国、巴比伦和埃及，早就有了经验的几何学，而终究没有纯粹的几何学。

再说说逻辑学。西方最早的逻辑学是由亚里士多德完成的。他的逻辑学被称为“形式逻辑”或者“形式逻辑的古典类型”，其“形式性”已昭然可睹了。与几何学一样，形式逻辑也不涉及实质，是不关乎具体、个别的对象的，而只涉及亚氏所谓的“完满的形式”。以一般

① 参看让-皮埃尔·韦尔南：《希腊思想的起源》，秦海鹰译，北京：生活·读书·新知三联书店 1996 年版，第 12 页。

三段论为例，如果我们说：

所有人都必有一死（大前提），
苏格拉底是人（小前提），
所以苏格拉底必有一死。

我们在逻辑学的课堂上常常这样来讲解三段论，但这还不能说是形式逻辑，真正的三段论形式是：

所有 M 是 P（M——P），
S 是 M（S——M），
所以 S 是 P（S——P）。

从地域文明的角度来看，我们可以说世界上曾经有过“中国名学”“印度因明”和“西方逻辑”三大逻辑类型。但显然，今天流通的只是西方逻辑。而且，如果从西方逻辑的“形式性”（“纯粹性”）来衡量，那么，中国名学和印度因明都还不能算是“严格的”逻辑。这里我们必须看到，形式逻辑在希腊的形成是以希腊人的纯粹理论兴趣（求知兴趣）为精神基础的；相反，中国古代（先秦）名学和后世的逻辑思想始终受到了实践目标的限制，而印度因明则受到了宗教功效的束缚，所以终究未能形成纯粹的形态。

在公元前 6 至公元前 3 世纪之间，希腊石破天惊地出现了演绎科学（几何学、逻辑学），这是一个文明的“奇迹”。迄今为止，我们还没有看到对这个“奇迹”产生的原因的完满解释。现代哲学家罗素说过，因为希腊民族是商业和航海的民族，在航海中培养了空间感，而这种空间抽象能力对几何学来说原是十分要紧的。法国学者韦尔南则更倾向于从希腊城邦的政治生活文化语境出发考察希腊理性的起源。

还有其他种种说法。各有所见，但似乎都还不够。如何解开这个谜？这诚然是人类文明史或文化史研究中的一大难题了。

三、科学的根是哲学

我们已经看到，按照亚里士多德的科学分类，形而上学是可以与数学、物理学放在一起的，都是纯粹的理论性科学。这些科学也被叫作哲学（广义的哲学），但在亚里士多德那里，所谓哲学又有“第一哲学”与“第二哲学”之分，这种区分其实就是我们一般理解的“狭义的哲学”（形而上学）与“科学”之分。

“第一哲学”（狭义的哲学）研究 Being as Being，即存在之为存在，后世命之为“存在学”（Ontologia，中文又被译为“本体论”等）。“第二哲学”（也即广义的物理学）则研究 beings，即存在者。Being 与 beings 的区分，被称为“存在学差异”。在这里我不能多谈“存在学”（关于存在的学说）之类的名堂，而只能作一种相对通俗的解说。既有 Being 与 beings 之区分，显然就可得一与多、一般与个别、普遍与特殊、形式与实质等区别。与之相应，“第二哲学”就可以说是“实质科学”，而“第一哲学”或“存在学”就是“形式科学”。“第一哲学”是纯粹的、无关乎“实质”（Beings）的科学。所以，亚里士多德可以把它置于纯粹理论科学一类。

科学的“根”在哲学中，即在“存在学”（Ontologia）中。这是因为，在希腊文艺时代向哲学时代的转变中产生的“存在学”，即亚里士多德所讲的“第一哲学”，根本上是一套以“存在”范畴为核心的抽象的范畴体系，而这套抽象范畴体系的确立，其实意味着希腊文化中一个绝对的“观念领域”（“理念王国”）的确立，而这就为演绎科学的产生奠定了基础，提供了一个观念上的前提。

一个绝对的“本质（理念）领域”是在柏拉图那里确立起来的。所以，西方哲学又常常被规定为“柏拉图主义”。“柏拉图主义”亦是演绎科学的哲学前提。我们知道，欧几里得出现在柏拉图之后约一百年。当然，希腊数学（几何学）有更长的发展过程，是从毕达哥拉斯到柏拉图的历史时期里成长起来的——这个时期被人们称为数学的第一个伟大时期（第二个伟大时期是 17、18 世纪）。看起来，当时的希腊人对几何学有着一种十分古怪的爱好，是我们这些现代人难以理解的。相传柏拉图在雅典的学园门前书有：“不懂几何学者不得入内。”可见他对几何学是何等的重视！

具体讲来，哲学上的柏拉图主义为数学或一般演绎科学提供了以下基本信念：其一，一门关于自然的普遍数学是合法的；其二，宇宙根本上是几何的；其三，宇宙作为整体呈现出一种简单、美丽的几何和谐。[①] 这里我们还必须指出，希腊数学的主体是几何学，在希腊，连算术也具有几何学性质，希腊人的数的观念也与几何形状的观念相接近。这是因为，希腊时代表示数时用的不是我们现在通用的数字，而是不同形式的点。直到亚洲文化为欧洲贡献了阿拉伯数字，欧洲算术才获得了一个新的发展；但正如哲学家和数学家怀特海指出的，阿拉伯数字的贡献也仅仅是技术方面的。[②]

到这里，我想我们已经表达了一个看法：希腊科学（演绎科学）是以希腊哲学（存在学）为“根”的。科学的要求是必然性和普遍有效性，而若没有哲学上的确定性（可靠性）保证，则科学的必然性和有效性仍然是可动摇的。

接下来我们还要来讲讲现代科学。希腊科学还不是起源于 17、18

① 参看 E.A. 伯特：《近代物理科学的形而上学基础》，徐向东译，成都：四川教育出版社 1994 年版，第 41 页。

② 参看怀特海：《科学与近代世界》，何钦译，北京：商务印书馆 1989 年版，第 29 页。

世纪的现代科学。希腊人偏重理论沉思，长于哲学和逻辑，在观念上为现代科学作好了充分的准备，但除掉少数情形外（如亚里士多德），希腊人一般是不注重观察和经验的。而诚如哲学家怀特海所说的，“现代世界”则具有双重成分；既有对抽象和形式的倾心投入，又有对经验事实的强烈兴趣。① 现代科学之所以被称为“实验科学”，原因即在于此。但同样必须指出的是：若没有希腊科学，也就没有现代实验科学。

从形而上学上讲，现代科学的核心乃是这样一个“信念”：我们周围的世界是一个在时、空中按照可以在数学上阐明的定律运动的物质世界。这个信念继承了希腊科学的一个信念：有一门关于自然的普遍数学。但现代科学与希腊科学之间，除了上述观察性（实验性）方面的区别之外，我们以为还有两个重要区别：（1）现代科学抛弃了目的因解释，而采用动力因解释（力学上的物体运动）；（2）现代科学的哲学前提的确立方式已经不同于古代科学，一种知识学的确立方式代替了存在学的方式。后一变化更具有本质性意义。

现代科学的“根”是在笛卡儿那里建立起来的。大家知道，作为解析几何的创立者，笛卡儿十分醉心于数学（演绎科学）的严密和完美（清晰、自明），但数学或一般科学的自明性（Evidence）的“根据”或“基础”在哪里呢？笛卡儿以自己的方式解答了这个问题，从而不但为科学，而且为一般知识建立了一个现代的确定性基础。他的解答方法就是他所谓的“普遍怀疑”：一切皆可怀疑，但“我在怀疑”本身是无可怀疑的，我在怀疑就是我在思想，所以“我思”是无可怀疑的，由“我思”的自明性可推出“我思故我在”这个基本命题。笛卡儿以为，“我思”（思维实体）的自明性和确定性建立起来之后，我们也就找到了知识的可靠性基础。显然，笛卡儿是以一种与希腊不同的方式建立了观念领域的绝对性和确定性。

① 参看怀特海：《科学与近代世界》，何钦译，北京：商务印书馆 1989 年版，第 3 页。

通过上面的简单解说，我们已经初步说明了“科学的根是哲学”的意思。笛卡儿有一个十分经典的比喻：整个哲学（广义的科学、知识）就像一棵树，树根就是形而上学（狭义的哲学），树干就是物理学，而从树干长出来的许多树枝，就是一切其他科学了。① 这个比喻很好，可以用来表达我们的基本想法。

四、科学是西方的，中国古代没有科学

最近有一些学者（如李慎之先生）重新提起一个老话题：中国传统文化中有没有科学？其实，这个问题早就不应该成为问题了，需要追问的倒是要进一步的“为什么”：为什么中国古代没有产生近代（现代）自然科学？但因为在我们这里，理论上的“是不是”的问题往往被搞成情绪上的、价值判断上甚至政治上的“好不好”的问题，所以就容易产生一些混乱。我们往往纠缠于一些无谓的争执，而不能真正深入根本性的问题。譬如说，你断言中国古代没有科学，岂不是没有一点点爱国之心，没有一点点民族自尊心么？你不是民族虚无主义者么？你还是不是一个中国人呢？如此等等。事情往往就这样被弄糊涂了。

本人也曾在文章中试图阐明一个论点：“哲学”是西方–欧洲的，中国古代是没有“哲学”的。② 换一种说法：中国古代文化中没有“哲学”（Philosophie）这样一种东西——但当然是有“文化”的，有“思想”的。对于这个观点的了解，必须建立在我们上面阐明的对希腊哲学和科学之本质的认识基础上面，特别是要以“存在学”哲学为着眼

① 转引自海德格尔：《路标》，《全集》第九卷，美茵法兰克福，1996 年，第 361 页。

② 参看拙文《在何种意义上讲哲学是西方的?》，载《读书》，北京，1996 年第 8 期（也收入本书中）。

点。在我看来，中国古代有没有科学的问题，也需要从哲学的角度来加以讨论。这也是我今天报告的一个题旨。我的基本意思，前面大约已经有了。

这里还想来谈谈科学与技术的区分。如上所述，我们把科学理解为一种以哲学为根的、从希腊发展出来的纯粹的形式化的思维方式。根据这个界定，科学与技术至少有以下两项基本的区别：（1）从思维上讲，科学是形式化的逻辑推演，具有必然性和普遍有效性，而技术则是实质的具体的探索；（2）从目的上讲，科学是无外在目的的求知，而技术是求实际效果的，是有具体目标的。科学是非功效的，非实用的。有了这两点，我们就必须把求知求真的科学——从功效上讲，就是“一无所求”的科学——与求实效的技术区分开来了。

从这样一个“科学”观中，我们也已经不难推出：中国古代是只有“技术”而无“科学”的。我们国人特别喜欢宣传的四大发明，只是“技术”（技艺、工艺）而非“科学”。为什么中国古代没有形成严格意义上的纯粹的科学呢？英国科学和技术史家李约瑟早就指出过如下两点：一是中国没有由严格的逻辑推理发展出一套科学理论；二是中国没有发展出作为各门科学的共同语言的数学。[①] 显然，李约瑟这里的判断依据也是理论科学的形式特性。

在 20 世纪初期，一些高明的中国学者已经能够很好地区分科学与技术，即“学”与“术”了。如梁启超把“学”与“真理”并举，把“术”与“致用”相等；严复也以为“学”与“术”有“知”与“行”的分别。但现在我们却往往把两者混为一谈，不知不觉中已经模糊了科学与技术的区分和界线。

今天，我们的语言用法中有“科技”和“学术”两个说法，若从字面上分析一下是很有些意味的。“科学”之“科”与“技术”之

① 参看李慎之：《中国传统文化中有技术而无科学》，载《新华文摘》，1998 年第 4 期，第 151 页。

“技”被合成为“科技”；而“科学”之“学”与“技术”之“术”被合成“学术”。你不知道到底是怎么回事，但事情大概就是这样了。还有意思的是，在我们的用法中，“科技”一般是指“自然科学”和“技术科学”，与之相对，“学术”却似乎多半被用来指称“人文科学”和“社会科学”；“科技”是生产力，是能产生直接功效（经济效益）的，而“学术”则难有直接的功效（但人们又对它有功效的要求和期待）。从这个角度上，“科技”与“学术”就几近于对立了。而在“学术界”里（自然多半也限于人文科学领域），人们又建立了另一对概念：“学术”和“思想”，这两者有时候被合称为“学术思想”，但在更多情形下又被对置起来，仿佛“学术”只是雕虫小“技”，而“思想”才是最高境界——在今天，我们可怜的人文学者们最怕的大概就是被指责为没有“思想”了。

凡此种种语言上的混乱而模糊的用法，固然可以有不同的解释，其原因自然也是复杂的，但毫无疑问，其中蕴含着语言使用者的一种实用化的理解旨趣和意向。无论是“学”还是“术”，在我们这里一概都被理解为实用的东西了。虽然凡事只求实效和利益是当今世界的总体趋势，不唯中国如此，欧洲和美洲亦然，但在知识和科学层面上的这种完全功效化的理解，大约又是中国的“特色”了。我想这跟现实相关，但也与我们的传统有关。长此以往，在我们的社会和文化中，就难以培养和发展出纯粹的科学和理论兴趣。李慎之先生最近有一个说法，是所谓“科技大国”并非“科学大国”。今天的中国社会好像已经很技术化了，但有没有真正“科学化”呢？这确是我们应该关心和思考的一个问题。

为安全起见，我最后还得啰嗦一句：我们所谓中国古代没有科学，根本就没有否定中国古老文明的意思，我们也并不是站在“西方中心主义”的立场上讲这个话的。关涉到思想的实事，我们首先不能作价值判断。我们只想“面向实事本身”。而“实事本身”是：我们这个时代是世界化时代，世界化的“主体”是西方化，西方的“根源”在古希腊，而古希腊文明留给我们整个人类的是两件东西——“民主”（希腊城邦民主制）和“科学”（希腊理性思维）。现代社会离不开它们，所以它们在今天仍旧被公认为两件好东西。

技术和新人类图景

——关于未来世界的幻想[①]

美国洛杉矶市从20世纪末的某一年起，对罪大恶极的犯人采取了一种较为文明的高技术的刑罚方法：低温冷藏。被冷藏的犯人到了一定期限是可以复活过来的，而冷藏时间则需要根据罪犯情节轻重来判定。1999年，洛杉矶市有一凶犯被判处冷藏50年；而追捕该凶犯的警察因误伤若干人质亦被判了刑，同样被投入冷库里了，而且因为情节特别严重，后者被判处的冷藏时间竟比被他追捕的凶犯还要长。至2050年，该凶犯“刑期”已满，被解冻复活后却本性不改（在冷藏情况下犯人当然是不可能得到“思想改造”的），又在博物馆里偷了枪支到处伤人杀人，在洛市疯狂作案。虽然这时的城市卫星监视系统已经十分发达，完全可以掌握该凶犯每时每刻的行踪，但50年后的“新时代”的警察们已经不再是“野蛮人”了，一个个都文质彬彬、弱不禁风的样子，而且根本就不会使用枪支这种凶器了——他们也只在城市武器博物馆里才看到过这类属于万恶的旧世纪（特别是20世纪）的杀人武器。如何来对付这个凶犯呢？百般无奈中，洛杉矶市警察当局在电脑信息库里查到那位依然被冷藏着的旧世纪的警察，遂决定提前把该警察释放出来（使之复活），让他将功赎罪，重新去捉拿他以前追捕过的凶犯……

这是一部好莱坞电影的故事梗概。被誉为“梦之工厂”的好莱坞的不少影片不但有出奇的想象力，而且偶尔也会有相当深刻的“文化

① 本文未发表过。

批判”的意味。我几年前看过的这部科幻故事片就很有味道，至今仍让我回味。上面对这个电影故事的梗概是我根据自己的记忆作的。因为没有记住片名、人物姓名、故事发生的准确时间和地点，等等，所以我只能通过想象重新把它编织起来。不过，准确地复述这个电影故事也不是本文的目的，我在这里只想把遗留在我记忆中特别有意思的几点陈述一下。在陈述中，我也许更多地加进了自己的想象性补充和发挥，因此有些地方可能已经与电影故事本身相差甚远了，或者根本就是电影本身所没有的意思了。这些都可以不管。

首先令人注意的是这部电影的色彩。在我的印象当中，整部电影的基本色调是灰不溜秋的，是一种黑铁色：天空是黑铁色的，城市街道和建筑是黑铁色的，无论男女老少，所有人都穿着黑铁色的服装，就连人的表情似乎也是黑铁色的。21 世纪 50 年代，那将是一个“黑铁时代”。据我猜测，导演对这部电影色彩的处理是别有用心的，而不光是出于科幻电影效果的需要。用黑铁色来标志 50 年以后人类生活环境的色彩，我想应该是大致不差的了。

设想在半个世纪之后，技术工业当然是更加进步和发达了，人类生活世界将是一个高度技术化的“文明世界”，而同时，天空与大地当然也将变得更加阴沉灰暗。只要看看我们今天的城市天空，想想今天包围着我们生活的水泥、钢筋物件，我们就能同意，在我们的视觉中，色彩正在变得越来越单一，灰黑的铁色越来越成为我们生活的世界的基色。扎根于城市文明中的我们今天就已经很难见到彩虹、霞光、透过云隙的亮丽光柱了——最近 10 多年以来，我只在海南岛上见过一次这种亮丽光柱，那是在海口通往三亚的旅行途中，一个多云的上午，一直隐匿着的太阳突然穿透云块之间的空隙，形成一根根贯通天地的光柱，绚丽而灿烂。

另一方面，据生物学家们估计，地球上的物种正在以每年至少 5 万种（平均每天 140 种）的速度迅速地消失和灭绝。这个数字听起来是触目惊心的，简直令人难以想象。这样看来，50年以后，人类完全有可能将成为我们这个星球上的“孤家寡人”了。而随着地球物种（动物和植物）多样性的迅速消失，我们的生存环境必然将越来越趋于灰暗。也许50年以后，人类将成为事实上的色盲。黑铁色，这可能就是未来文明的基本色调了。

在未来的这个“黑铁时代”里，人类很有希望变得“更加文明”，或者甚至于变得“绝对文明”。电影里，那个时代的“新人类”竟然把我们20世纪的人类一概叫作“野蛮人”，因为他们在历史书或者“历史信息库”中看到，20世纪的人类喜欢动刀动枪动炮，经常相互残杀，战乱不断，在日常生活中也是很不讲文明的，道德水准十分低下，言行粗暴低俗，而且乱搞男女关系——基本上就像猪和狗一样进行自然交配，甚至变着法子胡搞，终于搞出了艾滋病这种“世纪瘟疫”。这样的一类人，不是“野蛮人”又是什么呢？今天我们管自己叫“文明人”，但在50年以后的“新人类”看来，这实在叫“滑稽”了。

50年以后的“新人类”可以享受到的技术文明的成果，恐怕是我们今人难以完全想象出来的。人类生活将在技术的控制下得到严格准确的安排和处置。因为生产力水平的绝对提高，用于满足基本生活要求（衣、食、住、行）的物质资料应该已经用不着人们去争取了，人们已经无需为日常生计操劳奔波了。到那个时候，劳动可能真的就成为一种奢侈，一种享受了。也就是说，人们很可能会抢着要劳动，而高度技术化的社会上却没有多少活需要人们干。这样，如果说那时候的人还有什么痛苦的话，则最大的痛苦可能就是轮不到机会干活，吃饱了撑着了。

日常社会生活将达到高度规范和严格的文明状态。我们可以举出电影里的一个例子：你无论在哪个公共场所一不小心吐出一句脏话，马上就会有自动反应的电子警告器（这种机械到处都有）发出声音，提醒你“不准讲脏话”！并且马上就在你的“公民德行记分卡”之类的卡上自动记上一条，或者还扣除“操行分”若干分以示警告和惩戒——而实际上，到了那时候，一般公民可能根本就不知道“他妈的”“娘希匹”之类的脏话了。这样的文明状态，是不是就比较接近于人类理想社会了呢？

一个非暴力的、丰衣足食的、道德自律的文明社会是人类几千年以来孜孜以求的理想，这个理想看来并不是不可能的，不过，它的实现却是以人类的生物特性的萎缩为代价的。技术文明中的人类将越来越失去原本旺盛的生命力，越来越丧失人类作为动物的本性和意义。50 年以后，“新人类”中的每个人都将成为技术网络中的一个因素，一个没有特性的社会网络因子，他（她）不温不火，无所欲求，毫无私心，从不逾矩，只需要全心全意地为社会服务，或者换句话说，只需要全心全意地接受社会的喂养就是了。因为有生物基因技术的支持，“新人类”的寿命将尽可能地延长——当然也可能可以有一个统一的人寿规定。然而，人在动物学和生理学意义上的体质和本能却将越来越下降。19 世纪的诗人荷尔德林所赞美的古希腊人的“英武体魄”，在 21 世纪 50 年代的文明世界里，就只可能被视为野蛮人类的特征。人类越文明，就越丧失了生命力——这是一个文明的悖论，一个经常为我们时代的哲学家们批判的文明悖论，它无疑将在 50 年后得到更加充分的展现。

最有意思的还是这部电影中描写的 50 年以后的性关系，在此值得我们重点议论一下。按照好莱坞的惯例，这部电影也穿插了男女主人公之间的恋爱戏。如上所述，男主人公是 20 世纪末的警察，属于旧世纪的“野蛮人”；女主人公则是 21 世纪 50 年代“新人类”中的文明女警。时下好莱坞警匪片中，为英勇善战的男警察配上一个娇美的女警察，也属戏中常事。片中这位女警虽然是 21 世纪 50 年代的“新人类”，但居然也还残留着一点恋爱之心，甚至还有一点爱美之心，竟对这位来自野蛮世纪的彪悍的男警生出了一丝爱意。这些都不算特别稀奇。稀奇古怪的事情是，当女警察邀请男警察去她家里做爱时，男警察者发现了新世纪新时代新人类的一种全新的“做爱方式”：既不准亲嘴，也不许男女生殖器接触，甚至不脱衣服（用不着脱衣服），而是男女相对而坐，每人戴上一副面罩（两副面罩应该是相互联系的），一按开关，面罩里的有关装置即能刺激男女脑部神经，使神经系统逐步亢奋起来，完成从前“野蛮人”进行肉体直接性交时的整个过程。

这个未来时代“新人类”的做爱装置，电影里好像没有为它给出名称（或者是我没记住），我们不妨把它命名一下，名之为“电子信息模拟间接做爱机”，或者干脆把它简称为“信息做爱机”。这个虚构的装置充分展示了好莱坞电影伟大的“造梦”能力。可以设想，这种电脑模拟刺激完全能够使人达到百分之百最完美的性爱高潮经历。但我们 20 世纪的“野蛮人”哪里享受过这等好事？在电影里，这个做爱装置使身为旧世纪“野蛮人”的男警察极为不满：这哪里是做爱？简直就是手淫或者意淫嘛！那位女警察给出的解释却好像比较简单——实在也不无道理：以前人类的做爱方式太过野蛮和龌龊，直接的肉体接触和体液交流导致性病泛滥成灾，所以“新人类”必须禁止这种不文明的性爱方式，改为文明的非接触性的做爱方式——虽然没有了肉体摩擦和体液交换，但做爱装置产生的神经刺激的效果却是完全一样的，而且可以取得更佳、最佳的效果。总之，在 50 年之后的“新人类”看来，两具肉体之间的摩擦实在是太愚蠢可笑了。

50 年以后人类将如何做爱？这恐怕的的确确是一个问题了。这部电影所设想的非接触性的做爱方式，一种“无性的性关系”，看起来好像有些荒唐，却是有相当程度的合理性的，是有一定的现实依据的，而且也合乎技术发展的方向。通常我们假定，作为“高等动物”的人类的性事也是有别于其他动物的，区别在于，一般动物的性事仅仅出于自然繁殖的本能需要，而人类的性事却不仅是为了繁殖，而且——甚至更多地——是为了满足精神需要，心灵之爱的需要。人类有“心灵”，有“精神”，所以连人类的性交活动，通常也不叫“交配”，而被美称为“做爱”“造爱”“性爱”等。这种区分固然是一个“人类中心主义”的假设，但我们现在不得不承认，这个假设已经接近于事实：人类的性事越来越失去了它的生殖意义。人类能不能、要不要通过“交配”进行自然繁殖，已经不是一个毫无根据的问题了。

在“性”这件大事上面，今天人类碰到了一些根本性的麻烦，它们可能影响到人类作为一个物种的存在。至20世纪末，令世人谈虎色变的“获得性免疫缺陷综合征”——即“艾滋病”——已经使世界上二百多个国家和地区的三千多万人感染，一千多万人丧命，成为全球性的世纪顽症。固然，艾滋病的产生或许不能完全归咎于人类的性事，但在我看来，这种通过体液传播的疾病的迅速流行应该已经表明了一个基本事实：人类的生命环境（性、生殖和血液）已经严重恶化了。对于我们这个“类”来说，这可能是极其致命的——因为，事关生命的水性，而水是人类的本源。

另一个事实是人类的生殖能力正在急剧下降，人类还能不能自然繁殖将日益成为问题。已经有科学家研究发现，由于地球遭受日益严重的“环境激素”——人类释放到环境中的某些化学物质，被通称为“外因性内分泌干扰物质”——的污染，在过去约50年之间，发达国家的成年男子的精子量平均下降了一半，现在已有近五分之一的夫妇苦于不能自然生育了。再过50年，情况无疑将更加趋于恶化。我们现在完全可以设想，由于雄性不断退化（雌性化），50年以后的男人就有可能长得不男不女，一个个跟泰国人妖似的——到那时候，泰国的人妖表演就根本不稀奇了。“新人类”之所以“新”，这可能也是一个重要的外部标志。

这是能不能的问题，还有要不要的问题。随着现代生物基因工程的快速发展，人类的无性繁殖已经不再是天方夜谭，也不是太遥远的事了。海德格尔在20世纪三四十年代的一篇文章中曾经做过一个“预言”：在这个技术时代里，任何形式的动物性都被计算和规划战胜了，人本身成了最重要的“原料”，“人们终有一天将建造用于人力资源的人工繁殖的工厂”。[①] 看来情况就是这样。

于是，人类要不要自然地繁殖，也就成了一个颇令我们难堪的问题。希腊先哲柏拉图曾设想在“理想国”里，小孩一生下来就应该由国家（城邦）集中抚养和教育，因为并非每一对父母都有能力和素质为他们的下一代提供良好的教育。在未来的技术文明时代里，柏拉图的这个理想方案有望得到更为彻底的实现：不但小孩的教育将由社会来承担，而且人类后代的繁殖工作也完全可以通过生物技术工程由社会来完成，未来的生物技术将有计划地、优质地“生产”人类后代。理由也很简单：自然繁殖难以保证“产品”的优质。最近的美国《未来学家》杂志已经有文章预测：在21世纪里，随着不育夫妇不断增多，购买遗传基因将成为一件普通事务，若有需要，人们可以根据有关商品目录单上的精子和卵子捐献者的情况简介进行选购。到时候若柏拉图再世，一定就只能自愧弗如了，只得承认自己的想象力还远远不够发达。

性关系是人类社会的基本关系，性状态是生命状态和人性状态的基本表征。而在人类历史上，性的问题从来没有像今天这样严重过。人类对性的兴趣或许已经达到了极致，对性欲的挥霍恐怕也已经趋于极端。我们已经看到，在接近20世纪末的时候，领导当今世界工业文明潮流的美利坚合众国带给人们的竟是两件“性事”：总统克林顿的“性丑闻”和用于男性壮阳的性药“伟哥”。这两件事非同小可，完全应该列入“20世纪末大事记”中。问题不在于克林顿与莱温斯基之间的口交算不算发生性关系，而在于克林顿的个人性事成了全球“性政治”和“性信息”。“伟哥”也不仅仅是一种普通的药品，而毋宁可

---

① 海德格尔：《演讲与论文集》，弗林根1954年，第90页。

以看作人类自然性能力普遍退化和性事普遍技术化的一个标志。毫无疑问，50 年以后的“新人类”将把这两件“性事”看作 20 世纪人类的“野蛮状态”的标志。

物极必反。20 世纪的人类在上演了轰轰烈烈的“性解放”闹剧之后，眼下正站在新世纪的门槛边愁眉苦脸：一方面是要命的艾滋病，另一方面是性挥霍和性无能——两者都与命根子相关。

所以我们需要追问：50 年以后，人类将如何生活？ 50 年以后，如果我们当中有人还能存活着，我们将看到、将面临一个什么样的世界境况和世界图景呢？我们是不是愿意成为这样一个“新人类”？这个“新人类”究竟是“超人”还是“末人”呢？

当我们追问“新人类”和未来生活时，我们实际上就是在追问技术。我们必须追问技术。因为毫无疑问，我们这个时代的基本现实是由技术规定的，人类的未来也将主要由技术工业及其发展方向和发展程度来决定。而现代技术的发展已经达到了这样一个地步：它愈来愈跳脱人类的控制而成为一种统治人类的自在力量了。

不朽的反讽[①]

贝蒂娜与德国浪漫派多有瓜葛，大致是一位有艺术味道的女人。她是浪漫派诗人阿尔尼姆的妻子、诗人布伦塔诺的妹妹。但光凭这样的身份，这位女子当然还不能跻身“名人殿”里，还不足以名垂青史。让她在历史上稍稍留下这么个风流芳名的，是大诗人歌德；更确切地说，是她与歌德大人的恋情；或者更直白地说，是她向歌德所献的媚、所调的情。

贝蒂娜的夫君阿尔尼姆是浪漫派诗人里面难得的老实人。可贝蒂娜不是一个安分的女人。众所周知，歌德也不是不谙风情的。尽管贝蒂娜 26 岁时，歌德已经 62 岁。歌德有没有让阿尔尼姆戴过通俗所谓的“绿帽”，我们不得而知，也已在不考之列。反正两人的名噪一时的“韵事”已经记录在案，而且主要是贝蒂娜自己做的记录。她的记录，就是 1835 年出版的《歌德与一个孩子的通信》。

“一个孩子”就是贝蒂娜自己。在德文中，“孩子”（Kind）几近昵称，如是称你，就有如把你当作一个惹人怜爱的小东西、小动物了。贝蒂娜 22 岁时初访歌德，歌德对她说了这么一句“决定命运的”话：“你真是个可爱的孩子。”于是乎，贝蒂娜便跳起身来，声称沙发上不舒服，坐到她觉得舒服的地方——歌德的腿上了。就这么紧贴着他，她觉得舒服极了，很快就睡着了。

这是贝蒂娜自己做的描述，是否真实尚未可知。因为后来（1920年），人们发现了贝蒂娜生前未及销毁的原始信件，才知道她发表的那

---

① 本文系作者关于昆德拉小说《不朽》的一个“读后感”，原载《读书》，北京，1993 年第 10 期，署名白波。发表时由编辑改题为“可爱的孩子”，收入本书时恢复原标题。

些书信是经过大量“润色”的。她在出版这本书信集之前，修改、重写、增补，一口气干了三年（!）。其目标就是把自己弄成一位赋予歌德以灵感的缪斯女神。“心肝宝贝”“可人儿”之类的话语更是添加了不少。总之是竭力自我标榜。反正当时歌德已经死了，何所惧哉！

到这里，我们已经可以看出贝蒂娜的“用心”所在：初次见面，她倚小卖小（其实已经不小），一举获得了成功——坐到了歌德的膝盖上。这是何等的殊荣呵！无数的来访者能够坐在歌德家的沙发上就已经感动不止，又有多少人就连一睹歌德的尊荣也是无缘！

上面这个故事基本上是根据昆德拉的小说《不朽》里的一段压缩的。当然，昆德拉原本的叙述更为生动、更有读头。

但这样一个才子佳人的风流故事又有什么稀罕的？古今中外，文人墨客、才子佳人多风流。我为什么要把它搬到这里来？岂不是把肉麻当作有趣了么？

——且慢！我搬弄这个故事，自然是别有一些用心的。昆德拉描写的这个由贝蒂娜自己记录下来的贝蒂娜的故事深深地震动了我。而我的兴趣还不在这个故事本身，如上所述，它的真实性是可以大打折扣的。令我深受震动的是昆德拉借这个故事所作的“深思”——那是一种“疑问”、一种“反讽”。

在《不朽》这本小说里，昆德拉用了大量的篇幅，穿插着描写歌德与贝蒂娜的所谓“爱情故事”。这个故事文学史家们写过，传记作家们写过。里尔克、罗曼·罗兰、艾吕雅等现代文学的大家们，对这个故事做过这样那样的渲染。而到昆德拉这里，又别有一番心裁。对昆德拉来说，故事永远只是道具。正如这个书名所透露的那样，昆德拉在此要思索“不朽”，要嘲讽“不朽”和“不朽者”。

此所谓“不朽”不是基督教意义上的灵魂不死，而是世俗功名意义上的功成名就，名垂青史，简单说，也就是在历史上留下一笔。大致自文艺复兴以来，西方人就较少考虑宗教意义上的“不朽”，而日益热衷于世俗功名意义上的“不朽”了。

功名之心，人皆有之。所谓“名”者，换一种说法，也就是“不朽”。人皆有“名”，人皆求“名”。人一出生，第一件事就是起“名”，也可见“名”的要紧了。每个人，即便如你我平常之人，都多少能够获得某种“不朽”，程度不等而已。国人素求子孙满堂，似也可以解作一种对“不朽”的追求方式。看着或者念着自己的骨肉满世界繁殖开来，而且将一代代延续下去，岂非“不朽”了么？另外更有穷凶极恶者，觉得美名难得，或求而不得，便转而但求“恶名”了。“臭名”亦可昭著，“恶名”总归也是有“名”了嘛，也可以胜过无名的凄凉惨淡了。

昆德拉分出两种“不朽”：其一是“一般的不朽”，就是熟人之间对一个人的怀念，如乡镇父母官所向往的那种，或者中国特色的多子多福的观念也是这种“不朽”吧？这种意义上的“不朽”可以存而不论，虽然也并非完全无关紧要。其二是“伟大的不朽”，就是一个人死后仍活在众多无缘无故的不相识的人那里。这是昆德拉要深思的“不朽”。达到这种“伟大的不朽”有一些捷径，虽然并不见得就十拿九稳，但可能性特别大——那就是艺术家和政治家的道路。

“伟大的不朽”！人类的“历史”几乎就是“伟大的不朽者”的“历史”。“一般的不朽者”多半是进入不了“历史”的。“名垂青史”的是那些杰出而不朽的艺术家和政治家，是一小撮。马克思主义反对英雄史观，主张历史是由人民大众创造的。这种“平民”史观固然给我们平常人许多安慰，然而其中似乎总还有一种不平等：对于不朽的“历史”，我们平常之辈还是只有“读”的份，而没有“写”的份——“读”终究是被动的。

现代有一些思想家，如海德格尔，特别认真地区分了两种历史，即历史学意义上的“历史”与真实发生的历史。在德文中，这就是两个词语之间的区别：历史学意义上的“历史”是 Historie，而真实发生的历史是 Geschichte（对前者我们特别加上一个引号以示区分）。简单说来，前一种“历史”是“显”出的，而与之相对，后一种历史乃是“隐”的。我们也可以说，前一种“历史”就是不朽者的“历史”，而后一种历史就是我们每个人都在其中“走一回”的世界了。这世界有如大海，“伟大的不朽者”浮出海面而进入“历史”，大众（尼采所谓的“庸众”）多半是昙花一现（“现”即“显”也），旋即在海面之下流失、消逝。就算大众创造的是历史罢，但如果从“历史”看，总还让人忿忿不平：大众岂不是做了垫底的“脚料”么？

问题在于：尽管“伟大的不朽”的“历史”并不就是真实发生的历史，但是我们的文化却是以“历史”为取向的，我们的价值评判的标尺是从“历史”中取来的。在“历史”中，才有文化的等级制，才有权威和中心。“历史”的“高度”就是人类的高度了。大众是受这种“历史”规范的。大众的义务是对“历史”的仰望，连同仰望“历史”中的“伟大的不朽者”。而在“历史”中的制定规范的不朽者们本身似乎是高蹈于规范之上的。有谁骂过好色的歌德，说他是流氓呢？歌德（抑或其他“伟大的不朽者”）的桃色事迹是动人的、流露天才情愫的“韵事”，而平常百姓的此类勾当便是流氓行径了。“历史”是不可否定的。“伟大的不朽者”是不可动摇的。否则，就无异于往我们自己脸上抹黑了。因为我们还不得不相信（大抵还是“历史”要我们相信），“伟大的不朽者”已经为我们大众“代言”。

昆德拉却要拷问“历史”的真实性，反讽“伟大的不朽”和“不朽者”。我们理解，他是在人类的实际的生存处境中设问，问的是“个人的真实性”（张志扬语）。因为，“历史”的真实性问题归根到底就是“个人的真实性”问题。

为昆德拉的“深思”的“反讽”，我感觉痛快和愉悦！

贝蒂娜在大姑娘时就对歌德颇有好感。因为，全德国上下都认为歌德正在向“名人殿”迈进，差不多已经有一只脚跨进了“名人殿”

的门槛。她也听说了歌德与她妈妈的一段恋情。于是，她以为找到了向歌德进军的一个通道。她先是结识了歌德的老母亲，如痴如醉地向后者探听了歌德少年时代的许多故事；然后，她径自来找歌德——直奔“名人殿”而来。

歌德立即嗅出其中的危险：这丫头野心勃勃，决不是寻常女辈。她居然要根据他母亲的回忆写一本关于他歌德的书。她还写信给歌德，要歌德千万千万不要把她的信给别人看。什么意思？难道我歌德有拿信示人的习惯么？“别给人看！”这个祈使句恰恰暴露了她想“给人看！”的欲望（后来的事实果然证明了这一点）。还说：“我有一种永远爱你的强烈愿望。”——这里明明不是强调“爱”，而是强调“永远”和“愿望”。歌德一下警觉起来：这丫头不是冲着“爱”而来，而是冲着“不朽”而来的！

所以，歌德一直对贝蒂娜保持敬而远之的克制态度，迟迟不敢启动他那一套勾引女色的机制。只是到后来，两人在某地巧遇，当贝蒂娜告诉他她不久就要嫁给诗人阿尔尼姆时，歌德才如释重负，当即写信给他老婆，高兴地以“与阿尔尼姆已成定局”一句相告。

于是，歌德的勾引机制开始运转。就在当晚，贝蒂娜来到了歌德的房间，依然作出一副孩子状。歌德喜气洋洋，贝蒂娜席地而坐。歌德拍了拍她的面颊。这“孩子”突然沉默，以美目仰望歌德。歌德心旌动摇，遂执美人（“孩子”）之手，将其扶起，亦目不转睛，且请美人袒露酥胸。美人不言而脸红。歌德遂代为宽衣，抚其胸而问：“曾有人摸过你的乳房吗？”美人不置可否，仍凝眸相视……

这个颇具色情意味的场景还是贝蒂娜自己公布出来的。如此作贱自己，又是何苦来着？

但此后，两人之间的“不朽之战”仍未结束。歌德心里还惦记着贝蒂娜要写的关于他的书。首先得解除这个危险，这个不定时的炸弹。于是，他写信要贝蒂娜帮忙：把他母亲告诉她的故事写下来寄给他，因为他就要写回忆录《诗与真》了——歌德由此剥夺了贝蒂娜写书的可能性。这一回合，歌德大获全胜。

紧接着，贝蒂娜又与丈夫一起来到魏玛，在歌德家里一待就是三个星期，设法向歌德大人献媚调情，却不幸被歌德老妻打掉眼镜，并被歌德逐出了家门。贝蒂娜先是到处宣布："那根疯香肠疯了，她咬我！"但为"不朽"计，又当即写信乞求歌德原谅。歌德不睬。十年后，贝蒂娜厚着脸皮自登歌德家门，仍受不睬。惨极！

又三年后，机会重降。某市拟为歌德立纪念碑。贝蒂娜设计出一幅歌德雕像的草图，送交给歌德，歌德看了竟热泪盈眶。两人终于达成默契：为的都是实现"不朽"啊！通过这幅草图，贝蒂娜要歌德知道，他们昔日的游戏仍在继续；她并没有认输投降；而且她是为他缝制寿衣的最佳人选；没有人能制止她，他倔强地保持沉默则尤其不能制止她。歌德无可奈何，明明知道这幅草图犹如一把枪瞄向他身后的"不朽"，但也只求和平了。这一回，贝蒂娜取得了决定性的胜利。尽管歌德行将就木时还骂她是"讨厌的牛虻"，但也无妨了。

歌德当然也不会没有积极的反应。同年，他立即请听命于他的爱克尔曼撰写《歌德谈话录》。（昆德拉说：此书描绘出来的美好形象是在被描绘人的仁慈控制下形成的。）

而对贝蒂娜来说，余下的事情就是等待歌德的死了。这一"伟大的时刻"是一定会到来的——当然啰！对于歌德之死，贝蒂娜直言不讳她的印象：不是悲哀，而是无上的光荣！（这话未免恶毒了！可谓"最毒妇人心"!）接着，贝蒂娜要做的就是整理（炮制?）书信，回忆（杜撰?）轶事。这些都是她蓄谋已久的，现在可以放心大胆、顺理成章地付诸行动了。

由贝蒂娜之口传出来的"轶事"之一，是至今仍满世界流行着的关于歌德和贝多芬的故事：一日，两人同行，遇皇后及家人，歌德即刻肃立路旁，脱帽致敬，作卑躬屈膝状；而贝多芬则紧扣礼帽，浓眉一皱，继续前行，以致显贵们只好停下来向他致意。这一干人走开后，歌德还受了贝多芬的好一顿训斥。可见这歌德骨子里乃一小人也，当时把我贝蒂娜逐出家门，小人行径也。

喏，歌德毕竟是歌德。他一开始就能把这丫头识破！

我不能在这里继续转述这个故事了。

只还有一点需要特别指出：昆德拉带着冷酷的、狡黠的笑来铺陈这个故事，并不是刻意要诋毁诗人歌德，或者贝蒂娜女士。歌德的天才和伟大是不可否认的，他蓄意维护自己的“不朽”，维护自己身后的光辉形象，根本上也是无可厚非的事情。至于贝蒂娜，一个弱女子能够在男人统治的文化世界里奋斗，力求浮出海面，升入“历史”的殿堂，至少是想做时下所谓的“女强人”，在一定意义上讲，这实在也是可歌可泣的——尽管似乎有些不择手段罢。

然而，正是在这里，“历史”的真实性问题和个人的真实性问题凸现出来了。这两个问题实际是一而二、二而一的。要问：受制于“历史”（“文化”）的个体如何能够一方面直面“历史”（“文化”）的真实和虚假，另一方面直面个体自身的有限性的界限，从而把定自身的真实性？这个问题大矣，它几乎是一个“后现代”的问题。因为，它根本上是一个只有在传统的文化和价值等级观念受到彻底置疑的条件下才能出现的问题。

也正是从这个问题出发，我才充分理解了后期海德格尔在思考人的境况时何以总是不说“人”（Menschen），而喜欢把人称为“终有一死者”（die Sterblichen）。我想，这无非是要借词语的力量把人的有限性界限显突出来。

昆德拉对“不朽”的深思其实也是对被死亡所限定的个人的境况的沉思。在他那里，宗教的神性救赎之途是早已断绝了的，而作为最后一方“超验价值”领地的“历史”（“文化”），其神圣性也已经受到了彻底的怀疑，受到了一种“后现代”式的“反讽”。昆德拉说现时代是一个充满“悖论”的时代。这几乎是后现代主义者们的一个共识。我们不会忘记，昆德拉虽然是一位捷克作家，但久已亲近于法国的后现代思想氛围了。

也许，在这样一个充满“悖论”的时代里，“反讽”不只是一种文学样式，而更是一种生存方式。正是由于这种“反讽”，现在谁也不能教你该怎么活，你哪儿也找不到“生活指南”。

时代精神与民族精神[1]

在接近世纪末的时候来谈论“民族精神”，不免有些悲凉。这个时代过于缺失灵气，已经不太适合于谈论“精神”方面的事体了。“精神”这东西抵不住物力。如若“唯物主义”和“唯心主义”之类的名称也可以是日常人生态度的标志，那么，我敢说，与19世纪以及更早的世纪相比较，世界人口中“唯物主义者”所占的比例，必以我们这个时代为最高。今天也许在少数角落里还残留有少数自觉的唯心主义者和浪漫主义者，但他们的孤独是难免的，估计已经可以被归入狂想症一类了；或者，按照可敬可爱的金岳霖先生的说法，这些人，“在个人是悲剧，在社会是多余”。

职业哲学家中的情形似乎也并不例外。19世纪德国古典时期的那些哲学家，诸如康德、费希特、谢林、黑格尔等，都是自诩为“唯心主义者”的，而且不以为耻，反以为荣。而在我们这么个物欲横流的世纪里，甚至在从事着一种被叫作“思想”的活动的人们中间，也已经少见有人把自己直接标榜为“唯心主义者”了；而且实际上，这些人给一般世人的感觉，已然有一些滑稽，乃至于可笑了。这就难怪维特根斯坦要躲到爱尔兰的海滨，而海德格尔要隐入南德黑森林的深山里面——他们要算是上个世纪里比较虔诚且执着的思想者了。今世思想和思想者的命运，大抵就是如此罢。

概而言之，我们基本上可以认为：这个时代是一个“唯物主义”的时代，或者至少可以说，是一个“唯物”的时代。通常也还有别的

---

① 本文原载《浙江学刊》，杭州，1995年第5期，为该刊当时所设的“建构当代民族精神”专栏所撰。收入本书时作了补充修改。

一些称法，诸如“机械时代”“工业时代”“技术时代”“商业时代”“信息时代”，等等，说的其实是一回事。由于“唯物”，这个时代在精神和心灵生活方面就显得相对贫弱了，可以说没有什么值得特别炫耀的。变化多端的东西居多，而持存者稀少。众所周知，在这个世纪里，艺术和宗教已经日趋没落了。举个例子讲，今日男性艺术家给人的基本印象竟是“长发披肩并且蓄胡”；如若碰巧你不是艺术家又偏偏长发披肩并且蓄胡，你就常常处于被误认为艺术家的危险之中。虽然艺术总得有新异的追求，但今天的艺术家们多半以表面形式上的怪异为唯一标的，仿佛刻意要与时代为敌，仿佛已经发了狠心不让观众理解他们似的。这种情况本身已然是一个征象，表明今日艺术之颓势难挽。宗教的情形大体也是这样的。虽然也还有人蜂拥着去某些宗教场所，诸如教堂或庙堂，但那样子更像是游乐或者赶集，而非神圣的朝拜。无论是在科隆大教堂还是在杭州灵隐寺，我们能见到的都是浩浩荡荡的游客队伍。

所以，从现象上面看，像我国“文化大革命”这样的“绝对唯心”的精神迷狂，实在是难于理解的事，甚至根本上是不可理喻的事，是十分不合乎“时代精神”的。余生也晚，却不幸就生在这场“摧枯拉朽”的精神迷狂中。这么多年以来，我一直记忆着我老家院子的一堵围墙上涂写着的“千万不要忘记阶级斗争”几个黑色大字。这是我识字之初最早学得的几个句子之一。这个深入 10 亿人心的口号无疑属于 20 世纪人类文化中最有影响力和破坏力的著名口号之一了——我在此想起所谓“词语的暴力”。也记得后来一度被“华主席”“新长征”之类的字眼掩盖掉了；再后来，“新长征”之类又为“四个现代化”覆盖了去；到眼下，一层一层沾着字墨的泥灰已经渐渐地剥落。我返乡时不止一次站在这堵已经斑斑驳驳的颓废的围墙面前，回想自己被腐蚀、被剥夺的童年和少年生活，联想到这个历来没有多少知识的小山村的居民们一些依稀的故事，想到历史吧，也许就是这样层层覆盖又渐渐剥落的。

讲到现时代的“时代精神”，我们千万不要忘记的还是马克思。马克思是我们最熟悉不过的了。然而最熟悉的东西往往也最生疏。马克思的哲学在此世受到来自非社会主义方面的遮蔽，也受到来自社会主义和马克思主义方面的遮蔽，遮蔽甚深甚重。诸如“千万不要忘记阶级斗争”之类，无疑就是这种“遮蔽”的最显著表现了。由于这种“遮蔽”，作为19世纪的西方哲学家的马克思及其思想，就面临着日益脱落于时代当下语境的危险。然而实际上，别的且不说，仅就对于人类未来的先行洞见和对于“时代精神”的规定而言，马克思的确十分厉害，是无论谁无论如何都避不开去的。

按照今日流行的说法，人类文明正在走向“一体化”“全球化”或者“世界化”。这当然很不错、很美好，也许“大同世界”就要到来。但我们也知道，这个进程的开端并不美好，而倒是血淋淋的。它发端于西方——欧洲资本主义文明的扩张。首先是武力殖民，然后是经济殖民。现代西方——欧洲文明借助于技术化和工业化日渐占领了全球。在物质强力的无可违拗的席卷之下，地球上的非欧洲民族文化除了屈从和认同西方文化之外，似乎已经没有什么退路了。因此，至少就文化的物质（器物）层面而言，所谓“现代化”大致就等于“西方化”，“世界化”大致就等于“西方化”。无视这一点，就难免自欺欺人了。

这个进程是马克思早在19世纪中叶就已经预见到了的。马克思当时就断言，通过西方的工业、技术和商业，全人类将要完成一种世界化的整合过程。在谈到人类未来的共产主义远景时，马克思向我们指明，共产主义的可能性前提乃是“生产力的高度发展和与此相联系的世界交往”。这其中，所谓“生产力的巨大增长和高度发展”最为要紧；唯随着这样一种发展，才有可能出现“世界交往”或者“普遍交往”，也就是说，人的存在才有可能成为“世界历史性的”，而不再是

“地域性的存在”了。[①]

距离马克思讲这番话已经整整一个半世纪过去了。今天我们看到，全人类文明的总体进程，大体不差地就在马克思所指明的这条道路上前进。此间的各种“共产主义运动”有失偏颇，甚至多半误入歧途，多半与马克思的本来理想背道而驰，并且因此遭受了大大小小的许多挫折。所有这一切固然很讨厌，也是大可悲哀的，但似乎也还不能作为证据，以证伪马克思对人类前景所作的基本预见。以西方工业文明为物质基础的世界化整合进程看来势不可挡。历史正在演变为“世界历史”，“地域性的个人”正在日益成为马克思所谓的“世界历史性的、经验上普遍的个人”，亦即“世界公民”。

这自然是从积极方面做的一个理想设计。而在另一方面，马克思也曾明确指出：倘若没有“生产力的巨大发展”，“那就只会有贫穷、极端贫困的普遍化；而在极端贫困的情况下，必须重新开始争取必需品的斗争，也就是说，全部陈腐污浊的东西又要死灰复燃”。[②] 我现在觉得，这话后来终于在中国的“大跃进”和“文化大革命”中得到了完完全全的应验。当然，无论马克思如何神机妙算，如何先知先觉，他老人家怎么也不可能预见到借着“共产主义”和“社会主义”理念，中国这块土地上搞起了这一类“运动”。

毫无疑问，马克思所预见的世界化进程乃是人类历史上演历过的最伟大和最深刻的一场变革。这场变革必然也是全球范围内的一场文化变革——或许它才称得上真正的“文化大革命”。其惊心动魄之处触及每一个“世界历史性的”个体。以技术—商业为基础的世界化进程已经引发了世界文化的根本性的变化和转换，构成我们所处身的时代的历史性境况的基本特征。随着世界范围的“商业文化”的兴起和所谓“精英文化”的跌落，传统的文化理念受到了根本性的怀疑，以往

---

① 参看马克思、恩格斯：《德意志意识形态·费尔巴哈》，北京，1983 年，第 30—31 页。
② 参看马克思、恩格斯：《德意志意识形态·费尔巴哈》，北京，1983 年，第 30 页。

所谓的非主流文化、通俗文化、“小传统”文化，实际上已经成为文化的“主流”方面；而以往所谓的主流文化、精英文化、“大传统”文化，实已名不副实，沦为由它所设定的反面了。

在现时代的世界性的文化理念的变迁过程中，无论中外，精英知识阶层的“失落感”都在所难免。中国现代知识分子（特别是人文学者）向来爱国心切，20世纪80年代曾为“商品经济”竭力呐喊助威，而今商业文化大潮果真席卷而来，知识阶层却面对商业的普遍侵蚀而显得惶惶然，对所谓“人文精神”的“跌落”大加悲叹。这种悲叹当然有所值，或者也有利于引发真切的文化反思和现实思考。不过，也有一些学者却以软弱的自嘲自怜代替了积极的思考，诸如20世纪90年代以来流行的“边缘文化”和“边缘人”的说法，貌似对人文知识分子的“被遗弃状态”的情景描写，实际也透露出我国知识分子历来就有的顾影自怜的心态。以这种矫情心态面对现实，显然只可能加剧人文学者自身的“被遗弃状态”。

我们首先必须有直面现实的姿态。我们必须看到，现时代的文化理念的变迁的基本动因依然是物质性的，因而有其时代的必然性。它起因于这个工业—技术时代里的文化媒体或文化载体的转变。新的文化传媒（视听机械）已经取代人类几千年一贯传承的文化载体（书籍），占据了大众的日常生活空间，成为社会信息交流的主导性工具。传统作为文化的物质载体的图书馆正在被电视台和无线电台取而代之；纸张正在被荧屏取而代之。与此相应的是社会文化角色和社会文化特权阶层的转换。在今天，如果还谈得上有社会“文化明星”的话，那么，他们显然已经不再是政治家、诗人和艺术家、人文学者等传统意义上的“知识精英”或“文化精英”，而是商业巨头、影视明星等。传统的文化（历史、知识）理念面临破灭。

基于知识理想的文化理念尤以西方欧洲为典型。我们知道，在古希腊，“知识”的开始就是“意见”（“常识”）的结束。苏格拉底—柏拉图就已经区分了“知识”与“意见”：知识是绝对的、普遍的、永恒的，因而是确定的，值得追求的；而意见则是相对的、个别的、有限的，因而是不可靠的。文化（知识）的等级制度由此得以确立起来。苏格拉底所谓的“知识即德性”，最能体现西方传统文化理念的特质。而在中国传统的文化理念中，虽然并不含有希腊-欧洲式的“严格科学”的知识理想，但同样以自身独特的知识和道德精神构造并且呈现了类似于西方的文化等级制度。要不然，所谓“大传统”（主流文化）就不可能从“小传统”中脱颖而出。

传统的文化理念是建立在知识等级制度和特权制基础上的，其合理性固然大可置疑。就此而言，时下被我国一些学者津津乐道的西方“后现代主义”思潮无疑具有它一定的积极意义。如德里达之流的“解构主义”，其实际的意图是对传统的文化（知识）等级制度的消解，也就是要破除“主流 / 非主流”“大传统 / 小传统”“精英 / 大众”“高雅 / 流俗”等所谓“二元对立”。然而，平均化的“消解”未必就能真正“拉平”一切等级，另一方面，真正“拉平”了的社会也未必就是正常有序的社会样式。一般而言，社会共同体的运作终究需要有一定的秩序，而有秩序的社会就是有等级的社会。我们不可能设想和接受一个完全无序因而无等级的社会。今日商业社会同样以自己的法则构造了社会秩序和等级，而它未必就是最终极的合理的现实。所以，若从人类文化的全局角度来考虑，彻底反知识理想的“后现代主义”思潮有它消极的、虚妄的一面，其过于偏执和极端的反动性并不值得我们大加宣扬。

主流、非主流文化之分，大、小传统之分，本质上是一个历史观的问题。在这一点上我们又必须回到马克思那里。马克思的唯物史观反对传统的天才英雄史观，指出历史是由人民大众创造的。在我们看来，两种历史观念的对立实质上是立足点的不同：传统的英雄史观是从知识学的角度看历史，马克思则从生存论（生活实践）的角度看历史。知识的眼光是对象性的，只可能在历史中见出显赫的天才、英雄，看出“大传统”，而不可能见出非对象性的隐而不显的“人民群众”——尼采所谓的“庸众”。而生存论上（生活实践上）的历史才是真实发生着的历史，类似于所谓的“小传统”，但它也在根本性层次上包含了“大传统”。唯对于知识学意义上的历史来说，才有“真实性”问题；而对于生存论上的历史来说，就无所谓知识学上的“真实性”，它的真实性不是在知识学意义上讲的。可以看出，今日后现代主义者的努力之一，就是消解历史学（知识学上）的历史的神圣性、真实性、至高性。仅就此点而论，后现代主义仍然可以与马克思、尼采哲学相接通。

随着传统知识理想和文化理念的跌落，现代世界学术思想在方法论上业已在传统的知识学思路之外开拓出两条新路：生存论的思路和语言论的思路。生存论的思路，诚如我们上文所指出的，实由马克思所开创。马克思立足于人类生活实践，对人类历史和人类现实生活作出了非知识学意义上的真实理解。这条思路后由现代实存主义（存在主义）哲学家们继续推进，构成现代思想的基本言述方式之一。语言论思路的探索则被认为是现代西方哲学的一个标志性成就。而在我看来，如若离开了马克思为我们揭示的“世界交往”（“普遍交往”）的时代背景，所谓的“语言论转向”也就会显得无根无据。正是在这个意义上，马克思的哲学才可以被看作西方形而上学哲学传统的一个重要转折点。

对于上述两条思路的学理上的细致梳理并非本文所能承担。我在这里仅想指出：生存论的和语言论的思路都要求我们超越纯粹的片面的知识理想，直面自身的处身性，真切地从当下语境出发来处理生活实践问题；而这样一个要求并非必然以排斥人类知识传统为前提。诚然，现代思想已经揭示出，知识学的思维方式和知识理想并不是最本源性的，更不是唯一的人类精神向度，它不可能穷尽人类精神生活的全部丰富性，而且它本身还有待于更源始的奠基。但同时，我们也必须看到，传统学术文化中占主导地位的知识学的思路并非已经全盘失效，植根于文化传统中的知识理想亦并非已经破灭殆尽。相反，知识学的思路自有其合理性和应用范围，我们不能也不应加以完全的摈弃。以“清楚明白”为标准和要求的知识理想，呈现出人类精神本性的一个维度，即人类理性之维，不论在过去、现在还是未来，它都是不可或缺的基本维度之一。

在当今世界化时代的世界思想文化中，我们上面所简述的“知识”—“生存”—“语言”之三维的基本思路和言路，理应得到多元综合的运用和开展。而对处于所谓“转型时期”的现代汉语思想文化来说，我们尤其需要有一种理智上的全盘开放的考虑，以期民族精神在各个维面和向度上都能得到全面的发育和进步。我们必须立足人类文化和知识理念变迁的宏观背景，来探讨处在世界化进程中的民族精神的时代际遇以及汉语思想文化的现代转型的可能性。“胸怀世界，放眼全球”——此等豪言壮语也不可少。要不然，我们的眼界就难免狭隘，我们的心情就不免悲观。

现代中国学术界长期争执于“体—用”，至今仍然有“三十年河东三十年河西”之类的救世主张，一贯表现了学术思想上的民族气度的狭，若加顶帽子，可以说是陷于“种族中心主义”——“中国文化中心论”“东方中心主义”——的价值评判中而未能自拔。而如上所述，20世纪的西方学术思想通过对自身传统的深入批判，也通过对世界不同文化类型和思想方式的比较研究，便得以超越传统理性主义的文化（知识）理念，得以在一定程度上摆脱了“西方中心主义”的立场，从而也在一定程度上摆脱了“种族中心主义”的立场。现代西方学术思想的这种自我批判、自我革新能力恰恰也体现了西方文化的生命力。此种局面，不能不令我们在探讨“建构当代民族精神”的课题时予以深思。

普遍交往时代的交往哲学①

欧洲大陆的哲学与英美的哲学各有自己的传统，风格上有很大的差别。在 20 世纪，特别是在上半叶，两方面的哲学家们少有正面接触，更谈不上相互的沟通，简直到了“道不同不相为谋”的地步。现在大家公认，海德格尔与维特根斯坦是两方面的典型代表，但我们却看到，这两位同年出生、都以德语为母语的思想家，生前不但没有任何直接的交道，而且几乎没有议论、引证、评价过对方。

就我们所见，维特根斯坦只在 1929 年的一则笔记中提到过海德格尔，说：“我很可设想海德格尔所谓的存在和死亡。人有碰触语言之界限的冲动。”② 海德格尔则从未对维特根斯坦发表过看法。当海德格尔在《现象学与神学》一文中谈到人们所谓的“技术科学的语言观”与“思辨解释学的语言观”的两种对立立场时，指出的是卡尔纳普而非维特根斯坦。③

在媒体发达的现时代，在同一文化圈里甚至在同一母语圈里的“专业同行”竟然如此“不合作”，着实有些匪夷所思了。

在我们中国的哲学教科书上，一般笼统地把欧洲大陆现代哲学称为“人文主义”，把英美现代哲学称为“科学主义”。的确，这种命名在一定程度上体现了具有地域特征的欧陆与英美两大哲学传统的基本分野。但从发展情势来看，两者也并非绝对的鸿沟相隔，特别是最

---

① 本文系作者为阿佩尔《哲学的改造》中译本（孙周兴、陆兴华译，上海：上海译文出版社，1993 年）写的“译者的话”，原载《读书》，北京，1993 年第 8 期，署名白波。有关编辑对文章作了删节，并把标题改为“普遍交往与独家经营”。收入本书时恢复原题，并作了补充。

② 参看墨莱编：《海德格尔与当代哲学》，纽黑汶，1978 年，第 80 页。

③ 参看海德格尔：《路标》，美茵法兰克福，1996 年，第 70 页。

近几十年以来，无论是在英美分析哲学内部，还是在欧陆人文哲学内部，都有一些哲学家喊出了“对话”的呼声，做出了“沟通”的努力。其中做得最起劲、最有成效的，在英美一派，可举理查德·罗蒂（R. Rorty）；而在欧陆一派，就数我们这里要讲的卡尔奥托·阿佩尔（K. O.Apel）了。美国的罗蒂跳出他原先所属的分析哲学的圈子，大谈欧洲大陆的海德格尔和德里达，大谈所谓的“后哲学文化”；而德国的阿佩尔则把海德格尔与维特根斯坦相提并论，甚至要把皮尔士、罗伊斯和莫里斯等美国实用主义者的哲学也整合到他的思想体系之中。

卡尔奥托·阿佩尔，1922 年出生在德国杜塞尔多夫，现任德国法兰克福大学哲学教授。除了“二战”中被俘虏和关押一节，阿佩尔的生平中没有什么特别惊人的事迹。在西方学术界，人们一般把阿佩尔和哈贝马斯放在一起，视两者为“批判理论”或“新法兰克福学派”的新一代代表人物。对此，阿佩尔本人似乎不以为然。他在接受记者采访时强调，他是在 1972 年前后才作为一个“局外人”进入法兰克福大学的；他更愿意把自己看作哈贝马斯在解释学和先验哲学方面的一个“讨论伙伴”，而不是霍克海姆和阿多诺的法兰克福学派在当代的“传人”。阿佩尔自有特色。2000 年 5 月 13 日晚，在法兰克福附近的尼德豪森小镇阿佩尔教授家里，笔者与这位仍然雄心勃勃的年迈哲学家作了几个小时的交谈。阿佩尔在谈话中也申述自己与法兰克福学派的区别，认为其哲学的出发点是康德的先验问题，目标是“终极奠基”；虽然自己在法兰克福大学任教，且与哈贝马斯共事，但自己的哲学却与后者大有分别，这种分别（以及他的哲学的新进展）特别地表现在他于 1998 年出版的新著《争辩》（*Auseinandersetzung*）中。阿佩尔似乎也意识到，他的同事哈贝马斯的光彩过于夺目，在某种程度上遮蔽了自己的哲学，所以大有必要显突自己的思想个性和区别性特征。不过，我们也看到，在长期的哲学讨论中，阿佩尔和哈贝马斯总是能够相互支持，相互提携，并肩作战，体现了思想家良好的精神风采。文人不相轻，这在哪里都是十分难得的了。

从学理上看，我们确实也较难把阿佩尔完全归入法兰克福学派的传统中，至少可以说，他的思想与法兰克福学派的哲学传统是有一定距离的。这主要表现在他的思想所具有“纯哲学”品位上。尽管阿佩尔也倡导“意识形态批判”，尽管他也把带有马克思主义哲学倾向的“交往共同体”概念确立为他的哲学的中心观念，但在总体上，他的思想总归少了一些社会哲学的参与意识，少了一些法兰克福学派所特有的“批判精神”，而更多地是要求进行一种“先验哲学”的沉思，把“意识形态批判”和“交往共同体”概念纳入他的大哲学构想之中。就此而言，阿佩尔的哲学倾向是比较保守的，而且可以看出，他新近的哲学是更趋于保守了。

阿佩尔已经出版的主要著作有：《从但丁到维柯的人文主义传统中的语言观念》(1963年)、《语言分析和“人文科学”》(1967年)、《哲学的改造》(两卷本，1973年)、《皮尔士思想之路》(1975年)、《作为第一哲学的先验指号学》(1977年)、《商谈与责任》(1988年)、《争辩》(1998年）等。阿佩尔是《皮尔士文集》德文版（两卷本，1967年，1970年）的编纂人，他为这个文集写有两个长篇导论，对皮尔士思想乃至整个美国实用主义哲学传统在德国的传播有着举足轻重的影响。另外，阿佩尔还编有：《语言语用学与哲学》(1976年)、《从先验语用学看“说明—理解”之争》(1979年）等。与人合作的著作有：《实践哲学和伦理学》(1980年)、《合理性行为与社会理论》(1984年）等。至1989年，阿佩尔公开发表的哲学论文达106篇之多。当然，在善于写书、出书的德国哲学家中间，阿佩尔的作品也算不上特别宏富。据阿佩尔教授新近提供的著述目录，至2000年，他的著作（含编著）已达40种，论文已达180余种。

可以看出，阿佩尔的基本特色是“杂”，往好处说就是“博”。他的思想视野之广大，研究领域之宽阔，在当代欧洲哲学家中恐怕也是数得上的。阿佩尔是一位有“野心”的哲学家，其目标就是要综合现代西方哲学诸家，取长补短，合成他的一“家”。阿佩尔的成名之作是他的一本博士论文：《从但丁到维柯的人文主义传统中的语言观念》。这样的题目，看起来是极为专门的，而特别值得我们注意的是，在这本重要的著作中，阿佩尔洋洋洒洒地写了一个长达百页的“导论”，对当代西方两大语言哲学思潮——欧洲大陆的人文语言哲学和英美的分析语言哲学——以及它们的历史渊源作了提纲挈领式的清理。[①] 这一番工作做得漂亮！但毫无疑问，这是需要特别开阔的思想视界的。

阿佩尔的主要代表作品是两卷本的《哲学的改造》。该书在20世纪70年代出版后，已经被翻译（全译或选译）成英语、意大利语、西班牙语、葡萄牙语、日语等十余种文字，在世界范围内产生了比较重大的影响。这个书名已经显示了阿佩尔的哲学努力。所谓“哲学的改造”，说到底就是对康德或近代“先验哲学”的“改造”。这是阿佩尔为自己的哲学设定的一项根本任务。在20世纪后半叶的西方哲学家当中，像阿佩尔这样积极地、明确地重提“先验”问题、标举“先验哲学”的，为数并不多。

所谓“先验”问题，简单说来，就是人类知识之可能性问题。在阿佩尔看来，这个近代哲学的基本问题并没有得到真正的解决，依然构成现代哲学的一个中心课题。但时代转换了，哲学的眼界已经发生了根本变化。现代哲学需要在一个新的水平上来“改造”（“转换”）“先验哲学”，重新解答知识之可能性的先验条件问题。阿佩尔认为，他的名为“先验解释学”或“先验语用学”的哲学思考就是这样一种努力。

阿佩尔把西方哲学史简单地划分为三大阶段。按照他的看法，继古代的“物的分析”（“存在学”）和近代的“意识分析”（“知识学”）之

① 参看阿佩尔：《从但丁到维柯的人文主义传统中的语言观念》导论部分，波恩，1980年。

后，“语言分析”乃是现、当代的“第一哲学”范式。在《语言交往的先验概念与第一哲学的观念》一文中，阿佩尔站在当代哲学的立场上对整个西方哲学史作了一种明快的梳理。在他看来，20 世纪哲学已经完成了从近代的“意识分析”到现代的“语言分析”的“语言论转向”(linguistic turn)。他说，几乎 20 世纪所有哲学家都达成了这样一个“共识”：语言是我们人类关于世界结构的知识之可能性和有效性的决定性条件。“语言论转向”的完成，一方面体现在英美的语言分析哲学中，包括前期维特根斯坦的“语言批判”，维也纳学派寻求科学语言的意义标准的努力，卡尔纳普把传统存在学问题和先验问题归结为形式化语言构造的句法–语义学问题的努力，等等；而另一方面，“语言论转向”同样也实现在欧洲大陆人文哲学的路线上，如新康德主义者恩斯特·卡西尔的符号哲学，海德格尔的生存论解释学和语言思想，以及伽达默尔的“语言的哲学解释学”等；甚至在现代语言学向哲学的渗透中（特别是在乔姆斯基和新洪堡主义的语言学中）也有所透露。[①] 阿佩尔此文配有一个气魄宏大的副标题：“根据语言哲学批判地重建哲学史！”

阿佩尔进一步认为，现代哲学的“语言论转向”在所谓“先验语言语用学或指号学”中才得到了“彻底化”，根本的“语言论转向”应该是“指号学—语用学的转向”。在这里，具有决定性意义的是后期维特根斯坦和皮尔士的哲学。在阿佩尔看来，维特根斯坦从前期的“逻辑语言批判”向后期的“语言游戏”和“生活形式”理论的转变，实际上开启了现代语言哲学的“语用学”维度；特别是后期维特根斯坦对“私人语言”观点的抨击，乃是对人类言语的“主体间性维度”的揭示，也即对作为语言交往和社会互动的人类言语行为的揭示。而正是在这一“语用学维度”或“主体间性维度”上，现代哲学各派才出

① 参看阿佩尔：《语言交往的先验概念与第一哲学的观念》，载 H. 巴蕾特编：《语言学思想史和当代语言学》，柏林、纽约，1976 年，第 32 页以下。

现了“汇聚”的趋势。在此维度上，作为现代哲学三大主流的解释学哲学、语言分析哲学与美国实用主义哲学思潮，才呈现出“合流”的态势。

皮尔士等人的美国实用主义哲学，一向为骄傲的德国哲学家们所不屑，但为阿佩尔特别看重。依他之见，以“指号解释共同体”为中心观念的美国实用主义指号学运动，实与维特根斯坦前后期哲学的演变有着相互配合的同步性。由皮尔士和罗伊斯阐发出来的“指号解释共同体”的观念，进一步由米德和莫里斯作了发挥：米德根据交往共同体的符号互动的内在交互关系来解释心灵和自我意识的观念，莫里斯则发展出他的“三维指号学”。这中间虽然经历了所谓“行为主义还原论”的插曲，但皮尔士等人的“指号解释共同体”的观念，近来又在奥斯汀、塞尔的言语行为理论和哈贝马斯的“普遍语用学”中得到了展开和重构。而阿佩尔本人的“先验解释学”或“先验语用学”同样也积极地继承和发展了这一“交往共同体”观念。

总之，在阿佩尔看来，由维特根斯坦所建立的语言分析哲学和以皮尔士为代表的美国实用主义指号学对语用维度或主体间性维度的采纳，乃是现代哲学的“语言论转向”的真正完成，它为现代哲学对近代知识学的“先验”问题的解决提供了一个可能性基础。实际上，后期维特根斯坦的“语言游戏说”和关于“私人语言”之不可能性的观点，不但彻底批判了近代哲学的“方法论唯我论”，而且也打开了先验哲学之改造或转换的基本方向，即：要在语言游戏与生活形式的交织关系中寻求“先验”问题的答案。而以皮尔士为首的美国实用主义指号学的“解释共同体”观念，本身就已经构成一种对康德先验哲学的“指号学改造”：以“指号解释的交往共同体”这一先验观念取代了康德的“先验自我”。①

① 参看阿佩尔：《哲学的改造》，孙周兴、陆兴华译，上海：上海译文出版社，1993 年版，第 88 页以下。

以上是英美分析哲学和实用主义哲学方面的基本情况。而阿佩尔所置身于其中的德国方面的情形又如何呢？他同样也见出了一种类似的发展。尤其是前期海德格尔《存在与时间》中的生存论解释学哲学，在阿佩尔看来，一方面，它完成了欧洲大陆现代哲学的“语言论转向”；另一方面，它实际上也提供出一个改造先验哲学的契机。海德格尔所谓此在“总是已经”“在世界中存在”，就如同后期维特根斯坦的“语言游戏”说，乃是对近代知识学或主体形而上学的“唯我论”传统的克服，即一种消解近代哲学的“先验自我”的努力。

我们饶有兴味地注意到，阿佩尔在《哲学的改造》的行文中也常常喜欢使用“总是已经”（immer schon）一词。而这个德文词组（所谓“小词”）几乎可以说是前期海德格尔在《存在与时间》等著作中的特殊用语。此在“总是已经”在世界中了，“总是已经”与世界浑然一体。这乃是一个“先天的”前提。在这个“总是已经”中，大约就暗含着“先验”问题的答案。因此，对先验哲学的改造也意味着对解释学传统的一个“改造”。稍事转换，海德格尔的“此在在世”生存论分析就化身为阿佩尔的“语言交往共同体”的思想了。从德国现代哲学的传统来看，阿佩尔哲学仍旧处在解释学传统线索上，而且并没有对海德格尔前期哲学构成真正的超越。阿佩尔的“语言交往共同体”概念完全可以理解为对海德格尔在前期《存在与时间》中形成的“共同此在”（Mitdasein）和“共同世界”（Mitwelt）概念的一个发挥。

如此这般，阿佩尔也就可以提出他自己的“先验解释学”或“先验语用学”，而其中的基本成分不外乎有三个：

1. 后期维特根斯坦的“语言游戏”；
2. 皮尔士等人的“指号解释共同体”；
3. 海德格尔的此在“在世界中存在”。

因此，《哲学的改造》德文版第一卷的卷名立为“语言分析、指号学、解释学”。上述三个成分合在一处，真是一个不大不小的“拼盘”了。三者殊途而同归，构成了作为20世纪的“第一哲学”范式的广义的“语言分析”，而且自然可以合成阿佩尔自己的“语言交往共同体”的大观念了。《哲学的改造》第二卷题为“交往共同体的先天性”，更多地传达了阿佩尔自己独特的哲学思路，即他以“交往共同体”为中心观念的先验解释学（或先验语用学）理论。所以，《哲学的改造》英文译本的大部分文章选自德文版第二卷，以显示阿佩尔本人的思想特色。但很明显，第二卷的讨论是以第一卷对20世纪西方语言哲学的基本要素的系统性探究为基础的。

我们看到，阿佩尔对作为知识学基本问题的“先验”问题的解答努力包含着一个深刻的伦理动机，这就是说，他的“先验解释学”或者“先验语用学”不仅是一种知识学的尝试，而且也是一种伦理学的尝试。这种伦理学动机更明确地显突于阿佩尔后来的哲学努力中，尤其是在他的“商谈伦理学”建设中。[1] 在阿佩尔那里，“先验”问题不仅是人类知识的可能性的问题，而且也包括人类伦理道德法则的主体间有效性的问题。这一“先验”问题，必须在“语言交往共同体”的观念中寻获答案。以阿佩尔的看法，人类必须把一个无限的“交往共同体”设为“先验”的前提，而不是像近代知识学的“唯我论”那样，把一个孤独的“自我”设为前提。这个作为“先验”前提的“交往共同体”不仅仅是知识学上的，而且也是伦理学上的。

至于人类知识和伦理生活所面临的各种困难，阿佩尔认为可以归结为现实与理想之间的冲突，按照他的说法，就是“现实的交往共同体的语言游戏”与“理想的交往共同体的语言游戏”之间的根本冲突。这个冲突如何解决——用哲学术语来讲，如何得到“中介化”呢？阿

① 参看阿佩尔：《商谈与责任》，美茵法兰克福，1988年。

佩尔所提出的办法基本上还是“法兰克福学派”的老招数，那就是“意识形态批判”。不过，其中也还有一些花样翻新的地方：阿佩尔力图把心理疗法和意识形态批判结合起来。对于个人，有心理疗法提供援助；而对于社会，则有意识形态批判来发挥功能。双管齐下，岂不是万无一失了？

后面这一点也使得阿佩尔有资格跻身于“新马克思主义”之列。但把弗洛伊德的心理分析引入马克思主义的意识形态批判中，显然也不能说是阿佩尔的首创。如我们所知，更早的新马克思主义者如弗洛姆、马尔库塞等早就有此尝试了。阿佩尔在哲学上真正的独创思想，在我看来仍在于他的“语言交往共同体”的观念，仍在于他把马克思哲学纳入20世纪西方主流哲学的发展方向上，特别是从作为现代“第一哲学”范式的语言哲学角度重新理解和解释马克思哲学，赋予它活生生的现代性意义。我想，这种具有时代特征和时代效应的重新理解和重新解释，才是真正意义上的“坚持”和“发展”了。

实际上，我们看到，马克思早在19世纪中叶就提出了“普遍交往”和“共同体”的观念，认为“生产力的巨大增长和高度发展”以及在此基础上建立起来的人类“普遍交往”，乃是人类社会消灭异化、实现共产主义的基本前提。阿佩尔的哲学在某种意义上说正是对马克思哲学的一种发扬。放眼望去，今日世界总体形势正朝着马克思在一个半世纪之前所预言的大方向运动，以世界共同市场为基础的世界性的“普遍交往共同体”正在形成和发展之中。尽管还有曲折，还有逆流，但世界化或全球化的大势不可逆转。而可悲可叹的是，在马克思之后的人类历史上，在西方也在东方，竟然出现了如此之多的挂牌的或冒牌的“马克思主义者”，关起门来搞独家经营的所谓“社会主义”，殊不知，“关门主义”只可能与封建主义划等号，是完全与马克思的宏大理想背道而驰的。

姑且不论阿佩尔的“先验”的大哲学的旧梦是否做得完满，做得成功，我们读阿佩尔的哲学，毕竟能够从中取得一道“世界性”的眼光，而且，我们总还要在我们自家的处境里来解读。我们还需要为自己设问：我们如何进入这个世界性的“语言交往共同体”？我们如何面对在这个“普遍交往”时代里世界性与民族性之间、理想与现实之间的种种冲突？——这难道不是摆在我们面前的一个切切实实的现实课题吗？

我们时代的理论姿态[①]

1995年10月间，著名神学家、瑞士巴塞尔大学教授海因里希·奥特（Heinrich Ott）来杭州讲学，几天内，除了举办几次讨论班外，还作了一个题为“基督教与现代化”的演讲报告。[②]之后，奥特教授打道回府，我也渐渐地淡忘了他的报告的内容。这回有人组织了一个以“市场经济与道德伦理”为主题的研讨会，我在一旁听着人文学者们和社会科学家们关于我们时代的道德伦理状况的各种忧心忡忡的议论，竟忆起了奥特教授一年前所作的演讲，于是重新取出报告来研读一遍，才体会到这个报告是有一些分量的，而在当时，我却糊里糊涂地听过去了，并没有十分地上心。

奥特教授在报告中大致讲了下面三个问题：

1. 如何理解现代化？

2. 面对现代化问题，基督教有何可能的使命？

3. 在一个现代化时代里，如何现实地把握人类的未来远景？

这三个问题都很重，又是我们时代的世界性的普遍问题。奥特教授在开场白里首先认定：“现代化”是第二次世界大战以来整个人类大家庭的全球性命运。这一点现在可以说已成共识，没有人会感到奇怪

① 本文原载《读书》，北京1997年第4期，署名白波。收入本书时作了修订。

② 该报告已由笔者译成中文发表，载《宗教文化》第二辑，陈村富编，北京，1997年，第277页以下。

的。现代化问题已经不是一个区域性的问题，而早就成为一个全球性（世界性）的共同课题了。作为基督教神学家，奥特教授是站在他的职业的立场上来处理这个问题的。我对于基督教神学没有专门研究，在这里不敢议论奥特教授的有关神学思想，而只想简单地介绍一下他对于上列第一个问题和第三个问题的解答，同时引申开来，趁机发挥一点我自己的见解。

什么是“现代化”？还有所谓的“现代性”？国内学界最近一些年来也十分迫切地关注着这个问题，作了许多有益的讨论。论说一多，意见纷纭，当然可以集思广益，深入问题，但有时也不免令人模糊起来。尤其是时下一些学者们常常喜欢谈论和使用的“现代性”以及“后现代性”之类的概念和命题，总让人感觉有些糊涂和玄乎。

奥特教授的理解倒是十分简明，他在报告中指出：“现代性和现代化的基本特征大概就是现代技术，以及与之相随的一种持续增长（即所谓的‘进步’！）和现代技术的扩展的一切后果——对于人类精神、人类价值和人类社会处境的后果。”

我向来也持有一个想法，以为从根本上看来，人类在20世纪普遍面临的现实难题不外乎两个：一是技术困境，二是价值虚无。所有严肃的思想都必定要触及这两大难题。而这两大难题又是可以合而为一的。这也就是“现代化”和“现代性”的根本问题。奥特教授把它界定为“现代技术及其一切后果”的问题，我认为是完全可以成立的。所以，关键就在于我们如何理解现代技术。

各色的专家学者对于我们这个时代作了各种各样的规定。接近世纪末的时候，更是“后—”（Post）字当头——所谓“后现代”“后工业”“后哲学”，等等，不一而足。一些善于接受新鲜事物并且推销有术的中国学者们就花样翻新，进而仿制出了“后新时期”之类的名堂，把我们这个时代搞得十分没落。或有一问：这个“后—”之后又是什么呢？是“新后—”（Neo post）呢还是“后后—”（Post post）？究竟还有没有重新命名的可能性呢?“命名”不应该成为单纯的词语游戏,而是人类文化的一个最基本的生长功能。对于人类的未来文明,这个“后—”可能预示着什么呢?是穷途末日还是全新转机?处于世纪末的我们应该思索这个问题。

我还是主张直面事实,干脆把我们这个时代称为“技术—商业时代”。这个时代的轴心和本质乃是技术,技术是通过商业在社会中展现和实现出来的,所以可以称为“技术—商业时代”。所谓“价值虚无”问题,亦即技术—商业时代的伦理道德的难题,乃至于信仰危机的问题,实际上也需要从现代技术问题的角度来予以解剖,方可切中要害。

奥特教授提示我们注意德国思想家马丁·海德格尔对于技术的沉思。奥特可谓“海德格尔主义者”,但他显然只能被归为“海德格尔主义”的“右派”,而非德里达式的激进分子。奥特教授在欧洲学术界的重要影响,主要缘于他的海德格尔阐释,首先是由于他较早而且较为成功地把海德格尔的哲思引入基督教神学的讨论语境之中;这方面的工作,主要可见于奥特教授在20世纪50年代出版的《思想与存在——海德格尔之路与神学之路》一书。[①] 在技术问题的思考上,奥特亦紧紧追随海德格尔,认为海氏是我们时代里思考现代技术之本质的最重要的思想家。这个看法甚合我意。

我们知道,后期海德格尔对现代技术作了深入的思考,他用了一个古怪的词语 Ge-stell 来规定技术之本质。我国已故的哲学家熊伟先生曾把此词中译为“座架”;近年来也有一些学者搞出一些不同的译法,如陈嘉映兄译之为“阱架”,王炜兄建议译之为“构设”,等等。此词为海德格尔所生造,确实费解,近乎不可译解。美国当代学者詹明信甚至认为,海德格尔的 Ge-stell“是如此神秘,以至至今无人能敲开这

① 海因里希·奥特:《思想与存在——海德格尔之路与神学之路》,措利孔,1959年。

个硬壳而找到某种现实的问题和观念”。[1] 詹明信的这个说法可能过于吓人了。实际上，这个词的基本含义以及它所暗示的问题还是可以了解的，可以明确的。

从字面上看，海德格尔造出 Ge-stell 一词，其意图显然是要突出地标明现代技术与“表象”（Vorstellen）、“订造”（Bestellen）、“制造”（Herstellen）、“伪装”（Verstellen）等词语的联系，也就是与德文中的“摆置”或“设置”（Stellen）这个动词所属的那个词族的联系。简单地讲，这一组词语所标示的，就是技术时代的人类对事物和世界的各种态度。所谓“表象”是技术中的现代人在观念上对事物的“客观化”或“对象化”的态度，“订造”是指人把一切存在者都设为有待制造的东西，“制造”是指人把事物当作技术对象生产出来、带出来，“伪装”差不多就是人类的技术行动对存在者的掩盖、蒙蔽。还有，Ge-stell 一词的前缀 Ge 含有“聚集”“集合”之义，可见就是把上面种种“摆置”活动（“表象”“订造”“制造”“伪装”等）“聚集”起来。[2] 所以，我认为可以把海德格尔的 Ge-stell 翻译为“集置”；此译虽然也未必见得能够显明此词所包含的全部的意思，但至少在字面和义理上都有所照顾了。

对于海德格尔的 Ge-stell 的意思，奥特教授报告中的一段解说也算明快，我引在下面：“海德格尔以此概念想说明：作为整体的现代技术的特征，是对世界中的现实的总体客观化（Objektivierung）。一切都变成可制作的了。一切都能够被订造出来。一切都能够被操作，并且受到人和人类社会的粗暴强力的控制。人类技术的扩展和蔓延不知道任何的界限。……人可以说已经被现代技术的精神和气质所占领了。”

这段话是对海德格尔的 Ge-stell 的一个比较直白的解释，也从根本上描出了技术—商业时代的人类境况。作为“集置”（Ge-stell）的现

---

① 参看詹明信等：《理论的历史性》，载《读书》，北京，1996 年第 8 期，第 23 页。

② 可参看海德格尔：《技术与转向》，弗林根，1962 年。

代技术规定着我们现代人的生存方式。由Ge stell所标示出来的“表象”“订造”“制造”等活动的总体，也就是技术中的人类对于现实世界的“摆置”态度，或者说“客观化”的态度。而依照海德格尔的观点，这种“客观化”或“对象化”植根于西方形而上学哲学之中，属于他所谓的“存在历史”(Seinsgeschichte) 的“命运”(Geschick)，因此可以说是命定了的。它是西方的，而今当然也是世界性的命运了。

在我们这个“集置”时代里，一切都已经被数量化了，这是现代技术的后果或效应之一。一切都变成可测度的了，因而就变成可计算的、可交换的了。我们知道，马克思早在19世纪中期就已经指出，在资本主义商业社会里，一切都可以用商品价值尺度来度量。既可度量，就可交换、可买卖。这里要注意的是“一切”，这“一切”既包括人类的物质生活领域，也包括人类的精神价值领域。乃至于人类生活的最隐秘的、最私人性的领域（诸如性爱领域），在现时代也已经日益为技术所操纵，差不多被纳入了量化和计算之列。今天的成年男女们不断地被告知：每周或每月最好做几次爱，每次以持续多长时间为最宜，诸如此类。我设想，现代人越来越严重的性惶惑多半与此相关。生命行为的质量已经被数量取而代之了。人类生活中更多地剩下了数量关系。

与上述现代技术的数量化后果相一致，现代商业社会通过技术对人类生活进行了简单化、平均化的加工和处理，特别是通过愈来愈发达的现代通讯和影视技术，把人类生活变成了可复制、可演示的机械事件。“神秘的东西”消隐了。人类生存形式的多样性和独特性消失了。一切都被纳入一种千篇一律的“统一形式”之中。捷克作家米兰·昆德拉从海德格尔著作中提炼出一个“关键词”——“制服”(Uniforme)。海德格尔的原话是：“由于现实就在于可计划的计算的千篇一律状态中，所以就连人也必须进入单调一式的状态之中，才能够应付现实事物。在今天，一个没有制服的人已经给人一种不再归属于此世的不现实的印象。”[①] 昆德拉在《小说的艺术》中引用了这段话。[②] 我们看到，海德格尔以及昆德拉在这里所使用的“制服”(Uniform)一词，由“统一”(Uni) 和“形式”(Form) 合成，实有“统一形式”之义。现代人已经不得不认同于这种“一式”，穿上统一的“制服”，成为“一式”的人。这个现代人，也就是前期海德格尔在《存在与时间》中所描写的平均化的“常人”(das Mann) 了。昆德拉并且说，现代作家卡夫卡最早看到了这种人类境况；而在卡夫卡之后，世界的“同一化”借助于对生命进行计算和计划的庞大机器又大大地向前迈进了。

的确，作为“集置”的现代技术通过数量化的商业市场把一切都“拉平”了，尤其通过信息工具和现代传媒手段，把人类生活集置入一种平乏无殊的均匀状态之中。于是，一切价值等级体系都难以确立和维持，终极的、绝对的道德和信仰理想势必变成了空中楼阁。道德相对主义、虚无主义在20世纪的全球性流行决不是偶然的，其必然性根据就在技术—商业之中，就在于技术—商业的普遍的、强大的销蚀力量。

现代技术带来的一个更为显明也更为重大的后果，当然是人类生存环境的日益恶化。这在现象上已经受到了人们的普遍的关心和担忧，用不着我在这里啰嗦。但在这件事情上，我们还必须唤起一种更为深刻的情感关怀。技术时代的人类已经断绝了与自然的直接关联。我们生活在水泥和钢筋之中，而已经不是在大地上栖居。作为大地之子的人类已经远离了大地。大地（自然）的气息已经无法直接地与我们的肉身和心灵贯通交流，甚至我们的呼吸都已经变成工业化的了。我们与动物和植物之间，只还剩下了对象性的利用关系。这是一种最根本

---

① 海德格尔：《演讲与论文集》，弗林根，1954年，第93页。

② 见中文版，孟湄译，北京：生活·读书·新知三联书店，1992年版，第149页；但这个中译本中的这段译文与海德格尔的原文有较大的出入。

的人性异化。

讲了上面这些，好像已经暴露出一种“反技术”的情绪。这是我们需要特别予以澄清的一点。长期以来，现代人在技术问题上往往趋于两种极端态度，或为乐观主义，或为悲观主义——以荷兰学者舒尔曼的分法，是实证论与超越论两种态度。[①] 舒尔曼把海德格尔归入反技术的超越论者之列，是我们不能赞同的；当然，海德格尔更不是技术乐观主义者（舒尔曼所说的“实证论者”）。悲观主义者（超越论者）基本上是反技术的，对技术不怀好意，认定技术对人类自由和人类生活造成的危害远远大于技术为人类带来的福利；反之，乐观主义者（实证论者）则是赞成技术的，他们在技术中看到了对人类力量的确证和对人类文化的保证，他们也不否认技术的负面效果，但认为技术的消极面只有通过技术本身的进一步发展才能得到克服。这两种各执一端的态度显然各有毛病，两者其实都难以应付现实的挑战。我认为，在技术问题上，无论乐观主义还是悲观主义都是不可取的态度；而对现代技术及其后果作单纯的价值评判，一味地反技术或者一味地赞扬技术，就更是幼稚的姿态了。

奥特教授在报告中还是引用了海德格尔的一个同样令人费解的说法：我们人类固然不可能“克服”（überwinden）技术，但也许终有一天，我们将“经受”（verwinden）技术（这里的“经受”一词又是相当勉强的翻译，在日常德语中，verwinden 与 überwinden 意义相近，亦为“克服”，只是 verwinden 在意味上略显弱些）。依我理解，海德格尔的意思大概是说：我们已经摆脱不了技术，抵制不了技术，但我们仍可以有所准备，有所响应，有所用心，也许将来有可能把技术“整合”到我们人类存在的广大境域之中。

如前所述，海德格尔把技术看作命运性的东西，是“存在历史”

① 参看 E. 舒尔曼：《科技时代与人类未来——在哲学深层的挑战》，李小兵等译，北京：东方出版社，1995 年版。

之命运的展开。因此，情绪性的或者伦理性的反技术的态度根本就是无济于事的，而且根本就是不当的态度了。力求克服命运的意欲只可能促动命运的更乖张的运作。海德格尔明言："盲目抵制技术世界是愚蠢的。欲将技术世界诅咒为魔鬼是缺少远见的。"我们当然还要有所作为，"我们可以对技术对象的必要利用说'是'；我们同时也可以说'不'，因为我们拒斥其对我们的独断的要求，以及对我们的生命本质的压迫、扰乱和荒芜"。[①] 这样一种对于技术世界既说"是"又说"不"的态度，海德格尔命之为"泰然任之"(Gelassenheit)。现代人需以这种态度去"经受"技术，人类与技术世界的关系才有可能发生某种变化，变得"简单而安宁"。

我想我们还不能简单地把海德格尔这种既"是"又"不"、既"接受"又"拒绝"、既"肯定"又"否定"的态度看作"狐狸策略"。对于现代技术，非此即彼的二值逻辑已经行不通了。

奥特教授的第三个问题是：在一个现代化时代里，如何现实地把握人类的未来远景？人类还有没有前景可言？其实，奥特教授自己在报告中的设问乃是："在一个现代化时代里，对于人类之将来，有一个现实主义的（基督教的和一般宗教的）远景吗？"我之所以对奥特教授的问题稍作转换，是因为我特别赞成他在此透露出来的态度，即一种现实主义的、同时又是理想主义的态度。这种态度既包含着一种信仰，亦是一种积极的理论姿态。

奥特教授对这个问题的回答是肯定的。他而且认为，不止有一种远景，而是有着多种这样的远景。实际上，在全球范围内，各种各样的远景也已经得到了不同层面的阐明。奥特教授特别举出了联合国所倡导的三个"基本概念"，即：

---

① 海德格尔：《泰然任之》，弗林根，1979 年，第 23 页。中译文见《海德格尔选集》下卷，孙周兴编选，上海：上海三联书店，1996 年版，第 1231 页。

1. 人权；

2. 可持续发展；

3. 人类的共同遗产。

这三个概念似乎用不着我在这里一一予以解释了。我们对它们大概已经是耳熟能详了。但熟知未见得就是真知。“人权”的意思看起来很简单，无非就是人的基本权利，但不幸的是，它在当今世界却经常沦为政治家们欺世的一个幌子，因此成了一个虚而不实、歧义丛生的概念。语言的“暴力”在这个概念上得到了充分的实现。

再说“可持续发展”，我们许多人恐怕也不一定有全面正当的理解。更多的人们还是更多地把它了解为一种线性的增长，生产力或经济不断的稳步增长。然而，真正的“可持续发展”绝不是无限制的、无条件的，绝不是放任商业社会通过现代技术形成一种连续的“勾引机制”，不断地膨胀人类的物欲。我们也可以换一种说法：真正的“可持续发展”并不全然是一个数量概念，而必须同时是一个质量概念，而且现在首先应该是一个质量概念。奥特教授为此提出了“生活质量”（Lebensqualität）这个命题，值得我们细细思量。

至于“人类的共同遗产”，我在这里仍愿意引用奥特教授在报告中提供的一个解说：“自然的多样性，物种的多样性，但也包括而且首先是文化和生活方式的多样性，属于‘人类的共同遗产’，只有它才能够为这个地球上的人类个体生活提供丰富性。”

所谓“人类的共同遗产”不只是人类文明的历史成果，而是包含着多样性的自然、物种、文化和生活方式。在这个十分广义的界定中，透露出一道博大的、彻底的世界性眼光。我想，这正是我们时代的学者所应具备的高超眼光。

对于奥特教授解说的上述三个基本概念，我们现在更应体会其深层的理论意义。在这个世界性的技术—商业时代里，在这个文化—价值相对主义的时代里，我们必须寻求一个对话基础，寻求世界文化整合的可能性。当然，所谓“对话”“整合”，并不意味着要牺牲掉人类文化和人类心灵生活的差异性和多样性。“人权”“可持续发展”“人类的共同遗产”——联合国所倡导的这三个基本概念未必就已经丰满，未必就已经为我们提供了一个现成的对话基础，更未必能够彻底地解决这个技术—商业时代的道德和信仰的问题，以及当今时代和未来时代世界文明的种种冲突和难题，但是，它们指示着一个方向，一种前景；至少，它们可以成为一种“依靠”，让我们借以确立一种最初步的理论共识和最起码的理论姿态。

面对技术—商业市场的巨大的侵蚀力，今日学者普遍地处于一种前所未有的心旌动摇状态之中。人们在普遍怀疑中否弃一切可靠的、确定的东西，人们好像已经再不能够建立什么，主张什么，维持什么了。在后现代主义的旗号下面，经验主义、怀疑主义、相对主义盛行，其最终的导向就是虚无主义。国内一些学者前几年惊呼的“人文精神的失落”，说到底也不仅仅是一个中国特色的现象，而根本上乃是技术—商业时代的一个世界性的普遍现象。在今日中国，学者总体无能于承当自身的社会角色，甚至丧失了最基本的理论态度和批判意识。现实的情势似乎是：一方面是虚假信仰的继续推行，另一方面则是对旧意识形态的矫情反感和拒斥。两种实际上都是非理论、非知识的态度。

在我看来，理论的惶惑根本上也是技术—商业时代里的道德困境的一个表现。奥特教授的报告启示我们一点：理论必须具备“预言”的功能和使命，必须直面现实，指向未来；而要履行这一功能和使命，学者首先必须有所坚持，必须有最低限度的坚持。

那么，我们能坚持什么呢？

失去边界的哲学[1]

站在世纪之交的门槛上，我们应当对20世纪哲学有一个基本的估量。虽然“哲学”本身永远是一个哲学问题，但似乎还没有一个时代像我们这个行将结束的世纪这样，“哲学”本身在其中如此严重地成了问题。众所周知，这个世纪的两大哲学家——海德格尔和维特根斯坦——都对“哲学”作了消极否定性的规定。前者宣称“哲学”已经进入“终结阶段”了；后者则说凡哲学问题无论看起来多么深奥玄妙，其实都是语言用法上的“毛病”，而所谓“哲学”不过是对付这种“毛病”的“治疗术”而已。我们还不能简单地认为这是他们的装腔作势或者虚张声势之举。

从现象上面看，哲学在20世纪可能经历了史无前例的“繁荣昌盛”。20世纪哲学思潮之杂，思潮更替速度之快，大大小小的哲学家和形形色色的哲学著作数量之巨，大约都达到了“历史最高水平”。这一点似乎用不着特别证明。也正是在这个意义上，英国思想家以赛亚·伯林明确反对海德格尔关于“哲学的终结”的命题。伯林认为，20世纪有罗素、胡塞尔、维特根斯坦等大思想家，20世纪在认识论、逻辑学和精神哲学方面成就卓著，远远超过了19世纪，所以明明是一个哲学的“繁荣时代”，哪里谈得上什么“哲学的终结”！[2]伯林这个想法当然不错，但同样确凿无疑的是，伯林在此并没有真正理解海德格尔有关命题的本意。

什么是哲学？当我们试图判断我们时代的哲学状况时，我们似乎

---

① 本文2000年10月3日作于德国伍泊塔，未发表过。

② 参看伯林、雅汉贝格罗：《还理念以声音》，美茵法兰克福，1994年，第175页。

还先得回答这个问题。但在这里，我们无力对哲学作出一个充分严格的“定义”。主要为了讨论方便起见，我们只想端出几点粗糙的“限制”：第一，从起源上讲，哲学是西方欧洲的。虽然其他民族文明传统都有自己的思想文化类型，但我们今天讲的作为一门“学问”（希腊意义上的“科学”）的哲学却是源于欧洲的。[①] 第二，从思维特质上讲，哲学是形式化的和概念抽象的，或者说是一种论证性的表象（观念）思维方式。虽然其他文明的知识系统也都具有抽象之维，但形式化的概念思维方式却是欧洲特有的专长。第三，从制度上讲，哲学是学院的。虽然一般思想可以是学院之外的，但哲学却是学院中的事情，作为“严格科学”的哲学自始就存活于学院中，它需要以学院为制度上的保证，而同时，它又构成学院知识建制的核心。

我得承认以上三个“限制”都是相当危险的，每一点都极易引起异议和争议。这个暂且不去管它了，因为对这三点的论证不是本文的目标所在。不过，下面进一步的讨论也许仍会有助于确立和巩固以上三个“限制”。在下面的讨论中，我们的任务是对哲学在20世纪的境况和命运作一种概括性的描写，主要从三个方面分而述之。

其一，在现象上，哲学在20世纪的“繁荣昌盛”还更多地表现在：哲学世界化了。不但在作为哲学“发源地”或“原产地”的西方欧洲，而且在地球的其他人类居住地，无论在美洲、澳洲、非洲，还是在亚洲，今天都有了哲学。大致从19世纪以来，而且特别在20世纪里，欧洲文明之外的民族文化或是接纳和吸收哲学，或是以哲学的概念系统和方法来整理和改造本民族固有的思想文化传统，从而使哲学成为一门在全球范围内可讨论的学问。

哲学的这种“世界化”具有双重意义或作用。哲学是在近代以来欧洲文明向外部扩张的过程中走向世界的，这种扩张过程首先是依靠

① 可参看本书中的《在何种意义上哲学是西方的?》一文。

武力的殖民化，进而是依靠技术的工业化。对非欧洲民族文化来说，两者其实都具有某种强暴性质。因此，哲学的“世界化”在丰富了非欧洲民族思想文化传统的同时，也可能侵犯、损害了后者。在今天，哲学已经成为一种在全球范围内起主导作用的思想方式（这也是我们所谓哲学世界化的真正含义所在）。虽然区域性的民族思想文化传统一息尚存，但现在，甚至生活在非欧洲文化圈中的人们对现实的感应和观察方式也更多地受到了哲学的控制——或者说压制。举例说来，在今日中国，固然我们传统的文化元素和思想资源还在得到传承，通过各种渠道存活在我们民族的生活世界里，但它们在更大程度上已经在学院里经受了并且正在继续经受哲学化的现代转换；而诸如科学主义、人文主义、马克思主义等西方哲学及其方法，已经在我们的思想文化领域里占据了主导性地位，而且实际上，后者也业已成为我们当代中国人的一种对现实更有反应能力的思想方式和表达方式了。

除此之外，哲学的“世界化”进程还有一个积极的后果，那就是对“种族中心主义”观念的纠正。这应该是20世纪哲学文化的一大进步。这种进步在我看来主要还是在西方哲学文化内部完成的。现代西方哲学和学术在思想境界上逐渐地摆脱了“欧洲中心主义”的殖民观念，一般地说，就是摆脱了“种族中心主义”的旧式观念，从而开启了一道开放的世界性眼光。显然，这个进步是与西方哲学在20世纪展开的深入的自我批判联系在一起的。有了这个进步，世界多元思想方式和文化类型的沟通、整合和并存才有一个必需的观念前提。但毫无疑问，在21世纪里，区域性民族思想文化的自我保存与主导性的世界性哲学文化的扩展之间的张力，仍将是未来哲学或者未来思想的一个重大题目。

其二，与哲学的“世界化”不无联系，在20世纪，哲学的思想方式和表达方式趋于多样化了。现代西方哲学从19世纪以来，努力超越以“柏拉图主义”为标识的形而上学传统，在运思方向和方式（方法）

上作了新的深入开掘。这种努力经过克尔凯郭尔、马克思和尼采等19世纪思想家的准备，至20世纪得以形成气候。以我的概括，现代哲学在传统的“知识学”维度之外，主要开拓了“生存论”和“语言论”两大新维度。人的生存境况被相当一部分哲学家当作基本的问题出发点和哲学的基本课题；语言的先在性和语言问题的优先性得到了最高程度上的强调。这就是说，20世纪哲学家们有了“知识学”“生存论”和“语言论”三大基本的思考和讨论方式。同时，入思角度和问题出发点的变化也必然地引起了哲学表达方式的多样化。

这种变化极大地丰富了哲学的内涵，在哲学史和文化史上具有某种划时代的意义。哲学超越了传统单一的知识逻辑的思考方式和言述路向，从而有可能适应世界化时代人类的新的处境和关系。然而另一方面，对于哲学本身来说，这种变化也可能具有“致命的”后果：新的思考和表达方式的开展实际上使哲学失去了自己原有的规定性，即起源于希腊的哲学作为“严格科学”的知识理想。力图重建此理想的胡塞尔被称为“最后一个哲学家”不是没有道理的。海德格尔在其20世纪20年代的前期哲学中力图对以知识学为方法基础的传统存在学作一种“生存论”的重新奠基，但他很快就发现，这样一种“生存论”思考要获得彻底的推进和成功，必以“克服形而上学”——亦即“克服哲学”——为前提。在我看来，维特根斯坦前、后期哲学的转变同样也传达出传统知识学哲学的形式化思想方式的困难和危机。

20世纪哲学思想方式和表达方式的多样化在现象上的一个显著标志是：哲学与文学边界的淡化和模糊。实际上我们也可以说，哲学思想和表达方式的多样化的必然后果是哲学与文学边界的消失。在柏拉图以降的欧洲文化传统中，哲学与文学（思想与诗歌）之间一直处于一种等级性的紧张关系中。而在20世纪，特别在下半叶，哲学与文学的关系发生了一个深刻的转变，两者之间的等级对立被渐渐地消抹，而代之以一种新的交织关系或亲缘关系。在这个时代里，哲学家身兼文学家或者文学家身兼哲学家已成常态。文体标志已经在很大程度上被模糊了。对于海德格尔后期或者维特根斯坦后期的思想作品来说，无论是“理论的”与“诗意的”之间的区分，还是“理论的”与“散文的”之间的区分，都是不再适用的了。而对哲学来说，这同样也意味着它的固有规定性已经受到了动摇。

其三，20 世纪哲学形势的又一个主要特征，我想可以概括为：哲学社会科学化了，或者说，哲学越来越被社会科学蚕食了。这一点显然是与前述第二点紧密相关的，甚至是可以重合的，因为我们也可以把哲学的社会科学化理解为哲学思想方式和表达方式的多样化的一个表现。但在这一点上，我们更多地是要强调：哲学在技术时代里受到了对知识的技术化要求的侵害，不断丢失自己的阵地，以至于沦于某种寄生状态了。

欧洲近代以来，首先是自然科学（狭义的科学）从作为“普全科学”的哲学中独立了出去；接着主要从 19 世纪后半叶开始，社会科学（诸如社会学、政治学、心理学、人类学等经验实证科学）逐渐从哲学中分离出去，发展成为独立自主的科学门类和科学领域。这样一个过程，用海德格尔的话来讲，就是“哲学发展为各门独立的科学，转变为关于人的经验科学。区域存在学被各门科学当作自己的任务接管过去了”。[①] 哲学消解于被技术化了的各门科学，消散于心理学、逻辑学、政治学之类的特殊科学中了。[②] 我想，这正是海德格尔关于“哲学的终结”的命题的基本意义。

而这就是说，原先属于哲学的诸多课题域，现在已经被各门科学分割和占领了。在我们这个时代里，心理学家无疑能够比哲学家更好地解答心灵和精神状态方面的问题，或者更准确地讲，关于心灵问题，

---

① 海德格尔：《面向思的事情》，图宾根，1976 年，第 63 页。

② 海德格尔：《只还有一个上帝能救渡我们》，熊伟译，载《海德格尔选集》下卷，孙周兴选编，上海：上海三联书店，1996 年版，第 1308 页。

心理学家能够比哲学家提供出更令人信服、更有实用价值的答案。同样，认知科学家能够更科学、更有效地解答传统知识学哲学的知识问题。在关于社会共同体的事务和问题的处理上，社会学家、法学家、经济学家显然比哲学家更有发言权，更能提供“专家策略”。而今天人们对知识的兴趣完全是以实践效果为指向的。所以毫不奇怪，特别在第二次世界大战以后，介于哲学与社会学之间的“社会哲学”、介于哲学与法学之间的“法哲学”之类的学科，成为哲学的主要方向；诸如哈贝马斯、卢曼等人的“社会哲学”取得了战后德国当代哲学的主导地位。在这里发生的事情，恰恰就是对哲学的“社会科学化”，或者说，对哲学题域的社会学的侵占。

综上所述，我们可以认为：在 20 世纪，哲学已经失去了自己的边界，纯哲学已经式微了。按其固有本质来说，哲学必须坚守“先验性”界限才能成其本身。哲学思考必须进入先验形式领域。就此而言，20 世纪上半叶由胡塞尔开创的现象学大概就是哲学的最后一个“机会”，是哲学的“最后一搏”了。但现象学在哲学形式化（本质化）方法上的创新是否成功，以及它是否能够守住先验性领域，这在胡塞尔时代就已经受到了怀疑。在我看来，胡塞尔以后的现象学更多地成为“应用现象学”而不是“纯粹现象学”，或者说，现象学更多地进入了其他知识领域。这仍旧是与时代趋势相合的。

海德格尔曾把他所谓“哲学的终结”解说为“哲学的完成”。他的想法大致是：哲学已经处于“完成”阶段上，正在展开它的全部可能性。今天人们仍在继续从事着各种哲学的尝试，但在海德格尔看来，这只不过“一种模仿性的复兴及其变种”而已。海德格尔的这个看法是合乎当代学院哲学的总体状态的。当代学院哲学（特别是就“纯哲学”而言），即使是具有良好传统的德国当代哲学，在“原创性”方面已经大大减弱了，已经更多地成为一种“哲学史研究”，而不是“哲学活动”或“哲思”（Philosophieren）。

必须注意的是，所谓“哲学的终结”并不就是哲学思维方式的“结束”和“终止”，恰恰相反，正如我们上面所述，哲学在我们的时代里借助于科学和技术工业获得了最充分的展开，哲学思维方式已经具有了全球性的意义和作用。因此，“哲学的终结”也绝不意味着西方欧洲文明的没落，而是意味着“植根于西方欧洲思维的世界文明的开端”。[①] 在这样一个世界文明的“开端”中，我们固然可以期待一个多元思想文化时代的出现，但我们决不能得出一个类似于“三十年河东三十年河西”式的结论，以为随着后西方哲学时代的到来，我们东方思想文化不但可以压倒西方哲学文化，而且进一步可以解救全人类了。归根到底，哲学失去边界的过程，亦即哲学在“完成”意义上达乎“终结”的过程，是与技术工业的扩张一体的。而在我们的时代里，技术工业已经成为全球人类的共同命运。

我们说纯哲学式微了，但并不是说我们从此就可以放弃思想的责任了，更不是说我们不需要思想了。从根本上讲，哲学只是一种思想方式而已，虽然哲学这种思想方式即便在后哲学时代里仍旧起着一种主导性的作用。在我们这里，“后哲学”这个说法仅仅意味着除哲学之外其他思想方式的可能性。我们说哲学渐渐地丧失了自己的课题域，但并不是说思想已经无所作为了。相反，后哲学的思想将会有一个更为自由开阔的课题范围，因为它面临的是一个没有边界的多元世界。在这个由于技术工业的普遍作用而导致文化全面失控和失度的时代里，思想将经受咄咄逼人的考验。

---

① 海德格尔：《面向思的事情》，图宾根 1976 年，第 65 页。

第二编
诗歌与思想

存在历史的转向与语言论转向[①]

“转向”（die Kehre）一说在海德格尔思想中具有特殊重要性。海德格尔甚至以“转向”为标题作过一个演讲（1949 年），后与另一个演讲“技术的追问”合在一起，凑成一本小书，立名为《技术与转向》（1962 年）。海德格尔用此词寓意深远。而人们一般论及海德格尔所谓的“转向”，往往仅仅指称发生于 20 世纪 30 年代的海氏本人前、后期思想之变化，再没有深入，难免有些隔靴，未着根本义理。

海德格尔本人思想之“转向”固然是一件大事，值得我们深入研讨，但在其中或者背后，还有更大事体，即海德格尔所思的“存在历史”之“转向”。若将后者忽略，则前者亦难得澄清。

我们看到，在 20 世纪西方思想中，“转向”（或“转折”）一词的使用频率极高，可谓“转向”纷纷，足以令人晕头转向。在海德格尔那里，又生发出了“语言论转向”（Linguistic Turn）的问题。

英文 Linguistic Turn 一词进入中文世界后出现了不大不小的混乱，有译为“语言学转向”的，也有译为“语言的转向”或者“语言转向”的。我这里以“语言论转向”译之，意在避免不必要的纯粹起于字面的误解。诚如海氏后学伽达默尔所言：与现代英美分析哲学的发展几近同步，欧洲大陆人文主义哲学之“语言论转向”由海德格尔完成。若此外再加上时下聚讼纷纭的所谓“后现代转向”或“后现代主义的转向”，则问题就变得愈加严重和繁难了。

---

① 本文系作者在“语言学转向与文学批评”研讨会上（1994 年 12 月，暨南大学）的发言，刊于《思想文综》第一辑，广州：暨南大学出版社，1995 年版。收入本书时作了修改。

所有这些“转向”及其相互间的关系值得我们关注和深思。搞清楚它们之间的关联，对于我们了解20世纪西方思想和文化的形势无疑是至为重要的。不过，本文只能稍稍限制一下题域，主要讨论后期海德格尔所思的“存在历史的转向”及其与“语言论转向”的关系。

一、作为存在发生史的历史

在前期《存在与时间》(1927年)中，海德格尔为自己提出一项批判性任务：以时间问题为引线解析“存在学历史”(Geschichte der Ontologie)。20世纪30年代以后，海氏却几乎不再提“存在学历史”，而总说“存在历史”(Seinsgeschichte)。两种提法虽只有一词之差，含义却已有大变：“存在历史”的内涵更为广大，除“存在学历史”(即“形而上学史”)，还包括了“思想”的历史，亦即“前形而上学的思想”和“后形而上学的思想”的历史。这明显是海德格尔对西方思想和哲学史的看法的一个深化。

在这里，“存在历史”一词本身还有待于解释。海德格尔是从存在“发生”(Geschehen)的角度看历史的，或者可以说，在海氏看来，历史就是存在的“发生史”。在海氏那里，“存在”已经不只是一个哲学范畴，而毋宁说指示着一个“发生事件”；作为存在之“发生史”的“历史”(Geschichte)并非消逝了的、一去不复返的“死”东西，并非“历史学的历史”(Historie)，而是活生生的、总在重新“到达”和“发生”中的存在生成事件。不难推出：对于“历史学的历史”而言，有知识学意义上的真实与虚假的问题；而对于“存在之发生史”而言，则无所谓知识学上的真与假问题，而只有显与隐（解蔽与遮蔽）的问题。

实际上，海德格尔在前期的生存论存在学中即已致力于消解传统知识学意义上的历史观念。20 世纪 30 年代后，海德格尔更是另辟蹊径，由“存在之真理”(Aletheia) 而突入“历史生成”(亦是“语言生成”)，借此走出他前期的“此在—世界”的解释学追问道路，从而消除了他前期哲学中欲脱未尽的主体主义唯我论的阴影。

正是从“存在—历史”的理解角度，海德格尔提出了“思想是一种回忆”的规定以及所谓“更希腊地思希腊思想”的任务。“曾在者”(das Gewesene) 总在历史性的思想中“到达”，“最古最老的东西”总在历史性的思想中“重演”或“回复”(Wieder holen)，就此而言，“思想”即“回忆”。思想在“回忆”中指向“未来”并实现“当前”，“进入”已经是一种“超出”——是为“更希腊地思希腊思想”。

在“回忆之思”中，海德格尔形成了独特的“存在历史”观。他把前苏格拉底的早期“诗”和“思”设为“存在历史”的“第一个开端”，把自柏拉图至尼采的形而上学（存在学）历史理解为思想隐失、哲学和科学发展的过程，即所谓“存在之被遗忘状态”的历史，进而对现时代提出了后形而上学的要求，认为现时代是哲学进入完成的阶段，酝酿着“存在历史”的“另一个开端”。海德格尔认为，对于“存在历史”的“另一个开端”，荷尔德林、尼采等思想家和诗人的“思”与“诗”具有先行启示的意义。我们可以猜度，海氏显然也会把他自己的思想努力视为一种开端性的或者转向性的工作。

其中显明两个“转向”：一是前形而上学的思想向形而上学哲学的“转向”，即“第一个开端”的隐失和形而上学哲学的形成；二是哲学向后形而上学的思想的“转向”，即哲学的终结和存在历史的“另一个开端”的生成。在我看来，这两个“转向”正是后期海德格尔重点探讨的两个问题关节点。

二、从思想到哲学的转向

我们先来说第一个“转向”。海德格尔赋予“思想”以特别的含义，对“思想”(Denken) 与“哲学”(Philosophie) 作了严格的区分。原初有“思想”，一般被称为“自然哲学家”的前苏格拉底的希腊学者，如赫拉克利特、巴门尼德等，在海德格尔看来却不是“哲学家”，而是“思想家”。从原初的“思想”到后来的“哲学”的演变被看作一个“脱落”(Abfall) 过程，构成“存在历史”的“第一个转向”。

或问：“思想”与“哲学”究竟有何不同呢？首先可以认为，两者在态度方面有一个基本分别：“思想”是非对象性的、非表象（观念）的；而“哲学”是对象性的、表象（观念）的。

根据海德格尔对希腊文“哲学”(Philosophia) 一词所作的词源学考证，在赫拉克利特时代根本还没有这个名词，因而也还没有这样一门“学”，其时还只有形容词 philosophos。后者由 phileia 与 sophos 构成；而这个 sophos 还不是后世所理解的“智慧”，而是指“一切存在者在存在中”，即“聚集”意义上的“逻各斯”(Logos)。至于“热爱”(phileia)，原不是刻意的追求，而是“应合”“契合”。所以 philosophos 的原始意思是：应合于“逻各斯”，以“逻各斯”的方式说话。这正是开端性的“思想”的品性。

问题出在智者时代。智者咄咄而来，论辩之风日盛，sophos 被当作一个论辩对象，成为人们刻意追求的“智慧”(Sophia)，从而才发展出作为“爱智之学”的“哲学”(Philosophia)。进一步到苏格拉底—柏拉图时代，哲学及其问题方式（“这是什么”的问法）得以基本定型，非对象性的“思想”演变为对象性的“哲学”了。①

---

① 海德格尔：《什么是哲学?》，纽黑汶，1958 年，第 48 页。

海德格尔以为，哲学时代的人们对于前苏格拉底的希腊思想误解甚深。例如，巴门尼德残篇第三常被译解为“思想与存在是同一的”；近代如黑格尔之流更是把巴门尼德视为“纯粹思维”的开端。殊不知，巴门尼德的“思想”（Noein）并非主体性的表象思维行为，而是一种把人吸纳入其中的原始的存在境界，故决不能以后世解为主体认识活动的“思想”译之。

海德格尔曾把 noein 译为“颖悟”（Vernehmen），后又建议译之为“照管”（In die Acht nehmen）。“颖悟”也罢，“照管”也罢，都不是主体虎视眈眈的对象性行为，而是非意欲的接纳、归属、期待、应合。总之，在海德格尔看来，巴门尼德的 Noein 还不是概念性思维。形成概念性思维，进而把这种思维划归到主体表象范围，那是柏拉图时代乃至更后继时代的事情了。

三、从动词性的思想语言到名词性的哲学语言

“思想”与“哲学”之区分更要从语言角度来了解。语言的演变最显著地体现了从“思想”到“哲学”的“脱落”过程，因而可以让我们洞察到存在历史的“第一个转向”的痕迹。而在“存在-语言”维面上发问和入思，也正是后期海德格尔思想的一个显著特色。

我们从海德格尔的分析中可以见出思想之言和哲学之言的基本分别：思想的语言（词语）是丰富的、生动的、动词性的；相反，哲学的语言（词语）是单调的、僵固的、名词性的。思想语言的“动词性”与哲学语言的“名词性”的区分具有重要的文化意义。从海德格尔想开去，我们实际上也可以说，早期希腊文化是“动词性文化”，而后来的形而上学时代（哲学、科学时代）的文化则是“名词性文化”

了。动词是活的，有生命的，多向度的；名词则是死的，固定的，趋于一元统一的。进一步，我们是不是也可以说，现时代——所谓后形而上学时代——正在发生一场从名词性文化向动词性文化的变化或“转向”呢？

举例说来，据海德格尔考证，前苏格拉底的希腊思想家如巴门尼德，是用 estin、eon、einai 等多个动词以及分词形式来表示“存在”的，在这些词语中，依然回响着希腊的 eimi 的原始的（词根的）意义，即“生命”“涌现”“逗留”等动词性意义。到后来，柏拉图和亚里士多德则用名词 on（复数 onta）这个概念词语来表示“存在”范畴了，这就是把 eon 等词语原初的动词性意义固定起来了。[①]

海德格尔自始就把“保护”基本思想词语的原始意义引为自己的一项使命。我们在海德格尔的创造性阐释中可以发现：前苏格拉底的思想家们（如阿那克西曼德、赫拉克利特、巴门尼德等）的存在之思的“基本词语”都不是名词性的，而是动词性的。其中主要可以举出以下几项：

阿那克西曼德的 Chreon 通常被译解为“必然性”，海德格尔却建议把它译为动词性的“用”“需用”（Brauch），因为阿氏是以此词思存在“用”人而展开、运作的过程。

早期希腊思想家的 Logos 通常被译作“理性”“言语”“规律”“理由”“根据”等，海德格尔却译之为“聚集”。他认为，赫拉克利特和巴门尼德以此来思“一切存在者在存在中”或“一是一切”。

巴门尼德所思的 Moira 往往被译为“命运”，海德格尔没有表示反对，但他也以为更应该强调其动词性，把它译解为“遣送”“命运的发送”——我们人就是为“存在之命运”所派遣、发送的。

希腊的 Physis 在现代语言中就是“自然”，海德格尔提供的译文却

---

① 参看海德格尔：《林中路》，美茵法兰克福，1980 年，第 340 页。

是“涌现”。在他看来，此词指示的是存在的由隐入显的展现（解蔽），而这种展现（解蔽）同时也是归隐、聚集，所以是动词性的。

希腊的“真理”（Aletheia）早已经是一个固定的译名了，但海德格尔反反复复地告诉我们：Aletheia 是“解蔽”“无蔽”，是“存在本身”的显—隐（解蔽—遮蔽）运作。

把希腊文的 Eris 译为“斗争”固然不错，但海德格尔提醒我们：这个词所指示的是存在本身差异化的显—隐、分—合运动。

En 是希腊思想中表示“一”“统一”的词语，如赫拉克利特思考“一是一切”；在海德格尔看来，这个“一”实为存在本身的“统一”作用，亦即逻各斯的“聚集”，所以也是动词性的。[①]

海德格尔认为，前苏格拉底的早期思想家以这些思想的“基本词语”来思存在发生的生动过程，即在场—不在场（解蔽—遮蔽）的“二重性”（Zwiefalt）运动以及存在对人的“占用”和“遣送”。而在后继时代里，上述动词性的基本词语的丰富的原始意义或者是渐趋失落，被掩蔽了，或者是被狭隘化和固定化了，也即被名词化、概念化了。如 Logos 变成了“理性”“逻辑”;Physis 变成了“自然”“物理”；Aletheia 变成了“正确性”意义上的“真理”，等等。这都表现了“思想”向“哲学”的“脱落”。这个过程在希腊哲学时代即已开始。而从语言方面看，海氏认为这个过程主要起于泛希腊化（斯多亚）时代。[②]而其中最致命的一个环节则是拉丁文的翻译。海德格尔认定，罗马拉丁思想对希腊思想的“翻译”是西方历史上的一个不幸事件。他说：“罗马思想接受了希腊的词语，却没有继承相应的同样原始的由这些词语所道说出来的经验，即没有继承希腊人的话。西方思想的无根基状

---

① 有关海德格尔对上述词语的阐释，详见拙著《说不可说之神秘——海德格尔后期思想研究》第二章，上海：上海三联书店，1994 年版。

② 参看海德格尔：《在通向语言的途中》，《全集》第十二卷，美茵法兰克福，1985 年，第 234 页。

态即始于这种翻译（转渡）。”[①] 而与原初存在之思的基本词语的动词性意义的失落过程相应，“存在”（On）成了一个最普遍也最空洞的哲学概念或范畴。这才出现了“存在学”的哲学范畴体系。

四、哲学的终结与思想的任务

存在历史的“第一个开端”隐失后，开始了形而上学史。形而上学的核心部分是“存在学”。“存在”成为形而上学的最高范畴。

主要在《形而上学导论》（1935 年）中，海德格尔做了一种“存在范畴史”的考察工作。关键问题是：“存在”是如何被“限制”而成为一个确定的、抽象的“范畴”的？

据海德格尔说，“存在”主要受到了四重“区分”的“限制”：“存在—变易”“存在—现象”“存在—思想”“存在—应当”。在前苏格拉底思想中，上述四重“区分”（“对立”）都还是没有的。早期思想家固然也讲变化、显现，但都是讲存在本身的运作，并没有把变易、现象与存在对立起来；他们更没有把思想与存在对立起来，在他们那里，思想是归属于存在的。后来，哲学形成了上述四组“对立”，四重“限制”，就把“存在”框死了，使之成了一种“持久的在场”，一个与道德领域（应当）、现象界相对立的领域，一个与思想相对立的绝对之物。[②]

这样一个“限制”过程实已在柏拉图的“相论”中完成。海德格尔明言：形而上学就是“柏拉图主义”。而在他看来，这种以“柏拉图主义”为本质的形而上学至现时代已趋于完成。所以，海德格尔对西

① 海德格尔：《林中路》，美茵法兰克福，1980 年，第 7 页。

② 参看海德格尔：《形而上学导论》，图宾根，1987 年，第 154 页。

方哲学下了一个“判词”：“纵观整个哲学史，柏拉图的思想以其有所变化的形态起着决定性作用。形而上学就是柏拉图主义。尼采把自己的哲学称为颠倒了的柏拉图主义。随着这一已经由马克思完成了的对形而上学的颠倒，哲学达到了最极端的可能性。哲学进入其终结阶段了。”①

所谓“柏拉图主义”，直言之就是这样一种基本“信念”：相信在我们这个现实世界之外或背后还有另一个世界，另一个真实的世界，即“相”（idea）的王国（理念王国）；“本质”（“相”）是在先的，“另一个世界”是第一位的；对于这个“相”的世界的认识才是普遍的、绝对的“知识”（episteme），而对现实世界的认识只能是个别的、相对的“意见”（doxa）而已。

马克思早就看清了西方哲学和宗教的这个本质，把它揭示为“世界被二重化”。② 我们看到，马克思的历史观明显具有反柏拉图主义的意义，与海德格尔所谓“存在历史”观多有相合之处，故亦为后者所推崇。马克思把历史理解为物质存在的运动，海德格尔认为历史是存在的发生史，两者之间的关系值得我们深究。在历史问题上，海德格尔唯对马克思的历史观作了积极的评价，认为马克思的历史观比其他历史观更优越。③ 尼采激烈地反对这个形而上学传统，认为“另一个世界”有以下三大来源：哲学家虚构出一个“理性世界”，宗教家虚构出一个“神性世界”，道德家虚构出一个“自由世界”。尼采并且把它概括为“厌世本能”的表征。④

相比之下，海德格尔在存在历史意义上对哲学的批判更显冷静。他所谓哲学的“终结”（Ende）乃是“完成”（Vollendung）。在他看来，

① 海德格尔：《面向思的事情》，图宾根，1976年，第63页。

② 参看马克思、恩格斯：《费尔巴哈》，北京，1988年，第90页。

③ 参看海德格尔：《路标》，美茵法兰克福，1978年，第336页。

④ 参看尼采：《权力意志》，张念东等译，北京：商务印书馆，1991年版，第586条。

哲学的“终结”并非哲学思维的终止，而恰恰是它的充分展开和实现：哲学展开为各门独立的、在今天又日益沟通起来的科学，它已经在世界范围内显示为科学技术的胜利。

海德格尔把现代技术世界理解为存在之命运的展开。技术的本质被规定为“集置”(Ge stell)，它作为一种无可逃避的力量支配着现代人。作为“集置”的技术本质展现为“危险”(Gefahr)。而恰恰在此“危险”的本质中隐含着一种“转向”的可能性。存在历史已到了一个命运性的时刻——“另一个转向”的时刻。

基于存在之命运的技术世界不是人所能掌握的了。人“克服”不了技术之本质。人只能“经受”命运。但在存在之命运中的人也并非一无所为。海德格尔提倡两种态度：“泰然任之”和“虚怀敞开”。前者是对于“物”的态度，后者是对于“神秘”的态度。两者相结合，就是“思想”的态度。

何谓“思想”？“思想”是“期待”“归属”，是一种“原初的应合”。[①]“思想”应合于存在及其“要求”。“思想”在存在历史的“转向”时代里期待“救”的希望，期待这样一种可能性：“眼下刚刚发端的世界文明有朝一日会克服那种作为人类之世界栖居的唯一尺度的技术—科学—工业之特性。”[②]

五、从哲学的概念语言到思想的语言生成

后哲学的思想同样要求一种非形而上学的言说方式。尼采对传统形而上学的批判也表现在他对学院哲学语言的唾弃和对新的思想语言

① 海德格尔：《技术与转向》，弗林根，1962 年，第 40 页。

② 海德格尔：《面向思的事情》，图宾根，1976 年，第 67 页。

的寻求上。与尼采的诗化之思相似，更早地有荷尔德林的运思之诗。而在海德格尔看来，荷尔德林的“神圣者”言说和尼采的“存在”言说差不多就是存在历史的“另一个开端”的先行展露了。

就海德格尔本人而言，我们看到，其前期哲学的言说方式仍然具有学院风格；而自 20 世纪 30 年代以来，海德格尔的言说方式发生了急剧变化，与前期海氏判若两人。汉斯·阿尔伯特认为，海德格尔文风的变化至少可以分为四个阶段：首先是未成名阶段，海氏使用了“一种枯燥的学院德语”；其次是《存在与时间》阶段，形成了自己的风格，是一种德国表现主义的表达方式；其三是与海氏 30 年代的政治错误相伴的“纳粹风格阶段”；最后是后期的“矫揉造作式的风格”。[①] 但我认为，阿尔伯特的这种看法基于偏见，有失公允，未能以“同情的理解”深入海德格尔思想。而要真正接近一种思想，“同情的理解”乃是基本前提。盖由于思想的品质与哲学不同，思想之言与哲学之言亦判然有别。海德格尔要走出形而上学思维定式，就必须摆脱形而上学的概念方式，特别是形而上学的“存在”范畴以及相关的概念系统。虽然后期海德格尔还往往不得不用“存在”范畴，但他屡次申明，“存在”对他来说只是“一个暂时的词语”。

为“思”寻获一种新的“言”的方式，是海德格尔后期孜孜以求的一项事业。在我看来，后期海德格尔进入非形而上学的思想语言的努力主要表现在以下四个方面：

1. 对原始性的或开端性的“思”与“言”（即早期希腊的思想和语言）的“重演”（Wiederholen）。在这种“重演”中，海德格尔要“重获语言和词语的未受损害的命名力量”。[②]

我们看到，海德格尔的许多思想词语来自他对前苏格拉底希腊思想语言的重新诠解，特别是对 Aletheia、Logos、Physis 等早期希腊思

① 参看汉斯·阿尔伯特：《纯粹解释学批判》，图宾根，1994 年，第 31 页。

② 海德格尔：《形而上学导论》，图宾根，1987 年，第 11 页。

想的“基本词语”的重新解释。

2. 追溯母语（德语）之词源，恢复和开掘一些古德语词语的已经失落或湮没了的原始意义，以古德语词语来表达自己的思想。例如，海德格尔自20世纪30年代开始曾试图以古高地德语的Seyn来替代现代德语的“存在”(Sein)；50年代又用古德语的Saga（Sage)一词来表达他所思的“语言”；用古高地德语的Be-wegung一词来思Ereignis（大道）的“开辟道路”，等等。

3. 对诗人诗作的阐释，借诗意的词语来形成和表达自己的思想，特别是通过对诗人荷尔德林的“神圣者”(das Heilige)、“天穹”(ther)、“大地”(Erde）和“自然”(Natur）等诗意词语的阐释，由此形成了一种具有海德格尔个性特点的所谓“半诗性的特殊语言”(伽达默尔语)。

4. 对旧哲学范畴语言的直接改造，其中最为显著的是海德格尔对一些传统哲学范畴和概念的动词化转换和动词性使用，例如：“思想”（Denken）概念被赋予动词性的意义；“本质”(Wesen）范畴被用作动词的“本质化、现身出场”(wesen)；“世界”(Welt）概念被用作动词性的“世界化”(welten)；“虚无”(Nichts）概念被用作动词的“不化、无化”(nichten)；“物”(Ding）概念被用作动词的“物化”(dingen)，等等。

综合而言，在对“存在历史”的“另一个转向”的“期待之思”中，海德格尔的思想语言形成了两大显著特点：一是对词语的原始性命名力量的开掘；二是对思想词语的动词性生成力量的强调。无疑，这两个特点是共属一体的，并且依然与他“重演”早期希腊的思与言的用心相合。不过，海德格尔又曾明言：他所谓“更希腊地思希腊思想”所洞察到的东西却“不再是希腊的了，决不是希腊的了”。[①] 显然，在海氏看来，对存在历史的“第一个开端”的“重演”并不能直接推导

① 参看海德格尔：《在通向语言的途中》，《全集》第十二卷，美茵法兰克福，1985年，第126—127页。

出“另一个开端”。虽与渊源难分难离，但存在历史的“另一个开端”有自身的生成特性，有自身的“思”与“言”。

存在历史的“另一个转向”既是思之“转向”亦是言之“转向”。思之“转向”亦即言之“转向”。思之生成亦即言之生成。后期海德格尔在“语言生成转换”界面上历经“无言”之苦，形成了一种非形而上学的、具有独特品质的思想语言。

是耶非耶？却是聚讼纷纭。海德格尔自己会说：这并非某某思想家一己的事体，而是存在历史中的一个命运性事件。语言比人“更强大”。语言之说在先，人之言说（诗与思）只是“应合”语言之说而已。由这番“应合”，才有作为“存在之词语生成”（Wortwerden des Seins）的语言。

六、存在历史的转向与语言论转向

伽达默尔从思想语言之改造的角度出发，把海德格尔与亚里士多德、黑格尔并举为西方哲学思想史上的三个伟大的“语言天才”。依伽氏之见，亚里士多德是西方哲学的概念语言的构造者；黑格尔继承康德，把哲学的概念语言发展到完美境界；而海德格尔则对20世纪西方思想语言作出了革命性的贡献。

值得指出的是，在西方现代哲学的另一个方向上，即英美分析哲学方向上，后期维特根斯坦的言式改造也有着与海德格尔同样的意义。只是维氏向“日常语言”返回的路子与海氏具有“词源学”特色的返回路子有所不同而已。

就欧陆人文哲学路线而言，语言维面之突现亦有来由。维柯、哈曼、赫尔德尔等近代诸人文思想家早已在此维面上用力。19世纪的威廉·冯·洪堡已经把语言提升至“世界观”的地位。而在世纪之交，新康德主义和新黑格尔主义的最后两大代表（卡西尔和克罗齐）均走出了自己所属的古典哲学传统，而进入语言哲学之维。

伽达默尔认定，海德格尔在《存在与时间》中把解释学的“理解”（Verstehen）提升为一个生存论存在学的概念，从而完成了欧陆人文哲学路线上的“语言论转向”。不过，若要发现海德格尔思想之“转向”的根本意义，停留在哲学解释学层面上显然还是不够的，还必须追随海德格尔走出解释学哲学传统。

海德格尔 20 世纪 30 年代以后所实行的思想“转向”以摆脱现代主义哲学的“唯我论”为指归，而这也正是欧陆现代人文哲学的“语言论转向”的根本旨趣所在。在英美分析哲学方向上也呈现出同样的情形。在这个方向上，“语言论转向”的真正完成应以后期维特根斯坦的“语用学转向”为标志。

后期海德格尔对“解释学”作了一种重新解释。海氏认为，“解释学”的原始意义是“带来音信和消息”，而人就是“传信者”，人处于“与二重性的解释学关联之中”；语言“规定着这种解释学关联”，语言“用”人而得以展开运作，“用”人来“传信”。[①] 在我看来，海德格尔这种对人与语言（即人与存在）的关系的拗转才是一个根本意义上的“转向”，而同时，这显然也已经是对解释学哲学传统的“超出”。

后期海德格尔关于语言之本质的思想表达在他的“语言是存在之家”这一基本命题中。“语言是存在之家，人居住在语言之家中。思者和诗者就是这个家的看护人”。[②] 人的本质须从人的“居家”情况来考察，从人与语言（存在）的“归属关系”方面来规定。

语言“超越”人，人“归属”于语言——这是后期海德格尔语言

① 参看海德格尔：《在通向语言的途中》，《全集》第十二卷，美茵法兰克福，1985 年，第 118 页以下。

② 海德格尔：《路标》，美茵法兰克福，1978 年，第 311 页。

思想的基本点。[1]

理查德·罗蒂在比较海德格尔、福柯和德里达三者时指出："所有这三个哲学家，虽然动机不一，都一致认为，语言是不能归在'人'的概念下的现象。……所有这三个人都暗示，对语言'超越人'这个事实的认识将提供新的社会—政治的可能性。"[2] 罗蒂在此看到了由海德格尔所开启的后主体主义语言理解的重要意义，也看到了"语言论转向"与"后现代转向"的内在联系。

在海德格尔那里，"存在历史"的问题就是"语言生成"的问题。"语言是存在本身的澄明着—遮蔽着的到达"。[3] 语言是存在本身原始的"显—隐"运作。存在总是"在走向语言的途中"，总在亦显亦隐地发生着。这种"发生"是"语言"，也是"历史"，也是"命运"。存在、语言、历史、命运，在海德格尔思想中不无神秘地贯通于一体。因此，如果说海德格尔完成了欧陆人文哲学思潮的"语言论转向"，那么这种"转向"本身也是"命运性的"，它植根于"存在历史的转向"，与后者是一体的。

① 参看拙文《海德格尔后期语言思想概论》，载《中国现象学与哲学评论》第一辑，上海：上海译文出版社，1995 年版，第 243、260 页。

② 罗蒂：《后哲学文化》，黄勇编译，上海：上海译文出版社，1992 年版，第 135—136 页。

③ 海德格尔：《路标》，美茵法兰克福，1978 年，第 324 页。

诗的源始：维柯《新科学》的意义[①]

早几年购得朱光潜先生翻译的意大利近代思想家扬巴蒂斯塔·维柯的《新科学》，粗粗浏览，很不觉得其中有什么了不起的东西，也多少有些诧异于耄耋之年的朱光潜先生何以不辞辛劳地把这么个大部头译介进来。待我能起心读维柯并且终于以为捉摸到了一些维柯的意义时，朱先生已经作古了。扼腕之余，我不禁思忖，读书问学无非就是培养眼界；倘个人的眼界既局促又不开放，则难与先哲大家们的眼界相“融合”，自然也读不进问不进了。

维柯在欧洲思想史上的意义和影响，现在看来大致有三个方面：首先，比较普遍地为人们所认同的，是维柯在历史哲学领域内的贡献。维柯被视为历史哲学的开创者，马克思主义者们也把维柯的历史思想当作历史唯物主义的一个来源；下面我们会看到，“人创造自己的历史”这样一个非神学的历史观点，最早是由维柯提出来的。这一点现在想来容易，但在当时的历史境况里却是难的。

其次，维柯在西方美学（诗学）历史上占有十分突出的地位。维柯同乡克罗齐甚至把他称为美学科学的真正的创建者。尽管在一般人眼里，“埃斯特惕卡”（sthetik）作为一门“感性学”，是由德国哲学家鲍姆嘉通开创的，克罗齐却认为美学在鲍氏那里还是有名无实的。克罗齐为此提供的理由大致有两条：其一，维柯《新科学》第一集的出版比鲍姆嘉通的《美学》还要早十年；其二，更为重要的，维柯是超出逻辑主义传统而洞察到诗和艺术的真正本性的第一人，所以是他发现

① 本文原载《读书》，北京：生活·读书·新知三联书店 1990 年版，第 8 期，署名白波。收入本书时作了增补。

了真正意义上的“美学”。克罗齐断言，发现了美学的“自主性”，这是“维柯的天才”。[①]

第三，维柯在20世纪被重新发现，其中一个重要原因，还在于他在语言哲学史上的突出重要性——我们这里指的是欧洲人文主义方向上的语言哲学。一般提到“语言哲学”，似为英美分析派哲学所专有；但真正超出科学水平的关于语言的“哲学”，无疑更多的是在现代欧洲大陆人文主义诸思潮如现象学、存在哲学、解释学、符号哲学等之中。在德国当代哲学家阿佩尔所著的《从但丁到维柯的人文主义传统中的语言概念》一书和其他有关论著中，维柯被列为人文主义语言哲学（所谓“语言人文主义”）的杰出先驱。

以符号哲学家恩斯特·卡西尔之见，维柯在语言、诗学、历史诸问题上的思考，是开了欧洲人文哲学的风气之先。[②] 的确，维柯在上述诸领域内的影响，充分表明了其思想的重要性和现代性。

维柯思想的根本和核心体现在他的“诗性智慧”说中。克罗齐明白地看出维柯“新科学”的原则乃是一种“诗的新原则”。维柯的历史哲学也罢，美学也罢，语言哲学也罢，都是从他的“诗性智慧”说出发的。

西方文化的主流是理性主义传统，这一传统在古希腊即已定型。维柯认为，希腊哲学已经是一种“理性的抽象的玄学”；经过中世纪基督教世界的保存和发展，到近代，这种理性主义传统愈加被发扬光大了。在维柯时代，笛卡儿的“普遍数理”观（mathesis universalis）把世界视为一个秩序和尺度的“数学的世界”，而他的形而上学二元论倒还在一定程度上约束了这种对世界和知识的普遍数理要求。之后，唯理主义哲学家斯宾诺莎、莱布尼茨等努力克服笛卡儿的二元论，进一

① 参看克罗齐：《作为表现的科学和一般语言学的美学的历史》，王天清译，北京：中国社会科学出版社，1984年版，第56、63页。

② 参看卡西尔：《人文科学的逻辑》，关子尹译，上海：上海译文出版社，2004年版，第一章。

步推动了所谓“泛逻辑主义”（Panlogismus）和“泛数学主义”（Panmathematizismus）的进程。近代理性主义者已经不满足于对自然的征服，已经不满足于认识“物理”（“物”之“理”），而力图把自然科学的数理方式引入人文科学领域，以认知“心理”（“心”之“理”），图谋建立一个卡西尔所谓的“人文精神科学的自然系统”。[①]

格劳修斯在法学领域建立现代自然法，把法律的知识类比于数学的知识，斯宾诺莎以几何学为榜样建立他的伦理学体系，都是这种图谋的表现。上升时期的近代西方资产阶级文化，已经失去了尼采所谓的“对知识冲动的控制”，以充分的乐观精神，大举用理性来缔造“制度”，用逻辑来构建全部人类知识。

在这样一种理性主义和逻辑主义的思想氛围里，维柯竟能越出逻辑主义传统之藩篱，首先透露出了以下困惑：历史学或人文科学能够用数学化方式加以表达吗？一种“知性智慧”是否就是绝对优先的和普遍适用的？知性的或逻辑的东西是根本的、源始的吗？似乎只有19世纪后期以来的现代西方思想家才能如此发问，但我们看到，在17、18世纪之交的维柯思想中显然已经蕴含了这样的问题，其“诗性智慧”说正是以这样的问题为实际目标的。

诗性与知性究竟何者更为根本、更为源始？两者之间的关系如何？诗歌与哲学的关系如何？这些问题几乎与西方文化传统一样古老。柏拉图从他的“相论”（“理念论”）出发，认为诗是达不到概念，达不到逻辑的真实的，因而不属于心灵中崇高的和理性的部分，而只属于低级的感官感受部分，无非是感官和情欲的宣泄而已，其作用只能败坏人的心智和德性。因此，诗（艺术）和诗人被柏拉图逐出了他所设想的以哲学家为王的“理想国”。之后，亚里士多德的《诗学》虽然没有歧视、贬低诗（艺术），而力图为诗的合法性辩护，但正如亚氏最终

---

① 参看卡西尔：《人文科学的逻辑》，关子尹译，上海：上海译文出版社，2004年版，第一章，第12页。

没有在哲学基础上克服柏拉图的“理念论”一样，他也没有能够排除其诗学中的柏拉图式的结论。诗似乎注定了与崇高的智慧无缘，诗人似乎注定了只有流浪的卑微命运。这个起自希腊的思想传统一直延续到近代乃至于现代。

维柯反对柏拉图贬抑诗和诗人、抬高知性和哲学的做法，而强调了“诗性智慧”的源始性。在他眼里，诗性高于知性，或者更确切地说，诗的产生先于知性；哲学智慧和科学智慧并没有什么优先性，而倒是衍生的，是从“诗性智慧”中派生出来的。维柯把诗当作人类文化史的一个原生阶段，他认定，哲学的时代远远晚于诗的时代，哲学家们是在诸异教民族创始之后二千年左右才出现的。

诗是想象或幻想，而哲学是推理和反思。“诗人们可以说是人类的感官，而哲学家们就是人类的理智”。[①] 诗性的功能与知性的功能有一种互为消长的关系，“推理力愈薄弱，想象力也就成比例地愈旺盛”[②]。原始人就像儿童那样没有推理和反思力，但“浑身是强旺的感受力和生动的想象力”，能够形成特别生动的“诗性想象”。到了后来的哲学时代和科学时代，人类的推理能力日益强壮，心灵的反思功能日趋强大，而想象力或感觉力却渐渐萎缩了。诗性与知性、想象与推理力，两方面是不可能同时发达的。

维柯由此得出一个结论：在过去所有时代里，在我们了解的一切语言中，从未产生过二者兼备的出类拔萃者，既是伟大的形而上学的哲学家，又是伟大的诗人，特别是像诗歌之父和巨匠荷马那样的诗人，后世就再也没有出现过。诗的语句必须凭着“烈火似的想象力”，必须是热情真实的表现，必须是生动的个性化的。反省的、普遍性或抽象性的东西虽然也可以放到诗中去，但它并不因此就变成了诗；如果有反

① 维柯：《新科学》，朱光潜译，北京：人民文学出版社，1986 年版，第 152 页。以下均在脚注中只标明书名和页码。

② 《新科学》，第 98 页。

思性的诗的作品，则这类作品一定出自虚伪而枯燥的诗人之手。

因此，维柯声称要寻找真正的“荷马”。他特别反对柏拉图等把荷马看作一个具有哲学智慧的哲学家，并且指出这是柏拉图在《理想国》中的一个观点。但我们在《理想国》并没有发现柏拉图对这个观点的相应表达。不过，柏拉图的确是以哲学智慧（“玄奥智慧”）来“要求”或者说“衡量”荷马等诗人的，并且由此来贬低、否认荷马们。在这个意义上，维柯的反对意见仍然是有效的：不能以“玄奥智慧”来评判荷马，因为荷马的智慧是另一种智慧。以维柯的说法，荷马是一位“神学诗人”，并不具备哲学家才有的玄奥智慧，而只可能拥有“诗性智慧”，所谓“玄奥智慧”的意义都是后来的哲学家们强加到荷马神话中去的。

伟大的诗人只能产生于人类早期的幻想时代，而不可能产生于反省或知性的时代；要在荷马那里找到哲学的智慧是枉费心机的，同时，我们也休想指望在知性的哲学和科学占统治地位的时代里有什么真正伟大的诗人和诗人出现。维柯的这一想法透露了他对于哲学和科学时代的艺术状态的一种悲观心情，甚至可以说，是早一个世纪表达了黑格尔在 19 世纪提出的著名难题：艺术的黄金时代已经一去不复返了。

诗先于哲学，诗人的时代先于哲学的时代。诗的源始性不光是在时间（历史维度）上讲的，不仅是指诗早于哲学的产生，想象早于知性方式的构成；而且在共时性维度上，诗性的想象也比知性的哲学思维更为源始。维柯说：“诗人们凭凡俗智慧感觉到的有多少，后来哲学家们凭玄奥智慧来理解的也就有多少。”[①] 他引用亚里士多德的话说：“凡是不先进入感官的就不能进入理智。”“诗性智慧”是人类创造活动之根源，不待说，也是哲学智慧之“根”了。只可惜现时代是知性肆意扩张的时代，作为知性之根源的诗性被知性排斥，倒变得无可栖身了。若要在反

① 《新科学》，第 152 页。

省的时代里作诗，就得返回幼稚时代，“复原思想于根”——但究竟如何才能“复原思想于根”呢？这显然还不是维柯所能解答的问题。

从上述“诗性智慧”说出发，维柯提出了他关于语言起源的观点。在维柯看来，原始人类是一些长于想象的诗人，亦即所谓“用诗性文字来说话的诗人”。语言就是由那些原始诗人们凭着诗性智慧创造出来的，“在诗的起源这个范围之内，我们就已发现了语言和文字的起源”[①]。维柯本人特别看重这一“发现”，声称自己殚精竭虑25年，为的就是这一“发现”。原始诗人创造了史诗、神话和寓言之类的诗性作品，顺理成章地，最早的语言就是诗的语言了。

在维柯时代，关于语言起源的普遍流行的观点有二：一是认为散文语言比诗的语言先起，甚至认为是哲学家们凭着知性智慧创造了语言文字；二是语言的“约定俗成说”，认为语言和语言的意义都是在哲学和科学发达的知性时代里，人们按照知性的或逻辑的法则约定而构成的。在维柯看来，凡此种种谬论，盖出于知性的僭妄，无非是现代人的想当然的臆测；语言的起源倒是要比知性的约定和逻辑的法则更加“自然”，更加“源始”些。

立足于“诗的源始”的观点，维柯更具体地提出了语言的“隐喻起源”说。维柯说：“一般地说，隐喻构成全世界各民族语言的庞大总体。”[②]原始诗人们没有知性的理解力，却浑身都是强旺的感觉力和想象力，他们把一般物体也“人格化”，以为一般物体也有感觉和情欲。这种“以己度物”的方式就是最初的诗人们所用的隐喻。凭着这种隐喻的方式，原始诗人们创造了一些想象性的共相，后者也就是诗人们的诗性的语言了。维柯在这里所发表的意见，朱光潜先生在美学水平上把它看作对“形象思维”的一条基本规律的表达和“移情说”的萌芽。但维柯在这里的主要关心，显然还不仅仅是一个美学的问题，而是语

---

① 《新科学》，第220页。

② 《新科学》，第205页。

言的起源和本质问题。

显然，在维柯看来，最初的语言是诗性的或想象性的。正是在早期神学诗人们对事物的诗性对待中，在他们用隐喻方式创造“想象性的共相”的活动中，语言形成了。因此，维柯断言，诗人荷马是希腊语言的“创造人”①。原始人类缺乏理智的推理能力，就只能用生动的隐喻、类比和比较等诗性的表达方式。诗性语言的产生完全是由于“语言的贫乏和表达的需要”。维柯认为，早期诗具有特别丰富的意象、显喻、比喻、隐喻、题外语等风格特点，这无疑证明了语言的诗性起源。在世界的童年时期，人类在本性上就是崇高的诗人，他们的诗，就是最早的人类语言，最早的人类语言就是诗。

维柯还猜断说，最早的语言“一定是在歌唱中形成的”②。因为早期诗人们有着强烈的情感和想象，唯有充满激情的歌唱才能表达他们的强烈冲动。歌唱、语言、诗，甚至舞蹈，在起源上是共同的，对早期人类来说，这几项活动形式都是难舍难分的。这种看法，也是符合各民族文化的早期记载和传说的。

总之，语言在本质上和起源上是诗的，最早的语言就是想象性的诗性语言。语言起源于隐喻，起于早期人类也即早期诗人们的诗性活动。诗性智慧正是语言之源。这种关于语言的本质和起源的观点，现在看来并不稀奇，但却是维柯的原创思想。

维柯的“诗性智慧”说，恐怕也只能到以反思传统和文化重建为目标的现代西方人文哲学兴起之时才有望获得真正的理解和肯定。在今天看来，维柯对近代欧洲科学文明的批判，实在是具有超越时代的意义的。如前所述，在维柯时代，西方逻辑主义的主流传统体现在笛卡儿主义中。那是一个反省和知性的时代。凡合乎理性的、合乎逻辑和数学的才被认为是值得追求的。心灵和文化的各个层面都为理性原

---

① 《新科学》，第 201 页。

② 《新科学》，第 107 页。

则所主宰。维柯指出，他所处的时代“是被分析的方法，被一个公开宣称窒息源于身体的灵魂的所有官能特别是窒息今天那个被痛斥为万恶之源的假想官能弄得思想纤弱的时代”，是“冻僵美妙诗篇所有宽容雅度的智慧时代”，这种智慧完全阻碍了人的官能的发挥。[①]

由“诗性智慧”说必然引出非逻辑主义的思想结论。诚如克罗齐所言：“谁有关于幻想、语言和诗的这样的思想，谁就不能满足于形式逻辑和经院哲学的逻辑，亚里士多德的逻辑和拘泥于文字的逻辑。”[②] 维柯特别不满于亚里士多德的演绎逻辑和以演绎逻辑为基础的近代数学，对于近代理性主义者所推崇的演绎逻辑方法以及作为完美知识典范的近代数学方法，维柯基本上采取了否定性的批判态度。令人感到矛盾的是，维柯《新科学》的体例却是仿几何学的。或许可以认为，理性主义时代里的维柯也多少沾染了一点时代的风气，也带有一般对理性知识的乐观态度，而另一方面似也表明，维柯并没有站在特别狭隘的经验主义立场上来对待理性主义和近代数学科学。在他看来，由亚氏奠基的传统演绎逻辑是晚出的，是哲学时代和科学时代的产物。在古希腊苏格拉底时代之前就还没有这种演绎逻辑；伊索的寓言，苏格拉底的辩证法，希波克拉特的医学，毕达哥拉斯派的数学等都应用了归纳或综合的方法。而正是靠着这种方法，雅典在苏格拉底和柏拉图时代，创造出了值得为人类天才颂赞的全部技艺[③]。然而，接着出现了亚里士多德和芝诺。亚氏教人用三段论法，一种从共相推出殊相而不是综合殊相来得出共相的方法；芝诺则教人用复合三段论法或诡辩法。但这种方法与近代哲学家们使用的方法一样，都使人类的心思变得愚钝不堪。维柯甚至说，无论是芝诺还是近代哲学家们的方法，都没有什么较值

① 维柯：《全集》第四卷，第382页；转引自克罗齐：《作为表现的科学和一般语言学的美学的历史》，北京：中国社会科学出版社，2007年版，第72页。

② 克罗齐：《作为表现的科学和一般语言学的美学的历史》，北京：中国社会科学出版社，2007年版，第70页。

③ 《新科学》，第232页。

得注意的对人类有益的东西。

这样，在方法上，维柯就势必与英国经验主义者培根站在一起了。他本人也多次强调了培根对他的启发，特别是培根《新工具》对他的深刻影响，声明自己所使用的方法就是培根的归纳法。[①] 按照维柯的理解，培根的归纳法也就是他所谓“综合殊相来得出共相的方法”，正是早期人类的创建者们（即诗人们）所使用的想象的诗性方法。不过，与培根有所不同的是，维柯的意图并不在自然科学上，而是要把培根的方法转用到“研究人类事务方面”的学问上，也即转用到人文科学中，从而去发现整个人类“科学”或“知识”的根源所在。这也正是维柯“新科学”的新意所在。维柯的“诗性智慧”说就是要完成这个“溯源究根”的工作。在他看来，不仅“知识”（自然科学和人文科学），而且人类的所有“制度”，其原始根据都在人类自身的创造性的或诗性的活动之中。显然，维柯的经验主义是有独特品格的。

在思想论题上与维柯多有投合的恩斯特·卡西尔指出：在维柯那里，逻辑学首度敢于突破数学和自然科学之范围，并且在数学和自然科学之外把自身的世界建构为一个人文科学的逻辑，作为语言的、诗歌的和历史的逻辑。[②] 维柯的“诗性智慧”说意在构造一种“诗性逻辑”，也即要在“逻辑之先”或“前逻辑”层面上寻求比逻辑或科学理性（知性）更为源始的东西，也就是卡西尔所谓的“前逻辑层面的结构性”（vor logische Strukturierung）。[③]

毫无疑问，所谓“诗性逻辑”中的“逻辑”已经不是传统理性主义者的“知性逻辑”了。维柯曾经对“逻辑”一词作过词源学的解释。他认为，“逻辑”（Logic）这个词来自“逻各斯”（Logos），它的最初本义是“寓言故事”（Fabula）。而“寓言故事”就是早期民族的诗。维柯

① 《新科学》，第 93 页。

② 卡西尔：《人文科学的逻辑》，上海：上海译文出版社，2004 年版，第 15 页。

③ 同上书，第 27 页。

自称：要把诗当作“诗性的逻辑”来看，因为诗正是凭这种“诗性逻辑”来指明神的实体的意义的。[1] 可见，他所谓的“诗性逻辑”就是人类创造性活动的“逻辑”，是对人类创造性活动的总体的根据的描述；它同时也是历史，是人类诗性创造活动的历史。

维柯的许多思想虽然晦涩难解，甚至有不少糊涂之处，但却充满新意，在他那个时代里独树一帜。维柯思想中呈现出来的超越理性主义传统的努力，其终极目标就是要制限西方近代文明的片面走向，回溯和重造人类心智的原始整一性和完满性——维柯留给我们的，根本上是一幅“失乐园—复乐园”的思想图景。

---

① 《新科学》，第 177 页。

启蒙的界限：北方术士哈曼以及有关争论[①]

我在伍泊塔大学图书馆里第一次借得的图书中，有一本叫《哈曼和启蒙的危机》，是第五届国际哈曼学术讨论会的论文集，1988 年在德国明斯特开的会，1990 年在法兰克福出的书。这个哈曼是我一直想关心一下的，但在国内时极难弄到他的书以及关于他的书，只好把这份心思存了起来。现在终于有了机会，只是苦于难读难解了。

关于哈曼（Johann Georg Hamann，1730—1788），我先有几句伤心的话。我借上面这本书是想约略了解一下国际哈曼研究的状况。看编在这个集子里的论文，作者自然以来自西方世界的居多；但二十几篇论文中，居然就有四篇出自日本学者之手，而且文集里面专门开设了一个栏目，叫“哈曼研究在日本”。中国方面的声音是绝对没有的。这个时候，我就感觉有点没面子，心想，什么时候我们中国人也能把哈曼这一课补一补呢？

这些，不说也罢了。今天我要来谈一点哈曼，起因却是英国学者以赛亚·伯林（Isaiah Berlin）的一本讨论哈曼的书，书名叫《北方术士：哈曼与现代非理性主义的起源》，原是作者 1965 年在美国加利福尼亚大学作的两次讲座。我手头有 1995 年的德译本以及早两年前出的英文原版。我敢猜断，因为伯林的这本“哈曼书”，哈曼研究将会有不小的升温。思想史上的事件生成往往就这样，往往需要勾连和触发的契机。

① 本文 2000 年 10 月 12 日改定于德国伍泊塔，未发表过。

所谓“北方术士”（Magus im Norden）并非伯林的命名。有一本新出的哈曼文选的书名中也带着这个名称，叫《北方术士与精神的鲁莽》（1988年版）。（顺便提一下，《哈曼全集》和《哈曼书信集》都是以老式的德文花体字印刷的，我们外国人——特别以我这种半吊子德语——读起来殊为艰难；而这本新出的文选却是用现代常规的德文字体印行的，这就美好多了。）“北方术士”几乎成了哈曼的专有名字，原是同时代人莫泽尔（Moser）为哈曼起的一个绰号。尽管不断有论者强调指出，“术士”这个称号与一般讲的“魔术、巫术”（Magie）并不相干，但无论如何，哈曼之所以获得并且一直保持着这样一个鬼怪兮兮的绰号，是与他怪异的行止、著作和思想联系着的。

哈曼是康德的同乡和朋友，其父亲是哥尼斯堡市的一个澡堂老板和外科医生。因为这个缘故，当他的学生赫尔德尔准备给他编一本文选时，哈曼建议可以用“澡堂闲谈”（Salbadereien）或“元批判的浴盆”（Metakritische Wannchen）为书名。这意思是说，就像他父亲在浴盆里为大家洗澡一样，儿子哈曼要对所有人（包括纯粹理性的批判者康德）进行考验，作一种“元批判的”治疗。在那个时代，能把“澡堂”“浴盆”之类不登大雅之堂的词语立为著作标题的，大概也就只有这个哈曼了。

在思想史上，哈曼被认为是德国辉煌的古典文学和古典哲学的发起人和先驱人物。他与康德一个在学院外一个在学院内，两人之间经历了长达几十个年头的争论。他的住所是当时学界名流碰头交流的地方。他通过高徒赫尔德尔深深地影响了大诗人歌德，后来又通过雅各比影响了哲学家谢林。黑格尔曾把哈曼称为“这个时代公认最伟大的思想家”。再后来，通过克尔凯郭尔，哈曼成了现代基督教实存主义（存在主义）的祖始之一。但尽管如此，与哈曼相伴相随的仍旧是孤独和冷僻。哈曼阅读和哈曼研究一直属于一个小圈子的冷门。究其原因，恐怕主要在于：无论在生前还是在身后，哈曼都是一个“不入流的”

人物——哈曼思想不合德国古典哲学和文化的主流，差不多是思想史上的“旁门左道”。

话也要说回来，哈曼终究也没有被彻底遗忘。在欧洲学术传统中，哈曼其人、其书、其说始终保持着某种高贵的品质。而在20世纪里，人们对哈曼思想的兴趣可以说是特别地增加了。尤其是在五六十年代，一些学者甚至宣布了一种“哈曼复兴”现象。《哈曼全集》（六卷本）和《哈曼书信集》（七卷本）都是在这个时期里问世的（分别出版于1949—1957年和1955—1979年）。但现在我们看到，这种所谓的“复兴”也还是小范围、小规模的。

总体看来，历代学者对哈曼的研究主要在三个方向上进行，或者说，主要采取了三个研究角度：神学角度、语言哲学角度、思想史角度（这自然也就是哈曼思想的三个基本向度）。不待说，这三个研究方向是难以完全分离开来的，而总是紧紧地纠缠、交织在一起的。比如，对哈曼的思想史角度的探讨主要围绕着启蒙理性与反启蒙理性的问题，但如果完全撇开他的神学思想和语言哲学思想，那么也就难以澄清这个问题。

伯林的“哈曼书”目的不在全面系统的研究，而是主要采取了思想史的研究视角。这就是说，伯林思考的核心课题是启蒙与反启蒙、理性与反理性的问题。伯林特别侧重于一个问题：哈曼与整个欧洲理性主义思潮的敌对态度。这个理性主义传统上起希腊，经过中世纪的经院哲学，至文艺复兴，到哈曼同时代的法国哲学，此后直到今天，又有了两个世纪的发展。伯林说，令他感兴趣的是这样一个基本事实：哈曼是他同时代的法国启蒙运动的第一个彻底的敌人。在伯林看来，哈曼对启蒙运动和启蒙理性的攻击比后来的启蒙批评者们更不妥协、更尖锐、更有启发性。哈曼固然是极有成见的、有偏见的、是片面的；但他在同样程度上是真诚的、严肃的、独创的。伯林认为，哈曼思想是以对现实的直觉洞识和想象性把握，去对抗那种以解剖和分类为方法的系统知识的无生命的质料。在哈曼眼里，现实的只是个别和特殊，而非一般和普遍；直接的是启示，而非分析。这就是哈曼思想的核心所在。有鉴于此，伯林对哈曼给出了一个基本的历史定位：哈曼是欧洲非理性主义传统的真正创立者。①

伯林的上述评价和定位应该说是客观公允的。哈曼思想中的确已经包含了现代非理性主义诸思潮的一些基本要素和原则。哈曼是他那个时代的一块反骨，一块罕见的反骨。他对理性主义的质疑是一种触及根基的质疑，一种根本性的反拨。后来的实存（存在）主义者们津津乐道的"我在"的优先性，在哈曼那里早已经建立起来了。在其后期致雅各比的一封书信中，哈曼明确地把笛卡儿的哲学基本命题倒转了过来：不是"我思故我在"(cogito, ergo sum)，而是"我在故我思"(est; ergo cogito)。显然，哈曼已经清楚地意识到：这个由笛卡儿所确立的近代哲学的"阿基米德点"并不是后来黑格尔所欢呼的哲学的"陆地"。②

伯林在该书德文版的前言中特别指出，新近的哈曼研究路向大成问题：一些学者怀疑和否认哈曼是理性主义和理性方法的反对者，反而认为他是真正的理性和启蒙的辩护者。在哈曼研究领域里，可谓"翻案"之风日盛。伯林举出美国学者奥弗拉汉蒂（J. C. O. Flaherty）的例子，后者断定：哈曼并不是非理性主义者，而是"启蒙的孩子"，是"真正的理性"的倡扬者和维护者。奥弗拉汉蒂为此给出的一个基本理由是：哈曼有自己独特的理性观，在他那里，"真正的理性"并不是"推理理性"(diskursive Vernunft)，而是"直觉理性"(intuitive Vernunft）或"类比理性"(analogische Vernunft)。③

---

① 以赛亚·伯林：《北方术士：哈曼与现代非理性主义的起源》，柏林，1995年，第21页以下。

② 参看黑格尔：《哲学史讲演录》第四卷，贺麟、王太庆译，北京：商务印书馆，1981年版，第217页。

③ 以赛亚·伯林：《北方术士：哈曼与现代非理性主义的起源》，柏林，1995年，第10页。参看奥弗拉汉蒂：《哈曼：生平和著作导引》，美茵法兰克福，1989年，第97页以下。

实际上，还有一位重要的“翻案者”没有被伯林收入视野。他就是德国图宾根大学神学教授奥斯瓦尔德·贝耶尔（Oswald Bayer）。在柏林的“哈曼书”出版之前的1988年，贝耶尔推出了他的一本哈曼研究著作：《矛盾中的同代人：作为激进启蒙者的哈曼》。此书副标题就已经向我们表明，作者并不把哈曼视为非理性主义者，而是一位理性启蒙者。贝耶尔在书中引用了歌德对哈曼的一个著名评价：哈曼是“他那个时代最清晰的头脑”。[①] 贝氏认为，哈曼并没有简单地把理性与非理性对立起来，而是试图把感性与理性、时间与永恒、偶然与必然结合为一个活生生的整体，从而是一位激进的、一贯的启蒙者。

我们在此已经看到一种明显的对阵：一方说哈曼是晦涩糊涂的非理性主义者，是“启蒙的敌人”；另一方说哈曼是清晰理智的理性主义者，是启蒙者，甚至是彻底的启蒙者。这种局面，也许恰恰就应了哈曼的自我评价：“我是责难者和矛盾者。”

哈曼思想缺乏严格性，表达晦涩艰深，往往包含矛盾，因而有多样解释的可能性。这大概是研究者们都能够同意的。但人们在此的争论焦点恐怕还不在哈曼思想本身，而在于对启蒙理性的解释。双方之所以各执一端，主要是因为两者对启蒙理性的理解和界定各不相同。例如，奥弗拉汉蒂首先区分了两种不同的理性概念用法，然后才可以把哈曼视为一个理性主义者，甚至还是“真正的”理性主义者。因为这个缘故，人们在这里的争辩多半带有自说自话的独白性质。

关于启蒙理性的概念，我比较能够接受的还是伯林在其“哈曼书”中所作的一个概括性规定。伯林认为，自文艺复兴至法国大革命，并且一直延续到我们时代的伟大的启蒙传统具有“三个最强大的支柱”：

① 贝耶尔：《矛盾中的同代人：作为激进启蒙者的哈曼》，慕尼黑1988年，第11页；最近贝耶尔甚至以此为标题编成一本论文集：《哈曼——“他那个时代最清晰的头脑”》，图宾根1998年。以之作为自己的论述基点。

第一，对理性的信仰，亦即对一个由可证明和阐明的规律和普遍性构成的逻辑结构的信仰；第二，对人类本性永世不变的同一性和人类共同目标的可能性的信仰；第三，对通过理性实现人类共同目标的可能性的信仰。[①]

之所以说伯林的启蒙概念比较可以接受，是因为他这个概念差不多就是康德式的，而康德的启蒙概念是最经典的，也早已经成为人们一般常识的理解。在上述规定中，伯林清楚地表述了启蒙传统的三大要素（实为三个假定），从而揭示了近代启蒙运动的基本观念前提：理性主义和普遍主义。如果我们同意柏林的这个规定，则哈曼当然就是一个非理性主义者。

哈曼确实对康德的启蒙概念、一般地对近代启蒙思想作过明确而尖锐的批评。以他的说法，启蒙哲学家们不外乎是一些“撒谎、表演和吹牛的先知”。这话听起来有点刻薄，就像是后来尼采的口气了。哈曼与康德、门德尔松等启蒙哲学家均有良好的私交，但在思想批判上却毫不留情。这里不可能作全面展开，而只能集中来议论一下哈曼在一封书信中对康德启蒙概念的批判。在思想史上，这也是两位哲学家之间的一段有名的“过节”了。

康德那个经典的启蒙概念见于他的《回答这个问题：什么是启蒙?》一文中。该文刊于当时德国启蒙运动最重要的阵地之一《柏林月刊》1784年12月号上。在这篇著名短文中，康德开宗明义为“启蒙”给出了一个定义：

启蒙就是人脱离咎由自取的童稚状态。童稚状态就是没有他人引导便无能于运用自己的理智。如果个中原因不在于缺乏理智，而在于缺乏决心和勇气，没有他人的引导就不敢运用理智，那么，这种童稚状态就是咎由自取的了。Sapere aude!（贺拉斯语）要有勇气运用你自

---

① 以赛亚·伯林：《北方术士：哈曼与现代非理性主义的起源》，伦敦，1993年，第2829页。

己的理智！这就是启蒙的口号。[①]

康德的这个启蒙定义当然是十分完全和严密的。首先，康德强调了“理智”（Verstand）的重要性，也就是把启蒙的“理性”本质突现出来了；其次，康德强调人要有勇气自己运用自己的理智，这就是说，人应当独立地自己从事思考，而“自己思考”就等于“自由思考”，因为“自己思考”的前提是“自由”，这样，康德就把启蒙的“自由”本质端了出来。因此，在康德这个定义中，我们已经看到启蒙的两个本质要素：理性与自由。

1784年12月18日，显然康德的这篇文章刚刚问世，哈曼即致信克里斯蒂安·雅各布·克劳斯（Ch. J. Kraus），对康德的启蒙主张作了尖锐的批判（这位克劳斯是哥尼斯堡大学的实践哲学和政治哲学教授，被称为康德“最有天赋的学生和朋友”，也是哈曼的学生）。这封书信长三页，另有一页附言。与哈曼的其他文字一样，这信也并不好懂。在其中，哈曼以他特有的机智和尖锐，表达了自己对于启蒙理性的几个基本责难。

哈曼首先坚决反对康德的启蒙定义中所谓“咎由自取的童稚状态”的指控。康德认为，人们由于缺乏决心和勇气去运用自己的理智，从而处于“童稚状态”（Unmündigkeit，何兆武先生译为“不成熟状态”）中不能自拔；换句话说，这种“童稚状态”是因为“童稚者”自己“懒惰和怯懦”的缘故，所以完全是自己造成的“过错”（Schuld），是“咎由自取的”（selbstverschuldet，或者可译为“自己招致的”；何兆武先生

---

① 康德：《回答这个问题：什么是启蒙?》，《文集》第六卷，达姆施塔特1983年，第53页。这是笔者参照何兆武先生的中译本作的改译。何先生的中译文如下：“启蒙运动就是人类脱离自己加之于自己的不成熟状态。不成熟状态就是不经别人的引导，就对运用自己的理智无能为力。当其原因不在于缺乏理智，而在于不经别人的引导就缺乏勇气与决心去加以运用时，那么这种不成熟状态就是自己所加之于自己的了。Sapere aude! 要有勇气运用你自己的理智！这就是启蒙运动的口号。”参看康德：《历史理性批判文集》，何兆武译，北京：商务印书馆，1990年版，第22页。

译为“自己加之于自己的”）。哈曼的看法与康德针锋相对：

错误地受到指控的童稚者的无能和过错究竟何在呢？是因为他自己的懒惰和怯懦么？不——是因为他的监护人的盲目，后者冒充自己是先知先觉的，而恰恰因此必须对一切过错负责。①

在哈曼看来，“过错”不在“童稚者”本身，而倒是在那些“监护人”（Vormund）一边，因为他们总是自以为是、装扮成先知模样，总是把自己的思考视为真正的思考（只是因为它是“自己的”思考）。哈曼把矛头直接指向了康德等“启蒙者”——这些“监护人”当然不在“童稚者”行列中。哈曼明言：“我对康德的启蒙所作的美化结果是：真正的启蒙在于童稚者脱离一种最高的咎由自取的监护状态”。② 这里所谓“美化”（Verklärung）显然是哈曼的一种修辞笔法，实为对康德启蒙概念的“颠倒”。“监护者”与“童稚者”，或者说“启蒙”与“被启蒙”之间的关系被哈曼动摇、倒转了。启蒙启蒙者，或者，对启蒙本身的启蒙——这是不是哈曼的“先知”呢？

进一步，哈曼反对康德关于“公共理性”与“私人理性”的区分，更确切地说，反对康德在所谓“理性的公共使用”与“理性的私人使用”之间的区分。如上所述，康德把自由视为启蒙的必要前提，而自由首先是言论自由，即自由地公开发表意见的权利。这种在一切自由中“最无害的”自由，康德称之为“理性的公共使用”，是指“任何人作为学者在全体公众面前所做的对理性的使用”。与之对应，作为对前者的限制，康德引入了“理性的私人使用”这个概念，它指的是“任何人在他所担任的某个公职岗位或者职务上所允许做的对自己理性的使用”。③ 按照康德的意思，比如政府官员和其他公职人员，只有当他们作为学者时才能够行使批判权，亦即才具有言论自由，而在公职范围内

---

① 参看哈曼：《书信选》，A. 亨克尔选注，美茵法兰克福，1988 年，第 146 页。

② 同上书，第 147—148 页。

③ 康德：《回答这个问题：什么是启蒙?》，《文集》第六卷，达姆施塔特，1983 年，第 55 页。

他们就只有服从的义务，要不然，国家的秩序和安全就难以保障了。

康德这个想法未免有点油滑，自然就被哈曼抓住了把柄。哈曼说，康德这样一种区分实在是“太滑稽了”，这分明是要把“童稚者”与“监护人”两者统一起来了，而实际上又使两者都变成了“自相矛盾的伪君子”。哈曼在这封书信的附言中写道：

如果我在家里穿着奴隶的布衫，则自由的节日盛装于我又有何益？!……理性和自由的公共使用无非是正餐后的一道甜点，一道腻人的甜点而已。而（理性和自由的）私人使用是我们为了前者而应当失去的日常面包。①

我的朋友林川先生读到这段文字后对哈曼的批评很不以为然。经林川先生同意，我把他给我的书信中的一节录在下面：“哈曼据此认为康德取消理性在日常的运用，我看是一种吹毛求疵，并没有体会康德思想的深刻之处。事实上，康德并没有对一个人在职务行为以外公开运用理性的自由加以任何限制，包括职务上的限制。而且，即便是职务行为中的限制，也是社会体制所加的限制，是一个机构正常运行的条件之一，康德对这种限制的认可并不一定带有价值肯定的意味，毋宁说，他更肯定的是公开运用理性的‘无限的自由’。他在文中还进一步说道，如果一个人发现他的职务要求他所从事的宣道与他的良知相违背，那他就必须辞职。换句话说，就是不再接受那个公职机构的委托，而以一个独立的个体的身份公开表明自己的观点，甚至不惜置身于体制之外（这是用现在的话来说）。可见康德的‘理性和自由的公共使用’并非是哈曼所说的那种‘正餐后的一道甜点’，而是人的自由之所系、精神之所系。”

林川兄为康德作的上述辩护很好听，自然是我不能反对的。但我在这里也想为哈曼说两句。虽然康德的区分是完全可以同情的，要不

① 康德：《回答这个问题：什么是启蒙?》，《文集》第六卷，达姆施塔特，1983 年，第 148 页。

然我们人人都得失业了；但我以为哈曼的批判也是完全合乎逻辑的，是一种击中要害的批判，因此是可以发人深省的。因为在康德的这种区分中，人就不得不处于分裂状态中，具有了双重的自我：个人（私人）身份与学者身份。而且特别是因为，康德的这种区分是与他自己所谓理性的无限自由的运用这个原则相矛盾的。也就是说，你康德要有这个区分，这个限制，那么理性的运用就不是无限自由的了，就不是无条件的了，而是基于具体语境的，所以只能是相对的、有条件的使用。我想，哈曼并没有简单地否定理性和自由，而只是说康德式的绝对理性主义是有问题的，是有内在困难的。在这一点上，柏林的评论是：哈曼以其特有的敏锐看到了康德思想的弱点，但他仍旧是喜欢康德的，康德仍然是可爱的。①

但我们在这里还得深入一步，看看哈曼与康德之间最深刻的思想分歧。哈曼在书信中发问：在康德的启蒙定义中两次出现的“匿名的他人”到底是谁？康德认为，人应当排除“他人”的任何影响，从自身出发、根据自己的判断力来形成自己的判断，哪怕“他人”也许会比自己更正确。因此在康德那里，“他人”是完全可以“匿名的”，或者说，“他人”到底是谁，是无关紧要的。哈曼的看法却大不相同。在他看来，每个“他人”都有个体性，都有“格”(Person)，而决不是无差别的。每个“他人”都是不同的，我们在进行判断时应当根据他们的不同个体性来考虑他们的判断。我们首先必须问“他人”是谁，然后才能决定我们是否应当免受他的判断的影响。②

这里可以有两个考察方向。首先，哈曼在此对康德绝对理性主义和普遍主义的反对态度是与他的基督教神学背景相连通的。哈曼是一个基督徒。在他看来，现实是通过神性创造预先确定的，而不是由被

---

① 以赛亚·伯林：《北方术士：哈曼与现代非理性主义的起源》，伦敦，1993 年，第 108，109 页。

② 可参看西蒙：《思想的勇气》，载《哈曼和启蒙的危机》，B. 加叶克、A. 迈埃尔编，美茵法兰克福，1990 年，第 14 页以下。

理性主义者提高为普遍原则的理性构造起来的。现实的是个体性、差异性，而不是理性的普遍性、绝对性。所以，哈曼在书信中就为“启蒙问题”给出了一个基督教式的最后答案：“真正的启蒙”在于“对主的敬畏”，在于“对我们童稚的兄弟们”的博爱和怜悯。

另一方面，哈曼这里的思考又是与他的语言哲学观点联系在一起的。哈曼看到了思想（理性）的语言基础。对他来说，康德式的“纯粹的”理性思考是不可能的，因为“全部思考能力都是以语言为依据的”。[①] 语言对于理性是先行给定的，是理性不能超越的界限。思想总是在语言中进行的，总是一种“言说”，而“言说”始终是一种“翻译”(übersetzen)。[②] 按照哈曼的思路，每一次成功的“言说”都是个体之间的一个个别事件。因此不可能有一种一劳永逸的并且对任何人都有效的言说。例如，对于“什么是启蒙？”这样一个问题的解答，必定是在提问者自己的语言理解基础上进行的，哲学家康德也只是根据自己的语言用法来解答这个问题的；而正因为这样，这种解答到底是否成功，它所使用的概念是否对他人也同样清楚同样有效，这是谁也保证不了的。哈曼这种责难对康德的启蒙理性主义简直具有釜底抽薪的作用。此外，他的这种思路可以说是十分“后现代的”了。这就让我们不能不同意歌德的说法：哈曼是他那个时代最清晰的头脑。

哈曼有名言：“没有词语，就没有理性，就没有世界。”还有：“理性就是语言，就是逻各斯。”[③] 他并且把语言问题称为他终身啃咬的一块“硬骨头”，一个幽暗莫测的“深渊”。哈曼在语言问题上有许多玄妙想法。虽然在他那里人之言说总是与神之言说相关联，但毫无疑问，哈曼是近代欧洲思想史上少数几位先行探入语言问题之奥秘的思想家之一。他与同样处于欧洲近代主流文化之外的意大利的维柯一道，被视

---

① 哈曼：《北方术士与精神的鲁莽》，S. 迈叶契克编，波恩，1993 年，第 208 页。

② 同上书，第 102 页。

③ 以赛亚 · 伯林：《北方术士：哈曼与现代非理性主义的起源》，柏林，1995 年，第 12—13 页。

为“语言人文主义”思想传统的先驱。读哈曼时，我们会惊奇地发现，许多被 20 世纪哲学家们当作主题来讨论的语言哲学课题，哈曼差不多都已经作了回答。在这方面，柏林在其“哈曼书”中专门作了一个附录，对哈曼语言思想作了总结性提示，可以参观。[①]

作为思想史上的“责难者”，哈曼已经意识到，康德式的理性批判必须经受一种语言哲学意义上的“元批判”。哈曼已经看到了启蒙理性的内在矛盾和界限。在他看来，这种矛盾和界限就在语言中，就在语言的确定性与不确定性之间，就在语言的个体性与公共性之间。如果说康德所要求的思想的勇气是一种寻求自我确定性的勇气，那么，哈曼则要求一种面对他者、承担不确定性的勇气。

整整两个世纪过去了，今天我们需要什么？是康德还是哈曼？是康德式的理性思考还是哈曼式的他者关怀？或者，我们需要的是双重的勇气，既需要康德的启蒙理性主义，也需要哈曼对启蒙理性的责难疑问？在我们这个时代里，启蒙理性问题已经呈现为一道现代性后现代性的难题；而且实际上，它已经不再仅仅是一个欧洲问题，而是演变为一个世界性的问题了。有关这个问题的争辩不得不重新回到康德与哈曼。20 世纪 50 年代以来愈来愈显得热烈的围绕哈曼的讨论绝不是毫无来由的，而是有其现实动因的。也正是在这个意义上，我们同意贝耶尔教授的说法：哈曼不仅是 18 世纪的“同代人”，也是我们这个时代的“同代人”。

---

① 以赛亚・伯林：《北方术士：哈曼与现代非理性主义的起源》，柏林，1995 年，第 129 页以下。

在思想的林中路上[1]

马丁·海德格尔，生于1889年，死于1976年。他的一生，总的说来属于比较典型的学者生涯。自1909年进入弗赖堡大学读书，直至1959年退休，期间除去20世纪20年代在马堡大学执教的五年，海德格尔一直待在弗赖堡大学，差不多长达半个世纪之久。在海氏的生平事迹中，被议论得最多的，无疑是他在纳粹德国时期担任弗赖堡大学校长的一段经历（1933—1934年）。虽然只不过是十个月的“短命校长”，但兹事体要命，多少也影响到了海德格尔思想的尊严和重量。直至80年代，这个被称为“海德格尔事件”的事件，仍在国际学术界被广泛地讨论。这是一位思想家的大不幸。海德格尔自己曾有诗云：“有伟大之思者，必有伟大之迷误。”[2]看来是有感于他自己的遭遇而发的。

不过，我们也断不能因为海德格尔在政治上的一次愚蠢失误，就否认他的思想的深刻和伟大。海德格尔的本色，毕竟还是一位具有孤独性向的思想者。早在1922年担任马堡大学副教授时，海德格尔就在弗赖堡附近黑森林深山里一个叫托特瑙堡的地方筑造了一座小屋，作为自己的写作间。这座孤立的木屋，尤其是后期海德格尔远离尘嚣的宁静的思者生活的见证。

冷僻而平静的生活孕育出热烈的思想。诚如哥尼斯堡的康德老人的时钟般的生活背后，潜伏着近代哲学的“哥白尼式转向”，技术商

① 本文作于1994年，是作者为《海德格尔选集》中文版（两卷本，上海：上海三联书店，1996年）所作的“编者引论”。本文差不多是拙著《说不可说之神秘——海德格尔后期思想研究》（上海：上海三联书店，1994年版）的一个提要，并无多少新意；但由于它比较简要和轻松地传达了本文作者对于海德格尔思想的总体理解，故作者仍决定把它收入本书中，以为总结。

② 海德格尔：《从思的经验而来》，弗林根，1954年，第18页。

业时代的海德格尔的隐秘运思，同样引发了20世纪西方思想的根本性转变。回顾一下我们这个世纪的西方哲学史，若以思想的深刻和影响的持久而论，也许仅有奥地利的维特根斯坦可与海德格尔并举。在一定意义上我们可以说，维氏思想左右了20世纪英美分析哲学之发展方向；而海氏思想则指引着20世纪欧洲大陆人文哲学之演进。我们饶有趣味地看到，海德格尔和维特根斯坦两人都以德语为母语，且在德语学术语言的改造方面用力甚多；两者在性情上均趋于孤独，皆致力于寂寞运思；两人同在20年代成就哲学事业，且都在30年代实行了思想的“转向”。命运似乎更有巧妙的安排：维特根斯坦和海德格尔同年出生（1889年），前者4月26日生，后者9月26日生。而令人遗憾的是，这两位思想大家虽有如此“缘份”，生前却未能有实际的接触和交往。

海德格尔一生运思逾半个世纪，沉潜往复，硕果累累；海德格尔思想又以艰涩、奇谲著称于世。作为中文版《海德格尔选集》的“编者引论”，本文不可能具体、细致地描写海德格尔思想的方方面面，而只能基于编者个人的兴趣重点，提纲挈领地勾勒出海氏思想道路的几个基本环节，自然难免挂一漏万了。国内已经出版了一些著作描述海德格尔的思想。[①]

一、海德格尔前期哲学及其思路之“转向”

世人在追踪海德格尔的思想道路时，首先碰到的自然是他的皇皇巨著《存在与时间》（1927年）。海德格尔说，他的道路乃是一条“通向存在之邻的道路”，而《存在与时间》这个标题，也许就是这条道路

① 读者可参看俞宣孟：《现代西方的超越思考——海德格尔的哲学》，上海：上海人民出版社，1999年版；以及拙著《说不可说之神秘——海德格尔后期思想研究》，上海：上海三联书店，1994年版。

上的一个“路标”。[①] 半部《存在与时间》，为海德格尔赢得了“实存主义哲学家”的鼎鼎大名。

《存在与时间》是前期海德格尔（1930 年前）的代表作；除此之外，前期海德格尔也还有其他一些重要著作，如《康德与形而上学问题》（1929 年）、《形而上学是什么?》（1929 年）、《论根据的本质》（1929 年）等，以及多半在海德格尔身后出版的大量讲课稿（主要包括 1919—1923 年间的早期弗赖堡讲座和 1923—1928 年间的马堡讲座）。

在《存在与时间》中，海德格尔对自己的哲学探索工作做了如下的“定性”：“哲学是普遍的现象学存在学；它是从此在的解释学出发的，而此在的解释学作为生存论分析工作把一切哲学发问的主导线索的端点固定在这种发问所从之出且向之归的地方上了。”[②] 从这段话中，我们首先可以看出前期海德格尔哲学的两个基本的思想和方法要素：现象学和解释学。

众所周知，海德格尔师承现象学大师胡塞尔，被公认为德国现象学哲学三大家之一。海德格尔对胡塞尔的现象学作了一种存在学的改造，而这种改造首先并且主要表现在方法上的汲取。海氏认为，现象学乃是存在学的方法，这种现象学方法有三个基本环节：“现象学的还原（Reduktion）”“现象学的建构（Kostruktion）”和“现象学的解构（Destruktion）”。[③] 简约说来，“现象学的还原”使海氏得以“面向实事本身”（即存在本身）；“现象学的建构”在海氏哲学中展开为“此在的解释学”，即此在的生存论分析，构成《存在与时间》已完成部分的主体；而“现象学的解构”——并非德里达之“消解”（Deconstruction）——则呈现为对传统存在学的历史的批判分析，是

① 海德格尔：《林中路》，美茵法兰克福，1980 年，第 207 页。

② 海德格尔：《存在与时间》，图宾根，1986 年，第 38 页。

③ 海德格尔：《现象学的基本问题》，《全集》第二十四卷，美茵法兰克福，1975 年，第 29 页。也可参看拙文《还原·建构·解构》，载《中国现象学与哲学评论》第二辑，上海：上海译文出版社，1998 年版，第 225 页以下。

海氏原先计划要在《存在与时间》第二部中完成的工作。这里很显然，海德格尔是把现象学与解释学（特别是生命哲学家狄尔泰的解释学）结合起来了，这种结合既是对现象学的改造，同时亦是对解释学的提升。

所谓“此在的解释学”，海德格尔也称之为“基础存在学”；在《康德和形而上学问题》中，他也称之为“此在的形而上学”。海德格尔明言，他是要制订一门以“人”这种“此在”(Dasein) 为基础的“基础存在学”。这是在人之存在（“此在”）基础上重建“存在学”(旧译“本体论”）的努力。在海德格尔看来，自希腊以降的西方传统存在学从未找到解答存在问题的正当途径，存在向来被“遗忘”了。因此需要重提、重解存在问题。存在问题需得从“此在”入问，因为唯有“此在”领悟着存在。“此在”是存在问题的出发点，唯从具有优先地位的“此在”身上，才能逼问出一般存在的意义。

从“此在”到“一般存在”，这是前期海德格尔哲学的基本思路。这条思路确实在“实存主义”(通译为“存在主义”）的范畴之内，并且标志着 20 世纪上半叶西方“实存主义”思潮的一个顶峰。它的基本特征可以说是“极端的主观主义”。后起的法国解构主义思想家德里达指责说，海德格尔从形而上学高度上把“人”的地位巩固起来了。这种指责不能说没有道理。我们可以认为，海德格尔的本来意旨是要反近代以来的主体形而上学传统，但自身终究也未能跳出这个传统的俗囿。

对此，海德格尔本人立即有了自觉。《存在与时间》终于未竟，这并非偶然，实出于思路上的困难。故至 20 世纪 30 年代，海德格尔的思想道路发生了一个著名的“转向”(Kehre)。而所谓“转向”，首先当然意味着海德格尔思想发生了某些显著的变化。研究者一般以海德格尔 1930 年的演讲“论真理的本质”为界，把他的思想划分为前、后两期。甚至也有的学者更进一步，划分出“海德格尔Ⅰ”和“海德格尔Ⅱ”。例如《海德格尔：从现象学到思想》一书的作者理查德逊。理氏曾为“转向”问题写信求教于海德格尔本人。海氏在回信中如是说：“您对‘海德格尔Ⅰ’和‘海德格尔Ⅱ’之间所作的区别只有在下面的条件下才能成立，即始终应该注意到：只有从在海德格尔Ⅰ那里思出的东西出发才能最切近地通达在海德格尔Ⅱ那里有待思的东西。但海德格尔Ⅰ又只有包含在海德格尔Ⅱ中，才成为可能的。”① 这话殊可表明海德格尔对于自己的思想之“转向”的认识：既承认前、后期思想的连续性，又明言其间的显著变化。

有许多显明的迹象足以表明海德格尔思路的这种“转向”。兹举几例。比如，虽然海德格尔后来说他的思想一直围绕着“语言与存在”这个主题，但前期并没有充分展开语言问题的讨论，后期则更直接地切中这个主题了。前期哲学中那种对此在生存状态的缜密分析，以及由此形成的一些有关生存情态的术语（如“烦”“畏”“怕”等），在后期思想中是没有的，后期更多的是对诗歌文本（特别是对诗人荷尔德林的作品）的沉思和解析。“时间”问题是海氏前期哲学的主题，在后期思想中则比较少见讨论了。就形而上学的批判而言，前期以时间问题为引线集中阐释了亚里士多德、笛卡儿和康德，后期则主要围绕着“存在之真理”问题，把阐释重点放在了柏拉图和尼采身上。再有，前期海氏的文风和用语虽然已属怪癖，但终究还是学院式的（形而上学的），后期则为了摆脱形而上学的语言而发展出一种伽达默尔所谓的“半诗性的特殊语言”，等等。

海德格尔实施思想道路之“转向”的动机到底是什么呢？在 1964 年作的题为“哲学的终结和思想的任务”的著名讲演的开头，海德格尔明确地说：“自 1930 年以来，我一再尝试更源始地去构成《存在与时间》的课题。而这就意味着，要对《存在与时间》中的问题出发点

---

① 参看海德格尔：《致理查德逊的信》，载《海德格尔：从现象学到思想》，海牙，1974 年，第 23 页。

作一种内在的批判。”① 前期海德格尔哲学的“问题出发点”是“此在”。前期海氏的思路突出了“此在的存在”。按海氏的设想，把“此在”这个存在者的存在展开出来（即所谓“极端化”），也就能够赢获作为“绝对超越”的“存在本身”了。由于突出了“此在”这个“存在者之存在”，作为“问之何所问”的“存在本身”倒相形失色了。

前期海德格尔在现象学和解释学基地上建立起来的“在世”学说，其意图显然是批判形而上学的“世界观”和主体形而上学的“唯我论”。海德格尔所使的基本招数是通过对“在世”（“在世界之中存在”）现象的源始统一性（亦即此在与世界的根本一体关系）的揭示，来破除主体和客体的“分离观”；实际上就是在存在学上确立“此在的世界”或者“世界的此在”，以存在学上的“存在的人”，来取代知识学上的“知识的人”。但这一“招数”有一个大危险，即借此在反主体，不但没有反掉这个主体，倒是从存在学的根基上把这个主体巩固起来了。后期海德格尔对此亦深有自觉。在《尼采》一书中，海氏回顾说：《存在与时间》所走的道路和所做的努力“违反其意愿而进入了一个危险的境地，即只是重新增强了主体性……”②

进一步，为了把此在的存在领悟“极端化”或“激进化”，从而揭示此在的“时间性”（超越性结构），前期海德格尔提出了他的死亡观。在海德格尔看来，“先行向死存在”是此在返璞归真、实现超越的唯一途径；而“先行向死存在”又有赖于此在的根本情态（“畏”）以及此在的几个生存论性质（如“良知”“决心”等）。在这里，海德格尔实际上是把此在置于“边缘处境”中来破解此在之意义。海氏前期哲学的主体主义（主观主义）倾向因此而达极致。

因此，对海德格尔来说，所谓“转向”归根到底就是要放弃这个优先的、貌似无处不在而实则彻底个体化的、充满悲怆情调的“此

① 海德格尔：《面向思的事情》，图宾根，1976 年，第 61 页。

② 海德格尔：《尼采》第二卷，弗林根，1961 年，第 194 页。

在”。这个“此在”太躁动不安，太具有迫切的意欲。它被置于“边缘处境”中，虽能置生死于度外，但难免负荷太重，太不安全可靠。需要有另一个心平气和、泰然处之的“人”，来取代这个亦“畏”亦“烦”的“此在”。这才有“转向”。由这一“转向”，海德格尔不再急不可待地从此在逼问存在，而是要着眼于存在本身，着眼于存在之真理的“自行发生”来运思，要听命于“存在之真理”的邀请，期待“存在的召唤”了。

海德格尔思想道路的“转向”问题，关系到我们对海德格尔哲学的总体理解和评价。而且，在海德格尔看来，所谓“转向”不只涉及他个人的思想道路，而是基于思想的实事本身，也是西方欧洲思想的“转向”，是西方“存在历史”的“转向”。所以，我们必须联系西方现代思想的发展，特别是联系西方现代哲学从现代主义到后现代主义的转变，从海德格尔所谓的“存在历史”的维度上来理解他的思想的“转向”。

二、海德格尔的存在历史观

有关此课题的进一步讨论，可参看本书中的《存在历史的转向与语言论转向》一文。

在 20 世纪三四十年代的动荡不安的岁月里，海德格尔的思想处于激烈的自我批判和修正之中。整个 30 年代，我们少见海德格尔有文字问世。但我们现在也看到，此间的海德格尔实际上并没有沉默。大量的手稿、演讲稿和讲课稿，记录了海氏在 30 年代所作的各个不同方面的思想“历险”。举其要者，有以下四个方面：

其一，对真理（存在之真理）问题的思考。1930 年，海德格尔多次以“真理的本质”为题作演讲（这个演讲被许多研究者视为海氏思想之“转向”的重要标志）;1931 年冬季学期和 1933 年两个学期开设真理问题讲座;1935 年，海氏作“艺术作品的本源”的著名演讲。其二，阐释德国诗人荷尔德林的诗歌。1934 年冬季学期海德格尔讲授荷尔德林的两首诗（《日耳曼尼亚》和《莱茵河》）;1936 年发表《荷尔德林和诗的本质》一文（这是海氏 30 年代公开发表的唯一的一篇论文）。其三，对早期希腊思想之源的探索。1932 年夏季学期海德格尔讲阿那克西曼德和巴门尼德;1935 年夏季学期讲授“形而上学导论”一课（这个重要的讲课稿于 1953 年出版）。其四，清理形而上学历史，尤其是对尼采思想的深入阐释。从 1930 至 1936 年间，海德格尔对柏拉图、亚里士多德、康德、黑格尔和谢林等大家作了专题讲座；进而在 1936 至 1940 年间，海氏共有五个学期专授尼采哲学。此处资料根据海德格尔全集编委会印制的目录说明。

以上广泛的工作，是海德格尔对其前期思想作“内在的批判”的最初尝试。它们已经定下了后期海氏思想的基调。而这多重尝试几乎是同时铺开的，并且也是相互贯通的。上述多维度的思想努力集中体现在海德格尔生前未发表的手稿《哲学论稿》（1936—1938 年）中。这个手稿至 1989 年作为《全集》第六十五卷出版，被一些论者称为海德格尔除《存在与时间》之外的第二部重要著作。其中贯穿着海德格尔思想的一个主旨：解析遗忘“存在”的形而上学的历史，发现并重新唤起非形而上学的“存在之思”。

西方形而上学史，在海德格尔看来，就是一部“遗忘存在”的历史。“遗忘”即是一种“遮蔽”。海德格尔说：“作为存在的存在对形而上学来说始终是遮蔽着的。”[①] 既有“遮蔽”，则历史上必定有存在本身之“无蔽”的时候。海氏认为，早期希腊思想就是源始的“存在之思”，在那里，存在本身是无蔽而彰显着的。今天我们要重新唤起“存

① 海德格尔：《形而上学导论》，图宾根，1987 年，第 15 页。

在之思”，则首要的事情是“回忆”和“重演”早期的“存在之思”。思想的道路要实施“返回步伐”（der Schritt zurück），要回到源头，回到思想的“第一个开端”去思存在之源始意义。对海德格尔本人的思想来说，这一“返回”构成了“转向”的一个方面；而对西方欧洲形而上学传统来说，它构成了一个更为深刻的“转向”：从哲学转向思想。

海德格尔的“存在历史”观，实际上就是他对于西方形而上学历史以及西方文明史的总体观点。若允许我们简单化，那就是这样一幅历史的图景：首先，前苏格拉底的早期希腊是“存在历史”的“第一个开端”，发生了原初的存在之“思”与“诗”（在阿那克西曼德、赫拉克利特、巴门尼德等早期希腊“思者”和荷马、品达、索福克勒斯等早期“诗人”那里）。之后，“第一个开端”隐失了，进入了形而上学时代，即以“存在之被遗忘状态”为特征的哲学和科学时代，这个时代自柏拉图和亚里士多德以降，至黑格尔而达于“完成”（海德格尔后来也说，尼采是“最后一个形而上学家”）。最后，我们现代人处身于又一个转折性的时代，是形而上学哲学趋于终结、而非形而上学的“思”和“诗”正在兴起的“转向”的时代——“存在历史”的“另一个开端”正在萌发之中。而荷尔德林等诗人已然为这个新开端的“先行者”了。

在20世纪30年代中期的讲座“形而上学导论”以及此后的其他一些专题论文中，海德格尔对前苏格拉底的早期希腊思想作了大量的深入研讨。我们在此不能细论海德格尔这方面的思想。总的讲来，海氏认为存在的源始意义集中地体现在希腊思想的Physis、Aletheia、Logos这三个基本词语上。据海德格尔研究，希腊词Physis的源始意义乃是“涌现”（Aufgehen），即是存在本身的涌现着和逗留着的运作。但后苏格拉底的希腊哲学开始了对这个词语的意义的狭隘化；后世的拉丁语翻译把它译为“自然”，就愈加疏离于此词的源始意义了。

Physis作为“涌现”，也就是存在者从遮蔽处走出来成其本身，因此这种“涌现”实即“解蔽”，希腊人名之为Aletheia（无蔽、解蔽）。

可见，Aletheia 说的是存在本身的由“隐”入“显”的运作，亦无妨称之为“存在之真理”——但并非后世的“符合论”意义上的真理。

据海德格尔考证，Logos 的源始意义是“聚集”，也是指存在本身的运作。从存在本身的“显—隐”一体性考虑，如果说 Aletheia 是由“隐”入“显”的运作，突出的是“显”的方面，那么，Logos 就指示着存在本身的由“显”入“隐”的运作，突出的是“隐”的方面。不过，Logos 和 Aletheia 根本上是同一的。两者是存在本身的一体两面的运作，虽然各有所重，一方重于“分”（“显”），而另一方重于“合”（“隐”），根本却是一体的。

总之，海德格尔认为，Physis、Aletheia、Logos 都是存在的源始意义。“涌现”“解蔽”和“聚集”就是存在本身亦显亦隐、亦分亦合的运作。而这样的源始意义却只有在早期希腊思想这个“开端”那里才绽露出来。在后来的西方形而上学传统中，存在的源始意义是隐失了的、遮蔽了的。Physis 成了“自然”（“物理”），Aletheia 成了主体—客体或者知—物的“符合一致”意义上的“真理”，Logos 成了“逻辑”。

在海德格尔看来，存在的源始意义的失落过程是在希腊哲学中完成的，特别是在柏拉图那里，思想的“第一开端”达到了“终结”，同时也就有了哲学的“开端”。整个西方哲学史，只不过是对柏拉图哲学的展开，展开到极致，也就达乎“完成”——“结终”了。海德格尔对西方哲学的命运所下的结论是：整个西方形而上学就是“柏拉图主义”；而通过马克思、尼采等现代哲学家的反形而上学努力，形而上学哲学已经进入“终结阶段”了。存在历史进入“另一个转向”时期：哲学的终结和思想向另一个开端的过渡。

海德格尔对存在历史的“另一个转向”的思考集中体现在他对荷尔德林诗的阐释、对尼采哲学的阐释和对技术之本质的分析，实际上也是对现代人之生存境况的思索。当代思想无法回避的课题，归结起来大致有两项：其一，价值问题，在西方，即由尼采的话“上帝死了”所判定的“虚无主义”时代的人类精神生活的“无根”状态；其二，技术问题，即由现代技术所造成的人类生存的灾难性现实。海德格尔从对西方形而上学的批判入手，对虚无主义的本质和技术的本质的问题提出了自己的独到见解，以期在这个“危险”的技术时代里寻求人类的得救之法。

海德格尔对西方哲学文化传统的批判和对当代技术世界的分析，充分显示出一位思想家应有的稳重、冷静和深度。他的具体的观点，笔者在此不拟一一细表。这里只还想指出一点：后期海德格尔把形而上学的基本机制规定为“存在-神—逻辑学”（Onto Theo Logik），实际就是挑明了存在学（希腊哲学精神）、神学（犹太基督教神学）与现代科学三者相结合的西方传统哲学文化的根本内涵。这应是对西方形而上学哲学的一个全面深刻的把捉。海德格尔启示我们，对于现代西方的诸种现象，无论是价值和信仰的危机，还是日益扩张的技术—工业文明及其不妙后果，我们都必须立足于“形而上学”（“存在—神—逻辑学”）这个“根本”来加以分析和透视。

顺便补上一句：海德格尔在他的文本中实践的“思—言”一体的思想史考察方法——具有“词源学”特点的思想探究方法，应具有普遍的启示意义，或可供我国的思想文化史研究者借鉴。诚然，我国的传统学术中，并不缺词源考证的功夫；但海德格尔这种打通思路与言路、激活思想史的思法，也还是我们前所未有的，尤其可为我国的处于无根和疏异状态中的当代学术思想提供方法上的参照。

三、海德格尔对真理—艺术—技术的沉思

有学者把20世纪三四十年代称为海德格尔思想的“真理时期”，认为海德格尔这一时期的主要思想课题是真理问题。这当然有一定的

道理。我们看到，在海德格尔30年代展开的各种思想努力中，实际上都贯穿了“真理”问题。1930年海氏多次作“论真理的本质”的演讲。对早期希腊思想的探源和存在历史的探讨也已经探入这个作为“无蔽”（Aletheia）的存在之真理。30年代海德格尔对荷尔德林诗的探讨和关于艺术问题的多次演讲（“艺术作品的本源”等篇），同样突出了“存在之真理”问题。1947年发表的《关于人道主义的书信》等，重点也思了“存在之真理”。

思“存在之真理”，这是后期海德格尔的一贯主题。这个主题相对地集中在三四十年代，而且主要是通过诗和艺术的沉思来展开的，进而又落实到对技术之本质的沉思。真理、艺术、技术，这三个仿佛风马牛不相及的课题，在海德格尔看来却是可以贯通的。无疑，对海德格尔这一题旨上的运思努力，我们仍要基于他的存在历史观来予以理解。他的思考显然是独辟蹊径的。

在传统学术中，“艺术”与“真理”、“美”与“真”，历来是两个领域的问题，前者属美学，后者归于知识学（知识论），两者泾渭分明。海德格尔却要在“真理”名下讨论艺术和“美”，这本身已属怪异了。不过，海德格尔所思的“真理”，明言也不是传统的知识学的真理，不是“物”与“知”的“符合一致”，不是“正确性”意义上的真理。他所谓“存在之真理”，乃是一种至大的明澈境界，此境界决非人力所为；相反，人只有先已入于此境界中，后才能与物对待，后才能“格物致知”，后才能有知识学上的真理或者科学的真理。此“境界”，此“存在之真理”，海德格尔亦称之为“敞开域”（das Offene）或“存在之澄明”（Lichtung des Seins）。

诚如上文指出的，海德格尔是在希腊的“无蔽”（Aletheia）意义上来思“真理”的，而这种“无蔽”又是“显—隐”一体的发生，亦即海德格尔所谓“澄明—遮蔽”的“源始争执”（Urstreit）。这种“源始争执”就是存在之真理。存在一方面照亮存在者，使存在者无蔽而显；但另一方面，存在有所澄明之际也总是隐匿自身，这种自行隐匿也表现为对存在者的遮蔽。存在者的澄明与遮蔽，海德格尔称之为存在者的真理。存在者整体一分为二，“世界”为“显”（“敞开”），“大地”为“隐”（“锁闭”）。所以，存在者之真理就是“世界”与“大地”的“争执”（Streit）。海德格尔说，只要作为澄明与遮蔽之“源始争执”的真理发生了，则“大地”就通过“世界”凸现出来，“世界”就建基于“大地”。[①] 可见，真理的生成实际上就是从“存在之真理”到“存在者之真理”的发生。存在之真理必定要实现出来而成为存在者之真理。真理本质上要把自身建立在存在者之中才成其为真理。

问题在于：“存在之真理”究竟是通过何种方式发生的呢？从人方面讲，亦即人究竟如何“进入”“存在之澄明”境界？这可以说是后期海德格尔思想中的一个核心题目。而此课题之所以要落实于“艺术”或“诗”，乃是因为在海德格尔看来，“艺术”（“诗”）乃是“存在之真理”之发生的源始性的（本源性的）方式之一，而且是一种根本性的、突出的方式。除艺术之外，海德格尔认为，“真理把自身建基于由真理开启出来的存在者之中”的根本性的方式，还有建构、牺牲、思想等。[②]

落实在艺术作品上，海德格尔认为作品的“作品存在”就是存在之真理的根本发生方式之一。所以，举例说来，在凡·高的关于一双农鞋的油画中发生着真理，这并不是说他的这幅油画多么真实地描摹了现实，而是说，由于这个作品揭示了农鞋的存在，存在者整体（“世界”和“大地”）进入无蔽中了。在这个作品中，无蔽本身关涉存在者整体而发生了。于是，“自行遮蔽着的存在便被澄明了。如此这般形成的澄明之光把它的闪烁光辉嵌入作品中。这种被嵌入作品中的闪烁光辉即是

① 海德格尔：《林中路》，美茵法兰克福，1980 年，第 47 页。

② 同上书，第 48 页。

美。美是作为无蔽之真理的一种现身方式”。[1]

美是真理（“无蔽”）的现身方式，是真理的显现和发生。这是海德格尔由他的存在之思而得出的独特的“美学观”。在这里，我们切莫以为海德格尔是在重弹黑格尔的老调。我们知道，黑格尔把“美”界说为“真理的感性显现”。但在黑格尔哲学中，真理乃是“绝对精神（理念）”，艺术作为感性形式只是“绝对精神”向自身回复的较低级的环节，而且，艺术早就在“绝对精神”的辩证的历史发展中被超越了。而海德格尔的立足于存在之思的真理观和艺术（美）观，则显然与黑格尔完全异趣。

同时不难看出，海德格尔的艺术见解明显地构成了对近代以来的以“浪漫美学”为其标识的主观主义（主体主义）美学传统的反动；而这明显也是海德格尔对其前期哲学的主体形而上学立场的一个自我修正。在海德格尔眼里，正如“真”（真理）不是主体的认知活动，“美”也绝非主体的体验，绝非“天才”的骄横跋扈的创造。因此，把海德格尔安排在德国浪漫美学传统的思想家队伍里，恐怕是一种一厢情愿的做法；那种认为海德格尔旨在以浪漫美学反抗现代技术文明的看法，终究也难免带些轻薄了。

特别在他的名篇《艺术作品的本源》中，海德格尔实际上已经宣告了“美学的终结”或者“美学的克服”。在生前公开发表的文字中，海德格尔并没有明确地提出过“美学的克服”这个命题。但早在1934—1935年间，海德格尔在手稿中就已经形成了这个命题。[2] 海德格尔在其中所尝试的，乃是一种非美学的艺术把握方式。或者说，海德格尔在其中向我们提出了一道现代艺术的难题：一种非美学的艺术考察方式是否可能？如其可能，如何可能？

海德格尔从来没有把艺术与技术对立起来，从来没有把艺术和技

---

① 海德格尔：《林中路》，美茵法兰克福，1980年，第43页。

② 参看海德格尔：《论美学的克服》，载《海德格尔研究》，第六卷，柏林，1990年，第57页。

术视为两个不相容的领域。在指出艺术是存在之真理的一种根本性发生方式之后，海德格尔进而说，科学却不是存在之真理的发生，而无非是对一个已经敞开了的真理领域的“扩建”（Ausbau）。按照海德格尔的思路，艺术与科学（技术）都是一种“解蔽”（“揭示”）活动，都是创造性的活动，是历史和文化中的上升力量，所以，海德格尔对艺术和科学（技术）的讨论都是联系于“无蔽”（Aletheia）这个课题来展开的。只不过，同为“解蔽”活动，两者也有一项区别：艺术是一种具有源始性意义的“解蔽”；技术则不是源始性的“解蔽”，而只是对由艺术等源始的揭示活动所敞开的领域的一种“扩建”、一种“再造”。

在我看来，这正是海德格尔对技术的思考的深刻和高超之处。

四、后期海德格尔语言之思

后期海德格尔的运思实践最能体现“思”与“言”的一体性。在海德格尔看来，传统形而上学的范畴体系已不能应合现代人的生存境况，当代思想正在突破传统哲学的概念方式。海德格尔本人以巨大的心力投入思想语言之改造，其努力最集中、最显著地表现在：自20世纪30年代以来，他尝试以“大道”（Ereignis）和“道说”（Sage）等思想词语，来替代“存在”（Sein）和“语言”（Sprache）等西方形而上学哲学的基本范畴。据海德格尔自识，他的思想的主题是“存在与语言”，而若用非形而上学的词语来表述，就应该是：“大道与道说”。这个主题特别是在50年代的海德格尔的语言之思中得到显明的呈现。

Ereignis和Sage是后期海德格尔思想的两个基本词语。笔者曾在一些著译中把这个Ereignis译解为“大道”，引起了学界同行的不少异议。有关翻译上的理由，我已经在多处陈说过，这里可不赘述。[1]需要补充指出的是，海德格尔的 Ereignis 义域广大，在不同语境里往往具有不同的含义，不可固定为单一的意义；而这也许恰恰就体现了此词的非形而上学特性。不过，至少在与其语言之思相关联的语境中（特别如在《在通向语言的途中》一书中），我仍然以为可以“大道”译之。

海德格尔说：“道说乃是大道说话的方式”。[2]作为“道说”的语言并非“人言”，更准确地讲，并非“人言”所能涵盖。但我们决不能因此就认为，海德格尔所思的“道说”全然与“人言”无关，是一种完全可以不视其为语言的玄想怪诞的东西。实际上，海德格尔的语言之思恰恰是从“人言”入手的，是由“人言”思入“道说”的。海德格尔认为，“道说”才是“人言”的本源，也才是根本意义上的语言。

在海德格尔看来，传统语言科学和哲学是不能揭示语言（“人言”）的本质的。根本原因在于，传统语言观只把语言视为人的说话（表达）活动，从“说”（Sprechen）方面来研究语言，而遗忘了“人言”之所从出的那个源始维度。比如说“方言”，海氏认为虽然各种语言科学的解释很多，但并没有真正深入的思考。从语言器官及其运动方式的差异角度固然也可以对“方言”作科学水平的说明，但这是不够的。海氏的思路极为玄妙，认为“方言”是植根于“大地”，“方言”之差异实为“地方”之差异。[3]

海德格尔在此思入“人言”的更深维度，这一度，我们可以称之为语言的“大地性”。在此所谓的“大地”不是铁板一块的质料，而是生生不息的涌动和生长，是海德格尔所思的早期希腊思想意义上的“涌现”（Physis）。人归属于大地，长于斯，死于斯。语言犹如大地

① 参看拙著《说不可说之神秘——海德格尔后期思想研究》第五章，上海：上海三联书店，1994 年版；亦可参看海德格尔：《在通向语言的途中》，中译本序，台北，1993 年。

② 海德格尔：《在通向语言的途中》，弗林根，1986 年，第 266 页。

③ 同上书，第 205 页。

开出的花朵，显于斯，隐于斯。人言有声，大地无声。无声中有“大音”，海德格尔称之为“寂静之音”（Geläut der Stille），实即无声的“大道”之“道说”（Sage）。这种语言与大地的源始关系，即“人言”对于“道说”的归属性，早已经超出了“形而上学—技术的解释”范围。

语言比人更“强大”。这是海德格尔的一个玄怪主张。在他看来，有一种比“人言”更为广大的语言，是“人言”所从出的本源，就是“大道”之“道说”。人归属于“大道”，总是已经在“道说”之中，倾听“道说”而有所“说”。人之所以能听，是因为“大道”已经赋予人以“栖留之所”，人已经在“道说”中了，人在那里“应答”（antworten）“道说”。“应答”之际，人才有所说，每个被说的词语实际都已是“应答”。

这种“应答”关系，海德格尔也以“用”（Brauch）一说来表述之。他说：“大道”把人之本质释放到那种“用”之中，由这种“用”而来人被“使用”，才得以把无声的道说带入语言的有声表达中。亦即说，人被“大道”所“用”，被“用”于化“无声”为“有声”，化“道说”为“人言”。此即作为“人言”的语言的“生成”了，就是“不可说→可说”的“生成转换”。

海德格尔又把“大道”“用”人来让“道说”生成为“人言”的过程，称为“大道”的“开辟道路”（Be-wegung）。“道说”根本上是通向语言的“道路”（Weg），也就是“大道”的“成道”。我们知道，汉语中的“道”一词恰恰就有“道路”“道说”和“道”（作为思想的基本词语）等意义。显然，海德格尔以“大道”（Ereignis）之“道说”（Sage）为根本的语言之思对汉语思想中的“道”是有所借鉴的。汉语思想的“道路”“道说”和“道”在海氏那里呈现为“道路”（Weg）或“开辟道路”（Be-wegung）、“道说”（Sage）和“大道”（Ereignis）。后期海德格尔关心老子思想的事实已属不争。在《同一与差异》中，海氏也明言，他的Ereignis与希腊的“逻各斯”（Logos）和中国的“道”（Tao）一样是不可翻译的。凡此种种，均可支持我们把海氏所思的 Ereignis 译为“大道”，并帮助我们在非形而上学维面上理解海氏的语言之思。

因此，人与语言的关系在海德格尔那里发生了一个根本性的逆转：不是人“用”语言，而是语言“用”人。也可以说，作为“道说”的语言在人那里“开辟道路”，是通过人发声为词的。人之能“说”，是因为人归属于“道说”，顺从“道说”而倾听，从而能够“跟着说”（nachsagen）。语言说，人只是跟着说而已。如果说“人言”是一种“跟着说”，那么“思”便是“跟着思”（nachdenken），是一种“追思”。现在需要的是一种“语言转换”（Wandel der Sprache），即人与语言的关系的转换。人与语言的关系是由人如何归属到“大道”之中的方式来决定的。[①] 人归属于“大道”响应“大道之说”而有所说。响应“道说”的人之说有两种形式，即“诗”与“思”。因此，在海德格尔看来，所谓的“语言转换”就取决于“思”与“诗”这两种方式及其关系了。

海德格尔所谓的“语言转换”，一方面，就是主张要改变既有的人与语言的关系——对象性的、工具性的关系；而另一方面，在更深层的意义上，是指“道说—人言”或“不可说—可说”的“生成转换”。这种“生成转换”的方式即是“诗与思”。而诗人和思想家就处于“不可说—可说”的转换界面上。

海德格尔语言思想的关键点就在于他所强调的语言的“植根性”，或者说语言与大地（Physis）的一体归属性。所谓“静寂之音”，所谓“道说”的“开辟道路”等，都启示着这一度。而对这一度的揭示，不但在“返本归根”这个意义上是启人深思的，而且对一般语言科学和哲学的研究也构成一个挑战：对语言（人言）的对象性研究是否能够揭示出活生生的语言——不只具有形式要素，还具有“肉身要素”的

① 海德格尔：《在通向语言的途中》，弗林根，1986 年，第 267 页。

语言?

后期海德格尔的语言思想曲折艰深，启人深思也令人费解。其基本意图是破除传统形而上学的逻辑主义（工具主义、形式主义）的语言观，思入语言的隐蔽的广大背景，道出语言的奥秘。显然，这同时是一种重解人类文化发生之谜的努力，也是一种从根本上为技术时代的人类寻求适恰的生存态度的艰苦尝试。

五、海德格尔对思想的规定

在晚期海德格尔思想中，“思想”或“思”（das Denken）成为一个重点课题。仅20世纪50年代，海德格尔以“思想”为主题的著述和演讲报告就有:《筑·居·思》(1952年)、《什么召唤思?》(1954年)、《什么是哲学?》(1956年)、《思想的规律》(1958年）和《泰然任之》（1959年）等。60年代又有《面向思的事情》等重要著作面世。可以说，对一种非形而上学的“思”的沉思和探索，是30年代以后海德格尔的思想努力的重要部分。

1964年，海德格尔在法国作题为“哲学的终结与思想的任务”的著名演讲，明确地标举与哲学划界的“思想”。在某种意义上，此文可以看作“后现代（主义）思想”的宣言。我们看到，时隔不久的1967年，法国当代思想家雅各·德里达，直接承继海德格尔的反传统形而上学哲学的思想，推出了《声音与现象》《论文字学》和《书写与差异》三部著作，由此兴起了“解构主义”运动，乃至整个声势浩大的“后现代主义”思潮。

鉴于海德格尔在20世纪西方思想发展中所起的承先启后的转向性作用，联系到海德格尔之后西方思想的总体景观，理清海德格尔对于

“思想”的思想，恐怕不但是“海学”研究的一个重要课题，也是西方当代后哲学（后形而上学）的思想研究中的一个关键问题了。

这里我们要问：海德格尔对后哲学（后形而上学）的“思想”或“思”作了何种规定？

据瓦尔特·比美尔的看法，海德格尔思想中贯穿了“诗—思—语言”这样一个“问题圈”。[①] 此话固然不错。但按我们的认识，海德格尔思想道路的诸路段还是各有所重的。在20世纪三四十年代，海德格尔着重围绕“存在之真理”即希腊思想意义上的“无蔽”（Aletheia）讨论诗和艺术，实即探讨了作为Aletheia的存在之澄明和作为Aletheia的语言（诗）；在50年代，海德格尔着重探讨了“逻各斯”（Logos）和“思”的问题，亦即讨论作为Logos的存在之“聚集”和作为Logos的语言（“思”），同时展开对“大道之说”即作为“道说”的语言（“诗—思”合一）的论述。因此，比美尔所谓“问题圈”实为“思之道路”。而海德格尔对“思想”的最根本的规定正是在“诗—思—语言”的框架中进行的。

众所周知，海德格尔的“诗”论主要通过对诗人荷尔德林的诗作的阐释而展开。诗的本质已由荷尔德林道出：诗乃“存在之创建”。“创建”（Stiften）即“命名”（Nennen）。而“命名”即“令”（Heissen）。诗的“命名”“令”存在者存在。通过“命名”，诗人创建“持存”，道说“神圣者”。这是诗的“解蔽性”。“命名”就是“解蔽”。但诗的“道说”（Sagen）和“命名”是响应“神圣者”的“召唤”即“存在”意义上的语言而来，因此，根本的“道说”乃是神圣者之“道说”，“命名”乃是语言之“命名”，是语言之“令”。诗人受神圣者的“暗示”才有所“道说”，按语言之“令”才有所“命名”。在海德格尔这里，“解蔽”（Aletheia）意义上的诗与语言的归属关系是显然的。海德格尔是在“存

① 参看比梅尔：《海德格尔》，汉堡，1973年，第129页。

在之真理”即“无蔽”之发生的角度来探讨诗之本质的。

与之相对，海德格尔对“思”的沉思主要是与“逻各斯”这个主题相联系。早期希腊思想意义上的“逻各斯”在海德格尔看来指示着存在（语言）之“聚集”运作。如果说“无蔽”（Aletheia）标志存在的由“隐”入“显”的运作，则“逻各斯”（Logos）标志的是存在的由“显”入“隐”的运作，两者各有所重。海德格尔理解的“诗”与“思”分别领有“解蔽”与“逻各斯”之特性，即“显”与“隐”之两面。“大道”之“道说”是 Aletheia 与 Logos 的一体两面的运作；而应合“大道之说”的人之“道说”也有两种方式：“诗”与“思”。诗是“解蔽”，思是“聚集”。诗是揭示、命名、创建、开启，可以说是动态的；思是掩蔽、庇护、收敛、期待，可以说是静态的。

总之，在海德格尔看来，“诗”与“思”是“大道”意义上的语言发生为“人言”的两种方式。比较而言，“诗”之道说（“命名”）更为显然，更具开端性和创建性；而“思”之道说更为隐蔽，更有保持性。“诗”是超拔的，“思”是凝重的。“诗”是趋动的，“思”是趋静的。

但如此分述“诗—思”两面有把两者分割开来的危险。实际上，在海德格尔看来，正如各有所重的 Aletheia 和 Logos 是同一的，同样地，各有所重的“诗”与“思”也是同一的。“思”“诗”合一。“诗”和“思”是人响应于“道说”的两种方式，是“道（言）成肉身”的原初方式，本根为一，不可分离。“思即是诗，且诗不只是诗歌和歌唱意义上的诗。存在之思是诗的源始方式……思乃原诗（Ur-dichtung）。思的诗性本质保存着存在之真理的运作”。[1] 不过，话又说回来，“诗—思合一”也不否定两者各有所重，不否认两者的“区分”。海德格尔说“诗”与“思”是“同一”（das Selbe），而不是“等同”（das Gleiche）。“在思与诗之间有一种隐蔽的亲缘关系，因为两者都服务于语言，为语言效力

① 海德格尔：《林中路》，美茵法兰克福，1980 年，第 324 页。

和挥霍自身。但两者之间同时又有一条鸿沟，因为它们居住在遥遥相隔的两座山上”。[①]

“诗”与“思”之间的这样一种“关系”，海德格尔更愿称之为“近邻关系”。所谓“近邻关系”是既亲密又区分的关系。所以“思—诗合一”根本上是一种“亲密的区分”，是分中有合、合中有分。“诗”与“思”的这种“亲密的区分”意义上的关系，乃植根于人与语言（“道说”）的关联。而在技术时代里，“诗”与“思”的本真关系被掩盖、扭曲了，其根本原因也在于，“人言”与“道说”（人与语言）的关系被颠倒了。海德格尔认为，我们现在要为一种“语言转换”做一些准备，当务之急是要唤起一种“诗—思合一”（“亲密的区分”）的经验：“一切凝神之思就是诗，而一切诗就是思。两者出于道说而相互归属，这种道说已把自身允诺给未被道说者，因为道说乃是作为谢恩的思想。”[②] 本真的“诗”与“思”，就是归属于“大道”的人的“谢恩”（Dank）。

这样的一种“思”，显然早已与形而上学的“思维”分划开来了。形而上学的“思维”是“表象性思维”。“表象”（Vorstellen）就是把一切都立为“对象”。在“表象性思维”范围内，一切都是对象性的。海德格尔也称这种“表象性思维”为“计算性思维”。表象的、逻辑的、理性的、计算的思维并不“思”。哲学和科学并不“思”，因为“思”是非对象性的。这是海德格尔的一项基本主张。不“思”的哲学的历史被海德格尔称为“存在之被遗忘的历史”，它在现时代的一个表现就是科技工业的日益扩张。

海德格尔把现代技术的本质称为“集置”（Ge-stell）。“集置的作用就在于：人被坐落在此，被一股力量安排着、要求着，这股力量是在技术的本质中显示出来而又是人自己所不能控制的力量。”这种力量把人从地球上“连根拔起”了。海德格尔说，当他看过从月球向地球拍

① 海德格尔：《什么是哲学?》，纽黑汶，1958 年，第 94 页。

② 海德格尔：《在通向语言的途中》，弗林根，1986 年，第 267 页。

摄的照片之后，他是惊惶失措了。“我们根本不需要原子弹，现在人已经被连根拔起。我们现在只还有纯粹的技术关系”。[①] 人类对地球的征服实际上是人类自身根基的沦丧，技术对物的制造实际上是消灭物。

问题在于：如何重获人类的“根基持存性”(Bodenständigkeit)，让人类重返本真的“栖居”呢？在海德格尔那里，道路也许只有一条，那就是“思”的道路。这种非表象性的“思”要求有生存态度的转变，它包含着两种姿态，即所谓“向着物的泰然任之”和“对于神秘的虚怀敞开”。这两种态度或能允诺我们一种可能性，让我们以一种完全不同的方式栖居在这个世界中，也就是给予我们一线希望，让我们获得一种新的“根基持存性”。

上述两种态度正是“思”的姿态。海德格尔说，这两种态度“只不过是从一种持续不断的热烈的思中成长起来的”。[②] 也就是说，“泰然任之”和“虚怀敞开”是“思”所要求的两种基本生存态度。我们理解，海德格尔所谓的“泰然任之”和“虚怀敞开”也就是从逻各斯的“聚集”运作方面来说的人对于“大道”的归属和顺应。显然，海德格尔借此是要提倡非对象性的诗意看护和非知性逻辑的神秘启悟，根本上就是要为技术时代的人类探寻一条生存解救之途。

我们看到，在思想的“林中路”上，思者海德格尔直到晚年执着依然，依然不懈地运思和追问：“哲学终结之际给思想留下了何种任务？”(1964 年)“思与言在何种意义上是客观化的，在何种意义上不是客观化的？”(1964 年) [③]

“问乃思之虔诚”。而在这个“无思”的技术时代里，谁人又能解海德格尔之思和问的惊心动魄？

---

① 海德格尔：《只还有一个上帝能救渡我们》，熊伟译，载《外国哲学资料》第七辑，北京：商务印书馆，1985 年版，第 175—178 页。

② 海德格尔：《泰然任之》，弗林根，1979 年，第 25 页。

③ 参看海德格尔：《面向思的事情》，图宾根，1976 年，第 61 页；《路标》，美茵法兰克福，1978 年，第 70 页。

译读海德格尔的一组诗[①]

哲学家海德格尔与诗有不解之缘。在20世纪西方哲人中，海德格尔论诗最多也最有意思。海氏不仅论诗很积极，自己在后期也曾赋得几首。自然，那是一些很哲学的诗了。所谓“诗哲”，看来用在海氏身上才最为贴切——海德格尔是一位“诗人哲学家”。

海德格尔的生活，大抵也体现出“诗哲”品格。笔者曾见过一组海德格尔晚年相片，摄的是黑森林深山中一间孤独的木屋和海氏在那里的日常生活场景。那风光，那路和屋，风雪和草木，白云和蓝天，特别令我心驰神往，觉得委实是一个诗意地运思的场所。2000年9月29日下午，笔者前往托特瑙堡访问海德格尔的小木屋。托特瑙堡距弗赖堡城近一小时车程，是一个四面环山的村庄。村庄上端有一条路现在已经被命名为“海德格尔路”，沿这条路上行，需要穿过一片无路的草地才能达到山腰上的海氏木屋。小屋如今当然是一座空屋了，只有屋旁的水槽仍在滴着一缕清泉。而下面的托特瑙堡村庄倒是越来越闹猛了，已经变成了一个颇有规模的旅游度假村。同行的黑尔德教授曾在20世纪四五十年代访问过海德格尔的木屋，据他说，当时从海氏木屋往山下看，只能见到一户人家的房子，现在则可见十几户；当时村子里甚至没有可以供汽车通行的路，现在则是通衢了。想来若海德格尔还在人世，也未必愿意住那里了。

也许正是在那里，在那群山深处杳无人迹的林中路上，在那座或风雨飘摇或阳光沐浴的小木屋里，海德格尔把思想当作写诗，把写诗

① 本文原载《读书》，北京：生活·读书·新知三联书店，1991年第4期，署名白波。收入本书时作了大幅度修改，几近重写。

当作悟道，于是才有了他诗意盎然的《林中路》《在通向语言的途中》《荷尔德林诗的阐释》等诗学名作，也才有他独具一格的吟咏——《从思想的经验而来》。

我们这里译读的是组诗《从思想的经验而来》。这组诗吟成于1947年。《从思想的经验而来》(*Aus der Erfahrung des Denkens*) 印有单行本，后收入海德格尔《全集》第十三卷（美茵法兰克福1983年）。英译文以“作为诗人的思想家”(The Thinker as Poet) 为题载于《诗、语言、思》(D.F. 克莱尔等译，纽约1971年)。据我们所知，除本文译解的这组诗外，海德格尔还作有另一组诗《所思——致吾友勒内·夏尔》(作于1970年，次年以德法文对照形式发表)，后也收在《全集》第十三卷中。标题已经挑明了这诗出于“思”，是“思”之“诗”。

道路和掂量，
阶梯和道说
达于独有之行。
无碍无顾
走你孤独之路
去担当缺席和追问。

这是序诗，隐约显出了一个遁入山林的思者形象。看来海德格尔是认了命。思想的事情往往是，思想者作运思的追问愈深、愈远，他也就愈不能发现同道中人，也就愈有入于荒野丛林的寂寥感。真正的思想家终归孤寂，因为他们敢于大胆冒险，先行探入人类精神和文化的遮蔽源头。

况且，思想家海德格尔又生活在这样一个时代里，这个时代被称为“现代”，所谓“新时代”(Neuzeit)，它在本质上已进入“黑夜”。组诗第一首这样写道：

世界黑夜从未通达
存在之光。
对于诸神
我们来得太迟，
对于存在
我们来得太早。
方兴未艾
存在之诗是吾人。

“我们”是置身于这个“新时代”的人们。而所谓“新时代”未必就比旧时代更光明些，更在白昼中；恰恰相反，这个“新时代”被称为“世界黑夜”（Weltnacht）的时代。之所以黑夜，之所以了无光亮，乃是由于上帝的“缺席”。我们知道，这既是诗人荷尔德林的诗意经验，也是哲人尼采的思想经验。在今天，到处都在议论尼采的命题“上帝之死”，甚至于在东方世界。因为已经变成了一种流行的口号，这个命题就不免轻浮起来。也许我们东方人对于尼采的“上帝死了”的叫喊终究不会有切肤的同情？或者，“上帝之死”实际上已经成为一个世界事件？对于西方世界来说，上帝的在或不在是性命攸关的事情，因为上帝乃是世界的光源，只有上帝能说“要有光……”海德格尔就此有一番解说：“上帝之缺席意味着，不再有上帝可见地和明确地把人和物聚集到它那里，并且由于这种聚集把世界历史和人在其中的逗留嵌合起来。但在上帝缺席这回事上预示着更为恶劣的东西。不光诸神和上帝逃遁了，而且神性的光辉在世界历史中也已黯然熄灭。”[1]

“我们”正处于神祇远遁、神圣者消逝，同时“存在”的光亮又蔽而不显的“世界黑夜”的“贫困时代”里。可见现代人落入了一个左

① 海德格尔：《林中路》，美茵法兰克福，1980 年，第 265 页。

右不是的夹缝里，貌似富态，实则贫困潦倒，并且于自身的贫困潦倒还毫无自觉。这一现代生存处境乃是一个危险的深渊。现代人必得承受这个深渊，但同时需要有勇于先行入于此深渊的人。而在这个普遍麻痹不觉的时代里，谁还敢于挺身冒险，入于深渊去识破时代之贫困的真相，去探索世界的光亮本源呢？

唯有“我们”中的诗人和思想家。海德格尔借荷尔德林的诗意经验把诗人的使命规定为对“神圣者”的命名。“在贫困时代里作为诗人意味着：吟唱着去摸索远逝诸神之踪迹。因此诗人能在世界黑夜的时代里道说神圣者。”[①] 诗人首先敢于大胆冒险入于深渊。唯诗人才能道说“神圣者”。在海氏看来，荷尔德林是这个贫困时代的诗人的“先驱者”，如特拉克尔和里尔克也可列入担负起本真使命的诗人行列。另一方面，海德格尔把思想家的使命规定为对“存在”的道说。这种道说也是对“神圣者之维度”的指示，因为在海氏看来，“神圣者”只有在“存在之澄明”中才能显露出来。在这个意义上，诗人与思想家互为近邻，相亲相爱。诗人吟唱“神圣者”，思想家思入“存在之澄明”，两者都指向神性的光辉——“方兴未艾，存在之诗是吾人！”运思本就是作诗。“存在之诗”即“存在之思”。

歌唱与思想同源
都是诗的近邻。
它们出自存在
通达存在之真理。
其亲缘关系令人想起
荷尔德林对林中树的吟咏：
“林中树木巍然矗立，

① 海德格尔：《林中路》，美茵法兰克福，1980 年，第 268 页。关于海德格尔和荷尔德林的“神圣者”言说，可参看本书中的《神圣者的踪迹和思想的虔诚》一文。

长相毗邻却彼此不识。”

海德格尔关于“诗、思合一”的思想并不是一个轻佻的浪漫主张，而是预示着西方文化的一个重要动向。我们看到，在后海德格尔的当代西方思潮中，诗与思、文学与哲学之间的界限正在得到消弭，或者说，两者之间的关系正在得到重构。这无疑可以被视为海德格尔思想努力的一种继续。这一点大有深意。思与诗的分野乃是西方传统文化中的一个基本分别。“思”是哲学和科学的事业，是知性和逻辑思维；而“诗”即文学则属于感性、情感和想象的领域。西方传统主流文化大体上是一种抑“诗”扬“思”、抑“感性想象”而扬“知性逻辑”的文化。诗的处境向来就不妙。柏拉图早就把诗人逐出了他那个以哲学家为王的“理想国”。在近代率先为诗辩护的意大利思想家维柯把他生活的时代（17—18 世纪）为“知性时代”，认为科学时代已经不可能孕育伟大的诗和诗人。老黑格尔也在 19 世纪作出一个判词：艺术的黄金时代一去不复返了。

那么，在西方传统中，“思想”的方式应该是十分发达的了？而海德格尔却断言：“我们从未通达思想。”可见海德格尔所说的“思想”与人们一般理解的思想（思维）是大异其趣的。科学向来是格物致知的明晰的思想方式，但海氏却说“科学并不思”；哲学向来就是严格思想的领域，但海氏却认为它是趋迫思想的“三大危险”中“恶劣而糟糕的危险”：

三大危险趋迫着思想。
美好而有益的危险
是吟咏诗人之切近。
不祥而最激烈的危险
是思想本身。
它必须反抗自身而思，

却难得这般行为。
恶劣而糟糕的危险
是哲学方式。

海德格尔眼中的“思想”究竟是何种思想呢？它何以与传统的哲学和科学的思想相区别？这个问题复杂，我们这里只能作简化的了解。在海德格尔的“思想”中始终贯穿着一个基本区分，所谓“存在学差异”，即“存在之为存在”与“存在者之存在”的差异。此处所谓“存在学差异”还不能像人们通常所误解的那样，干脆简化为“存在”与“存在者”的差别。在海德格尔看来，传统哲学和科学都只是对“存在者之存在”的认识和言说，只是一种知性逻辑上的“知”和“说”，都没有能够进入“存在之为存在”的境界。“存在学”按本义讲就是“存在之学”，讨论的是“存在之为存在”；但传统存在学却坚持在逻辑层面上说“存在者之存在”，遂误入歧途。

换言之，传统存在学（形而上学）虽然早就有形上、形下之分，却并没有真正坚持“存在学差异”，根本上是不分“存在本身”与“存在者之为存在”的，或干脆就把“存在本身”也当作一个“存在者”来加以“知”和“说”了。一旦在逻辑水平上“说”“存在”，就只可能把“存在”当作一个在者事物了。这样“说”来“说”去，仍旧是“说”着“存在者”及其存在而已，诸如“理念”“最高实体”“上帝”“绝对精神”之类，都是“存在者”种类而已。所以，传统形而上学的历史就是一部“存在之被遗忘状态”的历史。

海德格尔在前期的《存在与时间》中端出了一个存在学重建方案，他的基本思路是：从“此在”这个别具一格的存在者的存在入手来追问“存在之为存在”（“存在本身”）。这条思路的主体主义特征是显而易见的。正因此，自20世纪三十年代以后，海德格尔改弦易辙，实施了一个著名的思想“转向”：不再从“此在”（存在者之存在）出发进行追问，而是要倒转过来，从“存在之为存在”——“存在本身”、“存在之真理”——出发来思存在。这才是源始意义上的“存在之思”，是对“存在本身”的要求的响应：

凡吾人内心的勇气
无非是一种回响
源出于存在之要求，
它把我们的思想
聚集入世界游戏。
万物在思想中
呈独一容缓之态。
忍耐培育雅量。
有伟大之思者，
必有伟大之迷误。

这种“存在之思”仍然可以对应于前期海德格尔生存论存在学中的“存在之悟”。若按通常的做法把人的心灵活动分为知、情、意三维，则海德格尔前期的“悟”或者后期的“思”都不能属于这三维中的任何一维。它是未分化的心智的源始整一性，是人类源始整一的活动方式，是知、情、意这些分化了的心智活动维度所从出的源始统一体。凭这种“悟”或“思”，人才可能臻至“存在”的境界即超越境界。这种“存在之悟”或“存在之思”是诗性的，尽管“思想”的诗性久已横遭知性科学的挤迫和掩盖——

思想的诗性依然蔽而不显。
思想的诗性彰显之际
有如半诗歌之智性虚幻

久而久之。
而运思之诗
实为存在的地志学。
它以存在的真实到场
道说存在之行止。

“运思之诗”是“存在的地志学”。在海德格尔后期思想中，这里所谓“地志学”（Topologie）是一个十分重要的词语，差不多可以代替他前期哲学中的“存在学”（Ontologie）概念。如果说在海氏前期的“存在学”中重要的是“时间”问题的话，那么，我们或许可以说，在海氏后期的“地志学”中，重要的就是“空间”问题了。所谓“地志学”是对“位置”和“地方”（Ort，Ortschaft）的“探讨”。而“探讨”本就是一种“定位”（erörtern），一种“勘探”。作为“存在的地志学”，“运思之诗”跟踪、记载、揭示“存在”的位置和动态，探讨“存在”的踪迹和行藏，从而把存在之天命的消息传达出来。

海德格尔后期思想的“地志学”特征主要表现在：对存在的历史性“位置”的探讨以及对人的栖居“地方”的指示，成为海氏思想的一个核心题目。在这个意义上，我们就可以理解，为什么海德格尔把思想的任务规定为向“存在之近邻状态”的漫游，把存在规定为“最切近者”（das Nächste），把人规定为“存在的邻居”，而把存在与人的关联规定为“切近本身”（Nähe selbst）。[①] 同样，我们也可以看到，当海德格尔用“道路”和“开辟道路”来标识作为“道说”（Sage）的语言的展开，并且把作为道说方式的诗与思的关系规定为“近邻关系”时，当海德格尔用“地带”（Gegend）来命名“天、地、神、人”“四重整体”的世界区域，并且把世界的“映射游戏”规定为“切近之近化”

① 海德格尔：《路标》，《全集》第九卷，美茵法兰克福，1996 年，第 331—332 页，第 342—344 页。

（das Nähern der Nähe）时，[1] 他都是在作一种“地志学”意义上的“存在之思”。

哲学和科学的知性方式与诗性的“存在之思”是格格不入的。海德格尔以为，在通向“存在之思”的道路上，我们首先需要限制知性哲学的思维方式，“退遁出哲学之范围”，自觉到我们的“知”的局限，体察到我们的语言的界限，然后才有可能正视思想的事业：

唯当其无能于道说
那必归于无言之事，
思想的道说
才安于其本质。
这种无能将带领思想
正视其事情。
无论在何种语言中
达乎言辞所说者
终非所道说者本身。
彼乃一种思想
每每出乎意料，
何种惊奇究其玄奥？

海德格尔曾经多处讲到“思想”和“道说”的“无能”。对于这种“无能”，海德格尔有时也用“赤贫”（Armut）一词来加以描绘，并且曾以此为题作过一个专门演讲。[2] 海德格尔也说过，“思想要下降到它

① 参看海德格尔：《在通向语言的途中》，《全集》第十二卷，美茵法兰克福，1985 年，第 227 页以下；以及海德格尔：《演讲与论文集》，《全集》第七卷，美茵法兰克福，2000 年，第 165 页以下。

② 参看海德格尔：《赤贫》（1945 年演讲），载《海德格尔研究》第十期，柏林，1994 年，第 5 页以下。

暂时的本质之赤贫中去”。[①]“无能”也罢，“赤贫”也罢，海德格尔的用心都在于倡导“思想”的谦恭和虔敬本色。“思想”及其“道说”必安于微薄，守于纯朴。也正是在这个意义上，海德格尔可以把“思想”理解为一种“谢恩”(Dank)，一种“归功”(Verdanken)。而在我们这个仓皇时代里，谁人能究这样一种赤贫“思想”的玄奥?

“运思者越稀少，写诗者越寂寞。”海德格尔，这位西方世界的世纪智者，在充满歧途的“林中路”上孜孜探索，以求解技术时代的人类精神和文化的病根，并且以诗意蓬勃的玄奥运思，以关于天地化生，“天、地、神、人”辉映合一的世界理解，表达和实践了一种具有质朴品格的“谢恩”之思——

森林伸展
溪流欢腾
岩石持存
雾霭弥漫。
草地期候
泉水涌流
山风盘桓
祝祷冥思。

这是海德格尔《从思想的经验而来》末尾一阕。德文原诗就作得如此简单笔直，对拼音文字来说这是不容易的。而其中传达出来的自然而幽远的诗情和思趣，更是不可多得的了。

① 海德格尔：《路标》，《全集》第九卷，美茵法兰克福，1996年，第364页。

神圣者的踪迹和思想的虔诚[①]

在我们这个媒体技术时代里，人把自己记录下来、传诸后世的方式也丰富多样了。以前只有书籍，主要是文字；现在除了文字外，还有图像和声音。人身上有形的和无形的东西，如今都可以直接录制在一种肉眼看不见的叫电子的物质上面，而且可以无限地复制。从前因为只有文字可以让人露脸，所以会写字的人就差不多垄断了历史；现在好了，有了电子媒体，不会写字的人也可以把自己记录下来，张扬开去，而且可以弄得比文字更有声色。因为声、色比文字更直接、更光彩，所以现在会写字的人们往往也喜欢做一点电子。总的说来，文字变得越来越无力了。没理由说这事情有什么不好的。但我们或许应该考虑一下：在文化中，文字、图像和声音，到底有怎样的关系？对于人类生活来说，图像和声音的显突将会有何种后果？以后到底会怎么样？我们还要不要写字？

这些个问题就放在这里。之所以特别想到这些，是因为我最近购得两盒海德格尔的碟片（CD）。海德格尔是思想家，是写字的，留下来也许太多的文字。我在弗赖堡大学附近的一家书店里找书，却找到了海德格尔的三张碟片，价格有一点变态，就只买下来两张。当时捏在手里，感觉就有些怪异了，也就想到了文字与声音，以及其他。这么多年来都在读海德格尔写的文字，现在听到他本人留在电子上的声音，却是有一点点失望。我思忖，可能这声音是有一种“解魔”作用的，可以解文字的“魔”。这也不是坏事罢。

① 本文初稿作于2000年5月26日海德格尔忌日，2000年11月11日改定于德国伍泊塔，未发表过。

这两张 CD 都与诗人荷尔德林相关。其一是海德格尔 1959 年在慕尼黑作的演讲“荷尔德林的天空和大地”；其二是“海德格尔朗诵荷尔德林”，是海氏 1963 年为德国冈特·纳斯克出版社录制的。海德格尔在世时应该还没有 CD 这种东西，而只有录音磁带。可见这两张 CD 是新做的，是从磁带翻录来的。不知道海氏当时有没有想到，后人将不断通过翻新的技术手段把他的声音传载下去？

本文其实就是想谈谈海德格尔与荷尔德林。恰好这两张 CD 的有关文字都收在海德格尔的《荷尔德林诗的阐释》一书中了，而这书已经被我翻译成了中文。[①] 译完这本书之后，我一直想就“海德格尔与荷尔德林”这个题目再写些什么，虽然在别处已经有过一点描写，但总觉得言不达意或者意犹未尽似的。[②] 现在有此契机，不妨再来试试，或者也可以算一个补充。

众所周知，海德格尔对诗有大热爱，也有许多诗论，在欧洲思想家当中实属罕见。但或许外语能力有限，或者出于个人喜好，海氏多半关心了一些古希腊的和德语的诗人。希腊诗人如荷马、索福克勒斯和品达等，德语诗人如荷尔德林、海贝尔、特拉克尔、里尔克和格奥尔格、伯恩、保罗·策兰等。这些是海德格尔喜欢过的诗人。不过，海德格尔的兴趣也可谓专一了，唯以荷尔德林为最爱。1934 至 1944 年十年间，在那个战争恐慌时期，除了写《荷尔德林诗的阐释》这个集子中的主要篇目外，海德格尔还在弗赖堡大学开设了多个学期的专题讲座，讲授荷尔德林的《日耳曼尼亚》《莱茵河》《追忆》《伊斯特河》等诗作。有时候甚至一个学期只讲解一首诗，这样的功夫实在了得。这些讲座现在均已收入海氏《全集》中，且已全部出版（《全集》第三十九、五十二、五十三卷）。及至五六十年代，还有我们上面讲到的

---

① 海德格尔：《荷尔德林诗的阐释》，孙周兴译，北京：商务印书馆，2001 年版。

② 参看拙著《说不可说之神秘——海德格尔后期思想研究》，第三章第三节，上海：上海三联书店，1994 年版。

相关报告和唱片等;1968 年，近 80 岁的人了，海德格尔还在阿姆利斯维尔作一个报告，讲“诗歌——荷尔德林”。

1966 年 9 月 23 日，在他那间托特瑙堡小屋里，海德格尔接受《明镜》杂志记者的采访，其间也特别地赞美了荷尔德林，并且说自己的思想与荷尔德林的诗歌处于“非此不可的关系”中。[①] 海氏说，他不是出于诗情画意才对荷尔德林发生兴趣的，也不是要对荷氏诗歌作一种文学史的专业研究。他之所以要关心荷氏诗歌，是出于“思想的必然性”，或者可以说是“天命”使然，所以是“非此不可的”了。在别的地方，海德格尔也曾把自己对荷尔德林诗的阐释活动定性为“一种思与一种诗的对话”。[②]

在汉语学界，主要因为海德格尔的关系，“思想”与“诗歌”两个词现在经常被缩写为“思”与“诗”。我自己也常这样处理。虽然未必非如此不可，但有时候这样单写也确实很意味。“思想”与“诗歌”当然是属人的。人在海德格尔这里被叫作“终有一死者”。而在“终有一死者”当中，海氏又特别指出两类人，即“思想者”和“作诗者”。我想这并不完全是一个精英主义的想法，不是说除了思想家和诗人之外，其他人都不算人了。这是按可能性来讲的。这就是说，人人都有成为“思想者”和“作诗者”的可能性，或者更应该说，人人都有“思想”和“作诗”的可能性，都有这种能力。反过来讲，有些人把“思想”和“作诗”当作职业来操办，倒也未必表明他们在这两方面真有特别的本事。总之，人有这两种可能的存在方式：“思”与“诗”。

这是怎样一种“对话”呢？我们还可以从上述 CD 讲起。在 1963 年录制的那张唱片中，海德格尔朗读了荷尔德林的下列十首诗：《激

① 海德格尔：《只还有一个上帝能救渡我们》，熊伟译，载《海德格尔选集》下卷，孙周兴选编，上海：上海三联书店，1996 年版，第 1312 页。这个谈话现在也被收入海德格尔：《讲话与生平见证》，《全集》第十六卷，美茵法兰克福，2000 年，第 652 页以下。

② 海德格尔：《荷尔德林诗的阐释》，美茵法兰克福，1996 年，第 7 页。

励》《漫游》《返乡》《和平庆典》《伊斯特河》《什么是神?》《什么是人类生活?》《但在茅屋中居住》《犹如海滨》《故乡》等。这十首都是有名的好诗。对于其中《返乡》《伊斯特河》等几首，海德格尔还作过专题的长篇阐释。而在念这些诗之前，海氏还读了一个“前言”。这个“前言”后来也放在新版《荷尔德林诗的阐释》一书的后面；在我看来，它的确也具有某种总结的意义。海德格尔劈头就来了这么一句：“对我们来说，荷尔德林的诗乃是一种天命。这种天命期待着终有一死的人去响应它。荷尔德林的诗道说什么呢？他的诗的词语是：神圣者。”[①] 话有点玄奥，却是海德格尔对于荷尔德林诗歌长达几十年的沉思和阐释的基本结论。接下来，海氏为我们提炼出荷尔德林诗歌中的三个“主导诗句”：

“万物亲密地存在。”
“我如何表达谢恩?”
“要在深刻地考验之际去把握。”

这些都是令人费解的。让笔者试着来解说一下。首先是海德格尔所谓荷尔德林诗的唯一词语：“神圣者”。海德格尔有一个顽固的想法：凡诗人写诗，一生其实只写一个词语，例如这位荷尔德林，毕生吟咏，唯“神圣者”（das Heilige）一词而已。这个 das Heilige 自然也可以译为“神圣”，而且听来似乎更雅些，但后者在有些语境里让人分辨不出是形容词还是名词，所以我们干脆老实点，译之为“神圣者”。我们知道，海德格尔也说“存在”（Sein）是他自己思想的唯一词语；他也曾有言：“思想家道说存在，诗人命名神圣者。”[②] 可见这里要紧的是两者之间的关系：作为思想的基本词语的“存在”与作为诗歌的基本词语的

① 海德格尔：《荷尔德林诗的阐释》，美茵法兰克福，1996 年，第 195 页。
② 海德格尔：《路标》，《全集》第九卷，美茵法兰克福，1996 年，第 312 页。

“神圣者”的关系。我们从“神圣者”角度讲下去。

“神圣者”是什么？是谁？我们会说上帝是神圣的。当我们说决心献身于人类的神圣事业时，我们大抵是在作比喻。一般情况下，我们只把上帝和神性者，即所谓“非凡的东西”，称为“神圣者”。然而在海德格尔这里，事情还没有如此简单。在他的语言用法中，“神圣者”(das Heilige)、“神性”(Gottheit)、“诸神”(Götter) 和“上帝”(Gott)，都不是可以等同起来的名称。若再加上他所思的“存在”，情况就愈加复杂了。海德格尔曾有这样的说法：

但唯有神圣者才是神性的本质空间，而神性本身又只允诺诸神和上帝之维度；唯当存在本身首先而且在长期的准备中已经自行澄明，并且在其真理中被经验了的时候，神圣者才得以显露出来。[①]

由此可见，在海德格尔那里，“存在”“神圣者”“神性”“上帝”和“诸神”差不多有一种“层次”或“等级”关系，至少是有区分的，而不是可以含含糊糊混杂起来的。这一点需要特别注意，要不然就容易简单化，把海德格尔处理为一个单纯的基督教神学家类型。

我们当然可以在海德格尔那里讨论神学和信仰的问题，而且实际上已经被讨论得很多了。但在作这种讨论时，我们须留心海氏有关思想的复杂性。这种复杂性表现得很复杂。有论者克特林（E.Kettering）概括了人们在讨论海德格尔思想中的上帝问题时碰到的八个“困难”。[②]我们把他的概括再概括一下，放在下面：

1. 海德格尔有神学出身，后来越来越脱离了神学，但到底脱离到何种程度，却是难说的了，因为正如他在回顾自己的思想道路时所说的：“来源本身始终是将来。”[③]

---

① 海德格尔：《路标》，《全集》第九卷，美茵法兰克福，1996 年，第 338、339 页。

② E. 克特林：《作为神圣者经验空间的切近》，载珀尔特纳［G.Pltner］编：《追寻神圣者的踪迹——海德格尔对上帝问题的贡献》，维也纳、科隆，1991 年，第 11 页。

③ 海德格尔：《在通向语言的途中》，《全集》第十二卷，美茵法兰克福，1985 年，第 91 页。

2. 至少在海德格尔生前出版的文字中，我们看到他对于上帝问题的沉默，但在《明镜》杂志的采访谈话中，他却又说“只还有一个上帝能救渡我们”。

3. 海德格尔一方面与尼采“上帝死了”的命题相连接，并且把此命题解释为关于久已起着支配作用的虚无主义的论断，另一方面他又要与荷尔德林一道期备上帝的一种新的到达。

4. 海德格尔明确地拒绝所谓的“哲学家的上帝”（对作为第一因的上帝的形而上学理解），但他又要求有一个人们能为之祈祷和供奉的“更具神性的上帝”。

5. 海德格尔既不赞成一神论和泛神论，也不赞成无神论，他也没有在希腊“诸神”与基督教“上帝”之间作出选择，相反地，他把自己的思想称为“脱神的思想”（gott-loses Denken）。[1]

6. 对神圣者的命名（以及把它传达给民众）是诗人的任务，而不是思想家的任务，后者的任务对神圣者的“定位”，指示“神圣者的维度”。

7. 海德格尔把上帝问题与存在问题严格区分开来，但又把神性之物归于作为“天、地、神、人”“四重整体”的存在。

8. 上帝问题在海德格尔那里被整合到普全的存在问题之中了，也就是说，只有存在问题得到廓清后上帝问题才能得到裁定，但另一方面，存在问题本身已经沦于被遗忘状态，因此首先必须重新被提出来。

实际上，上述8点也已经把海德格尔在神圣者问题或者上帝问题上的基本思想呈现了出来。毫无疑问，海德格尔在这个方向上的思想留给我们的是一个巨大的阐释空间，具有各种阐释可能性。我们固然也可以说海德格尔在上帝问题上的言述含有自相矛盾的地方——在这个时代里运思，矛盾大概总是难免的了。但在我看来，这里仍然可以

① 海德格尔：《同一与差异》，弗林根，1957年，第65页。

确定几个基本点：首先，海德格尔要求自己的思想成为一种超越有神论和无神论的思想；其次，但这不等于说，思想可以放弃神圣者问题和上帝问题，相反，思想必须更深入地思及神圣者；再次，这种更深入的思想必须是存在的思想，换言之，必须从存在问题出发来思神圣者问题和上帝问题。正是在这个意义上，海德格尔才说：

> 唯从存在之真理而来才能思神圣者之本质。唯从神圣者之本质而来才能思神性之本质。唯在神性之本质的光亮中才能思、才能说“上帝”一词所要命名的东西。……如果存在之敞开域没有被澄明而且在存在之澄明中切近于人的话，那么，这个神圣者的维度作为维度甚至就依然被锁闭着。也许这个世界时代的特征就在于美妙者之维度的被锁闭状态中。也许这就是唯一的不妙。[1]

有趣的是，德语中的“不妙”（Unheil）与“神圣者”（Heilige）有着共同的词根。因为“神圣者维度”的被锁闭状态，才有时代的“不妙”。海德格尔对这个“不妙”时代的诊断显然是与哲学家尼采的思想和诗人荷尔德林的作诗联系在一起的。特别是在 20 世纪三十年代中期至 40 年代中期，尼采和荷尔德林成了海德格尔思考的两个重心。在他看来，尼采的基本命题“上帝死了”就是宣告了虚无主义时代的到来。而荷尔德林诗歌的基本经验则是“诸神的逃遁”和“上帝的缺席”。这种经验包含在荷尔德林 1800 年以后的几乎所有伟大诗篇中，特别是那些后期颂歌和哀歌，如《日耳曼尼亚》《莱茵河》《面包和美酒》《如当节日的时候……》《追忆》《还乡》《希腊》和《伊斯特河》等诗作。我们看到，海德格尔对荷尔德诗的阐释工作的重点也是在这些诗作上的。

---

① 海德格尔：《路标》，《全集》第九卷，美茵法兰克福，1996 年，第 352、353 页。

在荷尔德林那里，“神圣者”绝不只限于“神性之物”（诸神和上帝），不只是“神性之物”的一个形容词，而是“神性之物”的一个更广大的维度。在《如当节日的时候……》一诗中，荷尔德林说“神圣者”是高于诸神和人类的，而且“比时间更老”。在《还乡》一诗中，荷尔德林又把“神圣者”称为“至高者”“法则”。“神圣者”是“神性”的本质空间。显而易见，上述海德格尔关于“神圣者”“神性”和“诸神”之层级关系的思考，是以荷尔德林的诗意经验为基础的。

荷尔德林把这个以“诸神逃遁”和“上帝缺席”为标识的时代命名为“世界黑夜”（Weltnacht）。这当然是一个比喻了。这个比喻包含着一种“辩证法”：“黑夜”是白昼的缺失，标志着诸神的不在场或者无神状态；但“黑夜”的遮蔽也是一种庇护、守护，是对白昼的准备，是对诸神的到达或者逃遁的决断时刻。可以说，“黑夜”同时标志着诸神的不在场与诸神之不在场的在场。因此，荷尔德林也把“黑夜”称为“神圣的黑夜”。以海德格尔的解释，因为“诸神逃遁”和“上帝缺席”，这个作为“世界黑夜”的“贫困时代”就处于双重的“匮乏”中：逃遁了的诸神的“不再”和将来的上帝（神性之物）的“尚未”。现代人就处于这种“不再”与“尚未”之间。这个“之间”就是现代人的处境。

不过，海德格尔与荷尔德林都没有绝望的念头。“永恒心脏坚如磐石”——这是诗人荷尔德林的信念，也是思想家海德格尔的信念。以这样一种信念，荷尔德林在《面包和美酒》一诗中宣告了“将来的上帝”。而海德格尔在 20 世纪三十年代的《哲学论稿》中也讲到“最后的上帝”，并且把它与他的“本有”（Ereignis）之思联系起来；在同期的手稿《沉思》中，海德格尔又有“尚未显现、但已经得到宣告的上帝”的说法。[①] 问题在于：荷尔德林的“将来的上帝”是谁？海德格尔

---

① 海德格尔：《沉思》，《全集》第六十六卷，美茵法兰克福，1997 年，第 12 页。

的“最后的上帝”又是谁？两者之间又有什么关系？两者是否同一？两者与基督教的上帝又有什么关联？等等。这些问题太难，我们只能摆在这里了。

最后我们还可以简解一下海德格尔所讲的荷尔德林诗的三个“主导诗句”。第一个“主导诗句”是：“万物亲密地存在。”这个诗句见于荷尔德林《形态与精神》一诗草稿。[①] 其中说的是“万物”，关键却在“亲密地”。以海氏解释，这个诗句说的是“诸神与人类，大地与天空”处于一种相互“归本”或“归属”的一体关系中，处于一种“亲密性”（Innigkeit）中。但这种“亲密性”不是消灭差别，不是无区别，而是有区分的，是“亲密的区分”，是差异化的一体运作。可见，荷尔德林的这个主导诗句其实说的是“世界运动”，用海德格尔的话来说，就是“四重整体”的“世界游戏”。这显然更多地是海德格尔的意思了。但即使没有海德格尔的解释，我们也不难见出荷尔德林这个诗句的“存在学的”意义。

第二个主导诗句是一个问句：“我如何表达谢恩？”这个诗句见于荷尔德林《返乡》一诗的最后一节。我们可以把相应的两个诗句引在这里：

> 当我们就餐时祈祷，我能呼谁的名字？
> 当我们忙完一天生活，你们说，我如何表达谢恩？

这里的难点是对“谢恩”（Dank）的理解。海德格尔为我们给出了一个玄怪的解说：“谢恩乃是畏缩地尊重着、谐调着的追忆，对被维护的东西的追忆，哪怕它只是一个标志，标志着那种切近，那种与保护我们的诸神之逃遁的切近。”[②] 这话不好懂，我们只能按字面译在这里。

---

① 荷尔德林：《全集》第二卷，斯图加特，1953 年，第 322 页。

② 海德格尔：《荷尔德林诗的阐释》，美茵法兰克福，1996 年，第 196 页。

大概依照海德格尔的想法，荷尔德林这个诗句道出了诗人的使命（天职）。作诗就是“谢恩”，就是“吟唱着去摸索远逝诸神之踪迹”，因此就是一种对神圣者“追忆”，对神性的“思念”。

第三个主导诗句说：“要在深刻地考验之际去把握。”这个诗句见于荷尔德林《和平庆典》一诗第五节。海德格尔对此诗句的解说仍然很简约，颇令人费解：“考验必须透彻。必须使固执之心屈服，使之消隐。沉思和思想的责任只有一个，即先于作诗进行思考，以便进而能在作诗面前后退。”① 什么意思呢？我想，海德格尔大约以为，荷尔德林这个诗句道出了诗与思、诗人与思想家的关系，或者可以说，它道出了“思想的责任”。诗人道说神圣者。但对于自己道说出来的东西的真理性，诗人们本身是不能轻松地独自把握牢的，所以就要求助于“他人”，而且特别是要求助于“他人”中的“思想者”——“必须首先有思想者存在，作诗者的话语方才成为可听闻的”。② 思想家思考诗人们诗意地道说出来的“隐匿着的切近之神秘”，所以思想家的“把握”是“对诗人的追忆”。这差不多就把诗人与思想家的任务和关系摆明了。

海德格尔一生都在追忆诗人荷尔德林。这是一种至死不渝的“追忆”。1976 年春天，去世前不久，海德格尔亲笔记下一个“遗嘱”，要求其子海尔曼·海德格尔在他的葬礼上“缓慢而素朴地诵读”他亲自选好的荷尔德林的五段诗句。这五段诗为：《面包与美酒》第 4 节第 5562 行；《致德国人》第 12 节；《和解者》第 113 行；《泰坦》第 13 行；《面包与美酒》第 3 节第 4146 行。据现有材料看，这个题为“荷尔德林语录”的遗嘱应该是海德格尔留下来的最后一篇文字了。③

没过几个星期，海德格尔就伴着荷尔德林的诗句长眠于家乡的大

① 海德格尔：《荷尔德林诗的阐释》，美茵法兰克福，1996 年，第 196 页。

② 同上书，第 30 页。

③ 参看海德格尔：《讲话与生平见证》（1910—1976 年间），《全集》第十六卷，美茵法兰克福，2000 年，第 749 页以下。

地上了。荷尔德林，这位被哲学家狄尔泰称为“一种更纯粹、更和谐的人类品格之化身”的伟大诗人，这位被诗人斯退芬·格奥尔格为“德意志未来的界石和新上帝的召唤者”的神圣歌唱者，不但是近邻于“诗”而“思”的海德格尔的毕生钟爱，最终也成为这位虔诚的思想家的终极慰藉。

作为本文的结尾，最后也让我们来听听荷尔德林的哀歌《面包和美酒》第七节：

可是朋友！我们来得太迟。虽然诸神尚存，
却超拔于顶端云霄在另一世界中。
它们在那里无休无止地运作，似乎很少关注
我们生存与否，其实天神多么垂顾我们。
因为一个脆弱的容器并非总能把它们装盛，
只是偶尔，人能承受全部神性。
于是生活就是对诸神的梦想。但迷乱
就像微睡一样有益，困顿和黑夜使人强壮，
直至英雄在铁制摇篮里茁壮成长，
心灵一如往常，具有类似天神的力量。
然后诸神隆隆而来。这期间我常常觉得
沉睡更佳，胜于这样孤独无伴，
胜于这样苦苦期待，而我又能做什么说什么
我全然不知，在贫困时代里诗人何为？
但是你说，他们就像酒神的神圣祭司，
在神圣的黑夜里迁徙，浪迹各方。

奥斯维辛之后思想的责任[①]

在汉语学界，最早大约是在1982年，熊伟先生发表了一篇文章，题为“海德格尔是一个哲学家——我的回忆”，首次比较详细地介绍了海德格尔在20世纪30年代纳粹时期的政治参与的情况。[②]最近几年里，国内学界闹出了一场不大不小的“海德格尔热”，国外吵得纷纷扬扬的所谓“海德格尔事件”（即“海德格尔与纳粹主义”），也自然成了中国学人关注和讨论的一个话题。这个话题当然是重要的。20世纪最大的思想家与20世纪最大的政治事件之间的关系，确实是一个令人吃紧的问题。

讨论这样一个严重的话题，我以为首先要有一种严肃的态度，占有基本的材料。令人遗憾的是，国内有一些议论是比较随意的，道听途说的不少，不实之词也有一些。例如，国内有一种说法：海德格尔是因为30年代在政治上受挫、“仕途失意”以后，才在黑森林山上造了一座小木屋，过起了隐居的生活。这是明显的不实之词之一。事实上，海德格尔早在1922年就已经建造了这座木屋，那时候他还在弗赖堡大学当胡塞尔的助手呢，还不是什么显赫的人物。

这还不算严重。更有一位论者，干脆就说海德格尔“在纳粹掌权期间一直是弗赖堡大学的校长”。[③]这个说法就有点不负责任了，没有顾及最基本的事实。对海德格尔的经历和事迹稍有了解的人都应该知道，

① 本文原载广州市社科院主办的《开放时代》，1998年第4期。收入本书时作了补充。

② 见熊伟：《自由的真谛》，北京：中央编译出版社，1997年版。

③ 康正果：《哲人之间的是非与私情》，载《读书》，北京：生活·读书·新知三联书店，1996年第8期，第88页。

他的校长职务是十分“短命的”，1933 年 4 月上任，1934 年 2 月辞职，其间共十个月的时间。

我得赶紧作一个声明：我在这里决不是要扮一回海德格尔的“辩护士”。虽然自己这些年来一直在做一点海德格尔的译介工作，而且我承认自己受到了海德格尔思想的很大影响，但我从来不愿以海氏“信徒”自居。“思想”不是让人“信”的，而不如说，是让人“疑”的。再说了，在我们这个时代里，还有什么东西是不可以怀疑的呢？在我们这个世纪里，海德格尔的思想可能是最值得怀疑的思想之一。我想，也正是因为这个缘故，才会有那么许多人来关心、研究、批判这种思想。至于海德格尔在德国纳粹时期的一些政治行为和言论，当然就更值得深入批判了。但我以为，这种批判和议论应该基于事实，应该持实事求是的态度——要“面向实事本身”，而不能信口开河。

这里顺便也插一句：眼下国内国外都有一些人，好像比较喜欢渲染海德格尔与他的女弟子、著名哲学家汉娜·阿伦特之间发生过的一段恋情，这虽然比较时髦，且有良好的销路，但在我看来，也不能说是一种“面向实事本身”的姿态。

“海德格尔事件”的基本起因，当然是他出任纳粹时期弗赖堡大学校长一职。可以设想，倘若没当上这个校长，作为思想家的海德格尔就会是另一个形象了。虽然只不过是十个月的校长，但对于思想家海德格尔来说，这已经是十分致命的了，真可谓“一失足成千古恨”了。据海德格尔自己的说法，这个校长是大学里的教授们推选出来的，教授们以为作为著名哲学家的海德格尔，可以在当时为保护大学的自由和独立做一点儿工作。海德格尔终于推脱不了，就做了这个校长——好像他是勉强为之似的。校长是大家选出来的，这一点固然没错；但海德格尔的这种说法显然含有一些自我开脱的成分。你一定不干，谁也不会把你怎么的了。

实际上，海德格尔对于这个校长职务是有一定兴趣的，因为他还是很有“哲学王”的心态的，他早就胸怀改造德国大学和德国教育的雄心壮志。早在1919年夏季学期，海德格尔就作过一个讲座，题为“论大学的本质和学术研究”。[1] 在1929年作的教授就职演讲《形而上学是什么?》中，海德格尔也表达了他对科学和大学的状况的思考和忧虑。一般而言，做哲学的人难免自负。海德格尔显然以为，以自己对大学和科学的本质的精深思索，是可以把当时的大学教育好好改造一番的。这种“哲学王”的志向，在我看来至少是海德格尔做校长从而与纳粹运动发生牵连的动因之一。

另外一个重要原因，海德格尔自己也已经招认了：在当时德国社会不妙的政治经济状况下，除了希特勒的纳粹主义，他实在看不到另外有什么出路和希望了。这位对于“存在历史”有深刻洞见的思想家，却在自己民族国家的当前命运的重大问题上犯了迷糊，可以说被他所谓的“存在之命运”玩弄了一把。

既做了一校之长，就必然要做一些校长的事，讲一些校长的话。这位“哲学王”到这个时候就发现，他是难以自说自话，贯彻自己的“理念”的。他改革大学的设想根本就无法实现。最后因为在学校两位院长的人事安排上与纳粹当局发生了冲突，海德格尔愤而辞去了职务。可是，大错已经铸成，海德格尔掌校十个月间所做的事、所说的话，在战后多半就成了政治劣迹和污点。1966年接受德国《明镜》杂志记者采访时，海德格尔曾经道出过自己的一点不满：“我不明白为什么和当时纳粹党的教育部长谈一席话就该受到指责，而所有外国政府却正忙着承认希特勒并给他以国际通行的礼遇呢。”[2] 我不知道海德格尔是不是真的“不明白”，但无论如何，他的这类抱怨和辩解却是十分乏力的。

---

① 讲稿收入海德格尔：《全集》第五十六 / 五十七卷，美茵法兰克福，1987 年。

② 海德格尔：《只还有一个上帝能救渡我们》，熊伟译，载《海德格尔选集》，孙周兴编选，上海：上海三联书店，1996 年版，第 1300 页。

战后直至去世，海德格尔一直对自己在纳粹时期的言论和行为没有做过公开的检讨，就连20世纪六十年代《明镜》记者的这个采访录，海氏也要求在他死后才能予以公布。这是令人不满的。我猜想，海德格尔大概是深知水越搅越浑、丑事越吵越臭的道理的。而且，我们也看到，即便在这个采访中，海德格尔虽有一些自责，但不少地方显然是在搪塞和自我辩护，我们并没有在其中看到痛心疾首的反省。这是作为当代思想家的海德格尔令世人失望的地方。而最为令人不满和痛心的事情还是：海德格尔不但对自己当年的政治言行闪闪烁烁，没有进行深刻的自我批判，而且一直以来对纳粹时期的血腥大屠杀保持了沉默——这就近乎反动了。

海德格尔的这种沉默愈加促动人们把他的政治言行与他的思想联系起来。海德格尔的弟子、哲学家卡尔·洛维特（Karl Löwith）早就在《海德格尔——贫困时代的思想家》（1953年）一书中，提出了这样一个问题：在海德格尔的激进主义、他的解构整个传统的意愿与他的纳粹讲话之间，有没有某种联系呢？也就是说，在海德格尔的反现代主义、死亡哲学、关于“虚无”的思想与他的纳粹参与之间，是否存在着某种联系？洛维特的问题实际上就可以简化为：海德格尔的政治参与（与纳粹运动的牵连）是不是他当时思想的一个必然结果？海德格尔的《存在与时间》是不是一本纳粹主义的著作？我们从海德格尔的“基本存在学（本体论）”中可以找到纳粹主义的精神么？

这也是我个人感到十分困惑的问题。到底应该怎样看待海德格尔20世纪30年代的政治参与？海德格尔的政治参与有没有思想基础？按照法国当代思想家利奥塔（Jean-Francois Lyotard）的看法，我们必须把下面两件事情区分开来：一是海德格尔在1933年和1934年期间卷入纳粹党的活动；二是海德格尔在纳粹大屠杀这件事上一直到死都保持了沉默——持续了40年之久的沉默。前者是一个政治事件，后者则决不是一种政治态度的结果，而更多的是一个思想事件，与海德格尔思想中最基本的东西相关联。利奥塔并且提出了我们在处理这一“双重问题”时应坚持的一个原则：一方面，我们必须承认海德格尔思想的重要性和伟大性；而另一方面，我们必须承认海德格尔与他所谓的“伟大运动”的妥协的严重性，也必须承认他对种族灭绝保持沉默，并不是记忆的错误或小小的缺失的结果。海德格尔的思想是伟大的，但他的政治则是反动的，是可反对的，这是一个矛盾，而关键在于发现其中的内在逻辑。[①]

利奥塔的上述区分貌似悖论，实则公道，至少不是一种非此即彼的线性思维方式。根据这种区分，利奥塔回答了海德格尔思想与纳粹主义的关系问题。利奥塔认为，海德格尔的政治参与，他与纳粹运动的牵连，并不是他当时思想的必然结果，换言之，我们不能说海德格尔的《存在与时间》就是一部纳粹或者原始纳粹的著作，但另一方面，这本书也确实留下了这种牵连的可能性，利奥塔提出的理由是，海德格尔在校长任职期间的政治文本与20世纪二十年代的哲学文本之间有着某种接近，比如在某些术语上的接近。[②]这个理由也正是一些人批评海德格尔的主要把柄。但在这件事上，我认为我们依然不能做过度的联想和推广。如我们所知，海德格尔的《存在与时间》的基本术语与古典哲学的用语并没有太大的差别，诸如“存在”“此在”“实存（生存）”“时间”“世界”等，都还是传统形而上学的术语；只不过，海德格尔在其“基本存在学”分析中引入了诸如“筹划”“沉沦”“烦”“畏”“怕”“死”等日常词语，一定要说这些词语与纳粹主义有着关联，在我看来也是想象力过于丰富了。我们可以说海德格尔的《存在与时间》是一部极端现代主义或主体主义的著作，但似乎还不能说它是纳粹主义的。

① 参看利奥塔：《后现代性与公正游戏》，谈瀛洲译，上海：上海人民出版社，1997年版，第201页。也参看利奥塔：《维也纳和弗赖堡演讲：海德格尔与“犹太人”》，维也纳，1990年，第11页以下。

② 参看同上书，第209页。

有了这种区分，我们就应该对海德格尔的政治参与作一些客观的了解。作为具体社会中的个人，身为哲学家的海德格尔也没有能够形成一道超越当下时代的目光，而倒是形成了一种错误的政治观点，采取了一种错误的政治立场。这是不是也可以理解为一个个体的局限呢？帕斯卡尔曾把人比作一枝在风中飘摇的芦苇。在巨大的社会政治风潮（我们所谓“运动”）当中，个人尤其像风中芦苇一般脆弱不堪，难以把定自己。我们不妨也回头想想我们自己，在新中国成立后的一次次接踵而来的“革命运动”中，特别在“文化大革命”中，又有几人能置身于事外，站在“历史发展”“社会公义”的高度，真正保持着人格上的独立性和政治上的正义性呢？又有几人少喊过“万岁”，少唱过“我们的大救星”呢？

可以设问：如若再来一次“文化大革命”之类的“运动”，我们民族的人群——经历过或者未经历过“文化大革命”的人群——又会有何种样子的表现？我当然愿意相信，在经历了新中国几十年的“革命斗争”的风风雨雨之后，我们民众在心思方面已经变得比较成熟和可靠一些了，但这样的“设问”却并不是全然无稽的。

世上事难，尤以做人最烦难。人是背着自己的历史在社会中过日子的（海德格尔所谓的“在世”）。个人最难面对自己的历史。对于自己过去犯的错误，人必须有正确的检讨的态度；若是社会政治方面的错误，就更要对社会有个交代。在这件事情上，我们往往可以看到两种趋于极端的姿态：一是痛心疾首地自责，彻底否定、痛斥过去的“我”，仿佛过去的“我”与今天的“我”是毫不相干的，这样做，有时候竟也可以理解为一种“狡计”，其效果甚至可以为今天的“我”的脸上贴金——喏，我讲出了真话，我现在是一个多么真诚的人呵！另一种姿态，就是想方设法地隐瞒、掩饰自己过去的错和罪，瞒天过海，声东击西，百般抵赖，若真有赖不过去的，就说是历史情势所逼，个人无可奈何。这两种态度，哪一种更为恶心呢？——有时候实在也难讲。

平心而论，海德格尔并没有采取上面说的两种态度。对于自己过去的政治言行，他有过一些坦白、自责（但显然还不够），也作了一些掩饰、自我辩护（但还不至于百般抵赖）。海德格尔在 1947 年曾写过两句怪怪的诗："有伟大之思者，必有伟大之迷误。"似乎是有感于自己的经历发的感慨。可以看出，海德格尔在这件事上的态度，是不阴不阳、阴阳怪气的。

真正严重的地方还不在于此。正如利奥塔所讲的，最严重的指控写在空白的纸上：海德格尔对纳粹灭绝犹太人的固执沉默——大约 40 年的沉默。的确，战后直到去世，海德格尔对希特勒法西斯主义的大屠杀没有发表过任何意见，甚至在《明镜》记者的采访中，海德格尔对这个灭绝行动也不吐一词。作为这一人类历史上的巨大灾难的见证人，思想家海德格尔的沉默是令人吃惊的。

海德格尔为什么沉默？我在这里仍想利用利奥塔给出的一个答案。利奥塔把海德格尔的这种沉默看作一个"思想事件"，把个中原因归于海德格尔的思想"定位"：后期海德格尔是完全"希腊式的"，而且只是"希腊式的"，他把自己的思想"定位"在希腊哲学传统之中，认为欧洲思想史就是"存在之被遗忘状态"的历史，从而导致了他对上帝的法律的遗忘，对于"公正"问题的麻木。"这种麻木主宰了他对巨大的不义的沉默，对奥斯维辛的沉默。就（一般）存在之真理而言，大屠杀不过是（个别）存在"。[①] 在利奥塔看来，一个完全"希腊式的"人是不会去关注纳粹灭绝犹太人的动机的。

利奥塔的上述分析为我们指示了一个值得注意的思考方向。大家都知道海德格尔是一个"希腊迷"，差不多是"言必称希腊"的。他的"存在历史观"的确是以希腊思想和哲学为基本路线的。而希伯

① 参看利奥塔：《后现代性与公正游戏》，谈瀛洲译，上海：上海人民出版社，1997 年版，第 213 页。

来—基督教神学文化在海德格尔那里受到了相当程度上的轻视。尽管海德格尔具有基督教的出身背景，其前期哲学亦具有明显的基督教神学的影响，在后期也谈论过“形而上学的存在—神—逻辑学机制”，认为源自希腊的“存在学”和源自犹太希伯来的“神学”是西方形而上学的两个基本因素，但从总体上看，海德格尔的精神世界仍旧是“希腊的”而非“希伯来的”，是“思想的”而非“信仰的”。海德格尔所谓思想的“返回步伐”，是要返回到前苏格拉底的早期希腊，即“存在历史的第一个开端”，而基督教文化只不过是从苏格拉底—柏拉图到尼采的形而上学历史的一个环节。海德格尔所谓的“存在历史”（Seinsgeschichte）不能等同于“形而上学史”，不只是“形而上学史”，因为它还包括“前形而上学史”（前苏格拉底的早期希腊）和“后形而上学史”（现时代或未来时代）在内。

就个人的认识来讲，我虽然充分注意到了海德格尔思想的希腊性和非基督教性，但从未考虑过这个思想特性可能具有的全部政治和伦理后果。细细想下去，这个纯粹希腊式的海德格尔，实在也可以给人一个“德意志（日耳曼）中心主义者”的印象，比如，他十分看不起拉丁语和拉丁文化，而认为只有自己的母语德语与希腊语有着某种特殊的“亲缘关系”，是最“近乎本源”的，只有德语才适合于作哲学，等等。这种“德语优越论”，固然可以说是自古典哲学以来许多德国思想家的一个“通病”，但毕竟也暴露了潜伏在海德格尔精神中的狭隘的民族主义气质。

在这里，我还愿意介绍一下对于“海德格尔事件”的另一种解释，是当代德国现象学哲学家克劳斯·黑尔德（Klaus Held）最近提出的新解释。黑尔德认为，海德格尔的思想是现象学的，自始至终贯彻了现象学的“面向实事本身”的原则，并且把胡塞尔开启出来的现象学哲学推进到了一个非主体主义或后主体主义的阶段。但无论是在前期哲学中还是在后期思想中，海德格尔都首先把现象学的“实事”理解为“事物”，都是从“事物”入思的。例如在前期《存在与时间》中，海德格尔由“用具”（“器具”）及其“因缘联系”展开其关于“周围世界”和“世界”的思想；而在后期的“艺术作品的本源”以及其他著作中，海德格尔也还是从“用具”或“物”出发来思考“天、地”的“世界”或“天、地、神、人”的“世界游戏”的。

然而，黑尔德指出，现象学的“实事”不仅仅是“事物”，而且还应该有“事务”。希腊人就有两个词语来表示德文中所讲的“实事”（Sache）：一为 cremata，是我们使用和利用的东西，即“用物”或“用具”，相当于德语中的 Gebrauchdinge 或 Zeug; 二为 pragmata，是社会政治和日常伦理生活方面的“事务”，相当于德语中的 Angelegenheiten 一词。依黑尔德之见，海德格尔的现象学更多地关心了 cremata（用物），而在很大程度上忽视了 pragmata（事务）。在《存在与时间》中，海德格尔只是谈到他所谓的“常人”对各种“事务”的不断纷争和追逐，而没有从现象学上深入探讨人与“事务”的交道，特别是那些事关全局、事关一个人类共同体的命运的重大“事务”。黑尔德认为，这就是海德格尔的思想在政治世界面前失败的一个最深刻的原因。[1] 黑尔德在此展开的思考也启示着一种“政治世界现象学”的新方向和新课题，值得关注。

黑尔德的上述解释是十分新鲜的，而且在我看来，这也应该是一种“面向实事本身”的现象学姿态。面对“海德格尔事件”，我们首先需要进行的是“思想批判”。此外，我认为黑尔德的这个解释也并不与我们前面主要以利奥塔为依据的想法相矛盾，而倒是可以相互补充、相互支持的。

哲学家阿多诺曾尖锐地提出“奥斯维辛之后”的命题：在奥斯维辛集中营之后，你能否继续生活？这个问题深重无比，对每个人都构

---

① 参看黑尔德：《海德格尔通向“实事本身”之路》，孙周兴译，载《浙江学刊》，杭州，1999 年第 2 期。

成一种严厉的拷问。而诗人和思想家尤其需要承担一种责任，进行这样一种紧张的追问：在奥斯维辛之后你还能不能写诗，你还能不能思想？如何写诗？如何思想？

在 1937 年作的一个关于尼采的讲座中，海德格尔也谈到了“思想的责任”，他的说法是：“对于诗人和思想家的话语来说，存在着某种责任，与此责任相比，工程师和士兵领域中的责任运用就成了一个小玩意儿……”[①] 然而，作为思想家的海德格尔本人是否已经担当起这种别具一格的“思想的责任”呢？我们必得有此追问。

我们也必须由“海德格尔事件”想到我们自己，想到我们自家的历史。毕竟搔别人的痒易，搔自己的痒难。我们也曾为之承受了种种身心苦难，为之付出了极其惨重的代价。“奥斯维辛”是一个象征。它象征着希特勒法西斯的集中营，也象征着我们这个世纪人类的巨大灾难和伤害。因此，我们每个人都必须有这样一问：在奥斯维辛之后，我们还能否继续生活？我们是否担起了思想的责任？

---

① 海德格尔：《尼采：作为艺术的强力意志》，《全集》第四十三卷，美茵法兰克福，1985 年，第 260 页。

我们如何接近事物[①]

我们如何接近事物？一般人并不在意如此愚拙的问题，但艺术家和思想家却是严肃地对待这种“愚拙”的人。也正是凭着这样一种“愚拙”，我今天来这里，想与各位艺术家讨论一位以一种愚拙的方式处理了这个愚拙的问题的思想家。这位思想家就是海德格尔，而这种方式就是现象学。

大家都知道，胡塞尔提出的现象学原则是“面向实事本身”（或译“面向事情本身”），它被称为“一切原则中的原则”。它的意思说白了就差不多等于中文的“实事求是”。当然，在学理上，这个原则要复杂得多。对于今天要讨论的题目来说，我们只需指出这个原则的两层意思。

首先，这个原则包含着现象学的“无前提性”要求。胡塞尔认定一切旧哲学都是不严格的，因为旧哲学总是采取了“自然的思想态度”，后者包括如下“信念”或者“假设”：外部世界是实在的，精神和观念都是物质性的心理过程。在胡塞尔看来，这种自然的态度对日常生活以及科学研究是有效的，为了日常生活，我们是需要这种“信念”或者“假设”的；但对严格的哲学来说，它却是不够的了。严格的哲学需要“反思的彻底性”，它不能有任何预设，不能以任何假定为前提，因为任何“预设”和“前提”都是某种意义上的“偏见”。毫无疑问，现象学的这个“无前提性要求”给现代思想带来了一股清醒之风。

其次，现象学原则包含着要恢复和激活人的原初生动的感受力的

① 本文系作者 1998 年 12 月 28 日晚在中国美术学院油画系（杭州）作的报告，1999 年 1 月 22 日在南京大学哲学系重作一次（内容有扩充）。收入本书时作了删节。

呼声。胡塞尔通过所谓“现象学的还原”方法来“悬搁”他所谓“自然的思想态度”，以确立哲学的严格起点：哲学只从“在直观中原本地呈现出来的东西”出发。胡塞尔这种对当下直观或感知的直接性的强调，本身也表露出现代人恢复生动的感觉力的要求。这里最要紧的当然是胡塞尔的“本质直观”方法。若以传统哲学观点看，“本质直观”一说在字面上就是不能成立的。“本质”如何可能“直观”？传统哲学认为，“本质”（观念、一般之物）之获得唯有通过“抽象”方法，或者是通过“普遍化”（Generalisierung）形成等级性的概念（种、属、类），或者是通过“形式化”（Formalisierung）获得形式范畴（如亚里士多德的十二范畴）。但胡塞尔却偏偏说，“本质”是通过“直观”获得的，有一种“观念直观的抽象”。

这对传统意识哲学来说当然是一个釜底抽薪式的打击了。而我在这里要强调的一点是：试图在旧哲学的概念抽象的把握方式之外，寻找一种对现象、对事物和世界的新的把握方式，这实际上已经成为胡塞尔之后现代思想的一个基本努力。在这个意义上讲，胡塞尔在20世纪初提出的现象学原则，也就可以被理解为现代思想的一个“共同口号”——“面向实事本身”！

我们接着来说海德格尔。海德格尔被公认为20世纪的两大哲学家之一，他从现象学出发开创了现代思想的新局面。胡塞尔现象学的“实事本身”是“意识以及意识的对象性”，他关心的是现象在意识中的构成。但海德格尔却试图跳出意识哲学的范围，他把现象学的“实事本身”理解为“存在者之存在”。存在者之存在首先是事物（希腊文的cremata）的存在。于是在海德格尔那里，现象学的首要关心是事物本身，是物的自在存在。于是问题就成为：如何达到物的自在存在？

物本身就是物的“自在”（Ansich）。海德格尔还经常使用“自持”（Insichruhen）一词来描写物的自在性质。所谓物的“自持”，是说物具有一种“内在安宁”，具有一种“安于自身”“守住自己”的倾向。这就表明了我们接近物的困难。自在自持的物难以接近，因为物自身是“幽闭的”。现象学批评家斯塔罗宾斯基用“致密”一词来形容我们这里所说的物的“幽闭”性质，可谓适恰。在这方面，海德格尔的另一个说法是“阴沉”（das Dumpfe，das Unheimliche）。在《林中路》中，海德格尔曾讲到一块石头的“阴沉”：我们感到石头的沉重，但我们无法穿透它；即使我们砸碎石头，石头的碎块也绝不会显示出任何内在的东西，因为石头碎块很快又隐回到同样的“阴沉”中了。[①] 物的这种“阴沉”是莫名其妙的。我们下面也会看到，海德格尔认为只有艺术作品才能揭示物的这种“阴沉”、这种“自在自持”。这种“阴沉”是指向虚无幽暗之境的，也许从事艺术创作的人们才最有可能体会到物的这种阴森森的境界。

不但物本身因为自在、自持、致密或阴沉的性质而难以接近，而且在人的心灵方面也有许多因素使我们无法接近事物本身。我们久已习惯的思想方法是“表象”（Vorstellen）思维。要问：什么是“表象”呢？“表象”首先是把事物立为“对象”（Gegenstand）。“对象”就是“对立之象”。这在态度上首先就出了问题：“表象”是一种与事物相对而立的“敌视”态度。其次，“表象”是“对而象之”，是对事物的一种“观念化”的把握。人们认为个别事物表现出来的样子（现象）是不可靠的，虚假的，关键是要透过现象看“本质”，这个作为“本质”的“象”（Idea，eidos）才是绝对可靠的，才是真实之物；这个“本质”不在事物中，而在我们通过“普遍化”方法形成的观念（概念）序列中。所以“表象”思维是一种“概念抽象”思维。最后，在“表象”思维基础上的哲学和科学已经在历史上形成了一套固定的概念机制，影响并决定着我们对待事物的方式，构成我们与事物之间的一道屏障，蒙蔽了事物的自在存在。按照海德格尔的说法，这套概念把握方式不

① 参看海德格尔：《林中路》，美茵法兰克福，1994 年，第 33 页。

但不能让我们接近事物，而且还构成对自在自持的事物的“扰乱”。

横在现代人与事物之间的屏障越来越厚重。我们多半已经无法直接接近事物了。因此，恢复事物的自在自持的存在，已经成为现代艺术和现代思想的一个共同要求。现象学，特别是经过海德格尔发展的现象学，乃是这个要求的最集中表达。以另一位现象学批评家阿·贝甘的说法，就是要恢复事物的“纯洁性”，恢复“惊奇的观照和事物最初在场的完整性”。①

我们如何接近事物本身呢？海德格尔首先做的是一种“用具（器具）”（Zeug）分析。人们一般会从用途角度考察一个用具，认为用具的存在就在其“有用性”中。这当然没错，却是不够的。海德格尔的想法比较奇怪。他认为，我们对用具有着一种在先的“信赖”，因为我们在使用用具之前总是已经“确信”，用具作为某种可用的东西随时可供我们使用了。这种“信赖”后来又被叫作“可靠性”。“有用性”本身是以“可靠性”（Verlasslichkeit）为根基的。为什么我们脱鞋、穿鞋，毫不经意，从不思量？是因为有“可靠性”。我们用某个用具前，总是已经依靠着、信赖着它了。“可靠性”与“有用性”的关系，具体如家具，抽象一点如“家”，都可供说明。“家”是我们用得最多的地方，而“家”首先是可靠，可依可赖。我在家里，黑灯瞎火都能摸到家具，走进家里的每一房间，这就是“在家”的感觉，这就是“可靠性”了。

这里的问题是：这种“可靠性”的基础又是什么呢？海德格尔认为是作为“境域”（Horizont）的“世界”。显然他的思路在此作了一种跳跃。他是从用具的“因缘性”角度入思的。世上任何用具都不是孤立的，而总是“相互指引”的，总是有“因缘”的。举例说来：锤子与锤打有缘，锤打又与修固有缘，修固又与房屋有缘，房屋又是为我们人的某种存在可能性的缘故而存在的。这种看不见的“因缘联系”

---

① 参看乔治·布莱：《批评意识》，郭宏安译，南昌：百花洲文艺出版社，1993年版，第126页。

实际上就构成我们生活的“境域”。用具是在作为“因缘联系”的世界境域中与我们照面的。因此，我们对用具的“信赖”的依据并不在器物本身，而是在作为“境域”的世界。世界境域为事物备好了这样一种使用方面的可靠性，使我们能够信赖之，能够在与事物打交道的过程中自由地活动。

只有在作为“有用性”之根基的“可靠性”中，也就是说，只有在世界境域中，才能发现用具的真实存在。但这种“可靠性”不是日常的目光或传统哲学的目光所能发现的。对一双鞋的实物及其使用过程的观察，是发现不了“可靠性”的。“有用性”（用途）很具体，是可“知”的；而“可靠性”却差不多是虚无缥缈的，指向一个意义境域（世界），是在一个意义境域中才能显现出来的，是不可“知”的。海德格尔认为，只有通过艺术作品，用具的“可靠性”才被启示出来，聚集在这个用具上的意义境域才被开启出来。已经脍炙人口的关于凡·高的农鞋画的经典描绘，以及另一段同样诗情洋溢的关于希腊神庙的描写文字，都是海德格尔对由艺术作品启示出来的意义境域的思想经验。

海德格尔在此形成一个十分关键的思想：不仅用具的存在要通过艺术作品才能得到体验，而且扩大而言，一般物之存在也须借助于作品才能够为我们所体验。这个断言就特别值得我们重视了。它几乎与康德哲学一脉相承：“物本身”是不可“知”的。然而现在，在海德格尔看来，不可“知”并非不可“接近”，我们仍然可以借助于艺术作品去“接近”物本身。

为什么要借助于艺术作品才能认识物的自持存在呢？我们仍然必须联系到前面讲的海德格尔关于“世界境域”的思想。事物的自在存在是在世界境域中显现出来的。这个世界是显—隐二重性的发生，即“天空”与“大地”两大世界区域的“紧张的和谐”运动。艺术作品正是对世界境域的开启和确立。海德格尔说作品存在的两个基本特征是

“建立一个世界”和“制造大地”。“天空”(Himmel) 与“大地”(Erde) 作为两个相对的世界区域，可以说世界的两种运动方式，用海氏的话来说，也就是存在者之真理的发生方式。海氏认为艺术的本质就是：存在者之真理自行设置入作品中。真理在艺术作品中表现为“天空”与“大地”的“争执”。而艺术创作就是让作为“天地之争”的真理在“形象”(Gestalt) 中“固定”下来。在作品中实现的世界境域的运动（或存在者之真理的发生），同时也正是物之自在存在的开启。

海德格尔这种对艺术和艺术作品的理解是别出心裁的，需要我们在当下艺术实践中加以体会和检验。就对物之自在存在的非主体主义理解而言，海德格尔上述思想包含着一个关键的新洞见：事物的自在存在并不是从我们的主观活动性中获得其意义的，而是从“世界”的发生运动中获得其意义的。任何一种显现都是在“天—地”两大世界区域中进行的。这两大区域的既显又隐、既对抗又共属的交互运动，乃是事物自在自持地存在的依据。

上面我们看到，海德格尔的艺术思考已经达到这样一点：“物”乃天地之间一“造化”，而“天地之争”由“作品”固定下来。所以，我们只有借助于“作品”才能够认识物的“自在存在”。但除了艺术的道路之外，海德格尔后来认为还有另外一条接近物的自在存在的道路，那就是“思想”的道路。

这种“思想”被叫作“思念之思”，也被称为“审慎之思”。它显然不是一般意义上的思想，更不是哲学和科学意义上的“表象”思维。海德格尔赋予它某种玄怪的特性。大致可以说，这是一种非哲学、非科学的“思想”，一种非对象性、非客观化的“思想”。这种“思想”包含着以下两个要求：“向着物的泰然任之”和“对于神秘的虚怀敞开”。所谓“泰然任之”(Gelassenheit)，简单说来就是 let be，让事物如其所是地存在，让事物“安于自身”，不要总是一上来就把事物“对而象之”，急匆匆忙不迭地占有之、开发之、利用之；而所谓“虚怀敞开”（Offenheit），则是一种对神秘的敞开接纳的态度，就是要重新唤起一种对神秘的期待和敬畏的心情，要对天地人间有一种空无幽远的思绪。以我们的理解，这种解脱了主体性的“思念之思”仍然具有现象学的意义，它实质上就是现象学的“让显现”意义上的“思想”。

以这种“思念之思”，我们才可能接近自在自持的物。我们且来看看海德格尔给出的一个著名例子，就是他对一把壶的“思想”。如若从科学上来研究，壶不过是一个由泥土烧制的器皿而已，其物理性质和化学成分均可得到精确测定。但海德格尔以为，科学却不逮于壶的本性。海氏为我们端出了如下思法：壶之为壶是什么呢？壶之为壶是能够容纳，但能容纳的不是壶的底和壁，而是壶的“空洞”，可见其实是“空无”构成了壶的本性。若再想下去，空洞的壶的容纳是为了倒出什么，也就是为了有所馈赠。壶馈赠饮料、水、酒。水、酒乃天地之造化，既可解渴、欢宴，又可敬神、献祭。因此，壶之本质乃是集“天、地、神、人”于一体。

物的本质是对“天、地、神、人”的聚集。我们看到，晚年海德格尔的这种思法当然是十分玄妙的、诗意的。与“作诗”一样，这种“思想”仍然可以理解为对物的“阴沉”的突破，对物的虚空幽暗之境的穿透。而且，海德格尔在这里仍旧是从世界境域发生的角度来理解物的自在存在。不过，海德格尔这时的“世界”观已有所改变，“世界”已不再是“天”“地”两维，而是由“天、地、神、人”这样“四方”构成的整体。所谓“世界”就是天、地、神、人“四方”的游戏运动。只有从“世界游戏”运动的角度来“思想”，我们才能接近自在自持的物。

海德格尔曾经设问：是否每一种思与言都是客观化或对象化的？这里的答案当然是否定的。那么，一种非客观化的思与言是如何可能的？这是一个现象学的问题。根据现象学的原则，这个问题实际上也可以表达为：如何接近事物的自在自持的存在？海德格尔一生尝试了多种途径来解答这个问题，旨在纠科学技术思维之偏，究问天地世界人生的本来面目。

我们如何接近事物？海德格尔为我们给出一个玄妙的答案：只有通过“诗”（艺术）和“思”（思想），而且是后主体主义的“诗”与“思”，而且是处于近邻关系中的“诗”与“思”（所谓“诗思合一”），我们才能在“世界境域”中，才能在“天”之开启与“地”之幽闭的发生运动中接近自在自持的事物。天玄地黄。万物在天地之间生成。人也在天地之间生成。历史、文化也在天地之间生成。天地“之间”是“世界”。唯在“世界”运动中才有物的自行呈现。而人群中间，唯有从事艺术的人和从事思想的人才能超越私人境域（私人世界）而进入天地之间的共同境域（世界），去接近自在自持的事物，去揭示事物的真相。

我们看到，海德格尔把胡塞尔开创的现象学引到了一个全新的方向上，其基本宗旨是寻求以非形而上学和非主体主义的思想姿态去面对今天这个技术世界。海德格尔以现象学的方式表达了恢复事物的自在存在的努力，并且以自己的思想实践倡导了一种非客观化的思与言。这种思想当然是与旧哲学和科学思维格格不入的，但它业已在现代艺术和现代思想中产生的普遍效应却让我们相信：思想之虔诚就是一种坚韧不拔的力量。

第三编
东方与西方

道·道说·道路[1]

海德格尔曾多次谈到诗歌和思想的不可传译。他在解释荷尔德林的诗歌时说，“释”诗犹如“落雪覆盖晚钟”，必定让远播的钟声走了调。“译”诗当然更是勉强了。他在别处又说，就像诗歌不可翻译，思想也是不可译的——人们很可以不管三七二十一把它改写一番，但只消人们进行字面上的翻译，则一切都变样了。海德格尔也曾扬言，合乎实事本身的希腊的思想在后起的拉丁文的翻译过程中不幸丧失殆尽——一切都变了样。

这些都是本着思的严格性而说的话，也是思得深远以后才能够讲出来的话。说“不可译”，当然并非干脆主张无所作为。情形往往是：人们是在“译”了之后才说“不可译”的，在“说”了之后才说“不可说”的。

比较“不可译”之论，还有更让人气馁的事情。1953 年，海德格尔与日本东京帝国大学的手冢富雄（Tezuka）教授作了一次谈话，后来整理出《从一次关于语言的对话而来》一文，收在《在通向语言的途中》一书中。这篇长长的谈话现在也可以算作后期海德格尔的一个名篇了。对话伊始，双方讨论了东西方文化的“传通”（“对话”）的可能性，大谈隐藏在这种“对话”的语言中的“危险”。“话”一出口，危机四伏。海德格尔大体上倾向于认为，“对话”是困难的，是有限度的。

---

① 本文原载《读书》，北京：生活·读书·新知三联书店，1993 年第 4 期，署名白波。收入本书时作了修订。本文谈到的有关海德格尔与中国学者萧师毅共译老子《道德经》的话题，笔者后来又作了进一步的修正性议论，参看本书中的《事实与立场：再谈海德格尔与老子》一文。

首先一点，东方人把西方美学和哲学的概念系统“搬”到东方文化中的做法，在海德格尔看来就是十分可疑可虑的。海德格尔援引他此前提出的一个思想命题：“语言是存在之家。”他说，如果人是通过其语言才栖居在存在之“要求”（Anspruch）中的，那么，欧洲人或许就栖居在与东亚人完全不同的一个“家”中，那么，一种从“家”到“家”的对话就几乎还是不可能的。西方人的“家”以及“家具”如何能够与东方人相适合呢？

如此说来，“家”岂不就是“牢房”，或者就如柏拉图的“洞穴”么？在这里，海德格尔实际上作了如下预设：有不同的“家”，而西方的“家”与东方的“家”是迥然不同的。如何可能从这一“家”串到那一“家”呢？人可是不能一刻无“家”的。人先天地就在“家”，而后才可能无“家”可归。人在“家”中才会失“家”。而所谓无“家”可归，根本上也不是摸错了“家门”。海德格尔的看法或有偏执、绝对之嫌，但应该引起我们重视，值得我们在考虑东—西文化交通问题时引以为鉴，当作参考。

日本教授手家富雄的想法与我们多数人（东方人）比较能够合拍。他对海德格尔说，今天的东亚人看来是不再有什么退路了，因为现代的以欧洲—西方文明为基础的技术化和工业化已经席卷了全球。既如此，把欧洲思维的概念系统搬运到东方来，也就是势所必然的了。这当然是很实际也很无奈的意见。我们常说，西方人是用枪炮轰开了中国的大门。有这一“轰”，我们是辱、羞、惧、惊、羡百感交集。而所有这些感应都还是被动的。人家欺到你家门口的时候，你的反应总难免是被动的。

海德格尔口口声声说着“不可译”，说着从“家”到“家”的对话的“危险”，自己却也参与了“译”，也与东方人做了许多谈话。在东方国家中，去海德格尔那里的以日本人居多，田边元、九鬼周造、手家富雄等，是其中比较有些名堂的学者。近半个世纪里，日本人几乎没有中断过与海德格尔的直接交往。20 世纪 20 年代初就有日本人去听海氏的课，当时海氏还没有出版《存在与时间》，还不过是胡塞尔教授的一个助手、弗赖堡大学的私人讲师而已。日本人俨然以东方文化的代表自居，尤其喜欢摆弄一些禅佛玄学，颇令海德格尔着迷。九鬼周造还向海德格尔宣传过日本思想中的“粹”（Iki）。在上述与海德格尔的对话中，手冢富雄把“粹”解说为“优美”，又顺着海德格尔的思路把它玄奥地译解为“照亮着的喜悦的寂静之吹拂”。[①]

本来似乎更应该由中国的思想家们去跟海德格尔谈一谈东方的玄奥，可惜我们去得不多。20 世纪三四十年代有熊伟先生和萧师毅先生；之后因为众所周知的原因，就没听说有谁了。熊伟先生是我们所熟悉和敬仰的，他对于海德格尔思想在中国的传布有开创之功，在此可以不表。另一位中国学者萧师毅（Paul Shih-Yi-Hiao）曾与海德格尔同译老子的《道德经》。这也是众所周知的一件事情了。但萧师毅先生本人的情况似还少有人知。据了解，萧师毅 1911 年出生于江西吉安，早年就读于北京辅仁大学，1938 年在意大利米兰大学获哲学博士学位，曾把老子《道德经》译成意大利文出版（1941 年），20 世纪五六十年代在弗赖堡大学教中国语文和哲学，20 世纪 70 年代以后在台湾辅仁大学教书，1986 年去世。

萧师毅先生曾撰《海德格尔与我们的〈道德经〉翻译》一文，回忆他与海德格尔合作翻译的情况。[②] 那是 1946 年夏天的故事，发生在海德格尔的托特瑙堡小屋。但他们的这个合作计划终于没有完成，仅译出其中的八章。这固然是十分让人遗憾的了。而在萧师毅的印象中，《道德经》对海德格尔产生了重要的影响。萧在文中报告说，海德格尔本人也曾向人谈起，由于与老子和孔孟思想的交往，他比较多地了解东方了。

---

① 参看海德格尔：《在通向语言的途中》，弗林根，1986 年，第 140、141 页。

② 参看 G. 帕克斯编：《海德格尔与亚洲思想》，檀香山，1987 年，第 93 页以下。

其实，我们看到，海德格尔关注中国思想是早就有的事了。1930年10月9日晚上，海德格尔作完“论真理的本质”演讲后，在朋友家里搞座谈会。在会上，海德格尔当众朗诵了《庄子·秋水》中的一段，就是庄子和惠施“濠上观鱼”的那一段对话。他念的是马丁·布伯（M. Buber）的德文译本。显然，在海氏看来，这段对话是可以用来解说他当时所思得的“真理”观的。海德格尔认为，立一个命题，下一个判断，这样做出来的“知”与“物”的符合一致关系都算不得至大至真的真理，“真理的本质是自由”——是一种物我相忘的“敞开之境”（das Offne）；只有在此境界中，在“我”与“物”都已进入其中的了然明白的境界中，“我”与“物”才可能相对待，“我”才可以“知”“物”。而“知”“物”的真理已经是“等而次之”的了。海德格尔这样的思想，实可以与庄子所谓“我知之濠上也”相互拍合。

对于庄子，海德格尔后来还有过一次引证。在1962年7月18日作的一个演讲中，海德格尔引用了《庄子·逍遥游》的末段，即庄子和惠施议论“无用之大树”的那个段落。他所依据的是理查德·威廉姆（Richard Wilhelm）的德文译本。庄子所谓“无用”之“用”，至大的“用”寓于“无用”之中的思想，对海德格尔是很有一些魅力的，也许正可以与海氏企图跳出工具性的“用”的片面维度的思想努力相互启发。我们也看到，海德格尔在后期著作中也多处阐发了“用”（Brauch）的思想，当然也是指“大用”，是“存在”对人的“占用”“使用”。

以上是海德格尔关心庄子的两例，已足见他努力汲取中国思想的良苦用心了。而据笔者的认识，特别引起海德格尔重视，真正对海氏思想发生过实际的影响，并且已经渗入他的思想核心处的，还是老子的“道”。这是特别值得一摆的事情。

老子的《道德经》也早已有了德文译本，而且据说还不止一、二种译本。但何以海德格尔不畏艰难，刻意要重译之呢？在题为“语言的本质”（载《在通向语言的途中》）的演讲中，海德格尔讲的一段话可以表明心迹：

> 也许“道路”（Weg）一词是语言的原始词语，它向有所沉思的人们道出自身。老子的诗意运思的主导词语即是“道”（Tao），“根本上”意味着道路。但是由于人们太容易仅仅从表面上把道路设想为连接两个位置的路段，所以人们就仓促地认为我们的“道路”一词是不适合于命名“道”所说的东西的。因此，人们把“道”翻译为理性、精神、理由、意义和逻各斯等。
>
> 但“道”或许就是产生一切道路的道路，我们由之而来才能去思考理性、精神、意义和逻各斯等根本上也即凭它们的本性所要道说的东西。也许在“道路”即“道”这个词中隐藏着运思之道说的一切神秘的神秘，如果我们让这一名称回复到它的未被说出状态之中而且能够这样做的话。……一切是道路。[①]

显然，海德格尔不能满意以往的各种译本，“道”这个关键词就被译岔了——那都是在西方形而上学的范围内作的译文。大概海德格尔读了德文译本，据萧师毅介绍还看了他作的意大利文译本，得了一些启发，才觉得大有重译的必要，于是才邀萧共图译事。他们译出的八章我们未见其详，想来一定是有趣的了。而据海德格尔儿子海尔曼·海德格尔（Hermann Heidegger）讲，海氏遗稿中却没有见到这八章的译稿。学界引为憾事。这已经成了一件众说纷纭的事情。有人甚至猜疑是海德格尔家族藏匿了译稿，但并没有确凿的证据，看来也不足为信。[②]

从上面所引的文字来看，海德格尔的意见是要把老子的“道”译

① 参看海德格尔：《在通向语言的途中》，弗林根，1986 年，第 198 页。

② 参看本书中的《事实与立场：再谈海德格尔与老子》一文。

作“道路”(Weg)。这是别出心裁的。“道”在我们中国人看来也已经是一个至高的“形而上”的“范畴”了，而今被海德格尔以日常的本色的“道路”译之，反倒令我们诧异。我们大约已然受控于西方的形而上学而不能自拔了。我们也已经习惯于“范畴”之、“抽象”之、“逻辑”之，处处拿西方的概念和范畴做准绳，把我们自家的东西往西方的概念机器里充填。这是不是反其道而行之呢？

海德格尔对老子之“道”的理解的别出心裁还更有表现，特别是在他后期思想的中心词语 Ereignis 中，表现得更加逼真了。海德格尔在后期思想中努力超出西方形而上学传统，一直十分矜持地想摈弃“存在”(Sein) 这个形而上学的基本范畴，而终于思得了 Ereignis 一词。这个词不可译。笔者所见的一些英文译本也是把它译得乱七八糟，有“事件”“居有”“转让”或者“居有之解蔽”等多种译法，不但听起来别别扭扭，不着义理处亦不在少数。基于下面要讲到的种种事理，我将其译作“大道”。此译的危险是有拿老子来比附海德格尔或者反过来拿海德格尔来比附老子之嫌疑，或者，带有把海氏的 Ereignis 弄成一个形而上学的“范畴”之嫌疑。然而，在我看来，这里关键问题恐怕还在于：我们是不是必得从“形而上学”的高度或角度来观解老子的或者汉语思想的“道”呢？

有时候，译文也许终究是无法之法。这里，也为了行文的方便，我姑且仍旧把这个 Ereignis 译为“大道”罢。希望有兴趣的学者来关心海德格尔的这个重要的、奇怪的词语。倘若终于还有合适的译法，自然最好不过了。

至于 Ereignis 的“不可译”，海德格尔自己也已经讲到了。他说过，他的这个词“就像希腊的逻各斯（Logos）和中国的道（Tao）一样不可翻译”。[1] 我想海氏这话不是随便说说的，而是有深义的，是大

① 参看海德格尔：《同一与差异》，弗林根，1957 年，第 29 页。

可细细品味的。把 Ereignis 与“逻各斯”和“道”相提并论，是很可以暗示出一些意味来的。至少，这三者有了“不可译”的共同品质。此外也表明，海德格尔的这个 Ereignis 并不是一个随随便便的“事件”，而是一个“大词”，一个“基本词语”。众所周知，希腊的“逻各斯”还往往被中译为“道”，这似乎也可支持我们把 Ereignis 强译为“大道”。

前面已经讲到，海德格尔主张以德文的“道路”来译解老子的“道”。显然，海德格尔很好地领会了汉语思想中的“道”与“道路”的意义联系。“道”就是“道路”。“道”这种“道路”是高于理性、精神、根据、意义之类形而上学规定性的。“道”这种“道路”产生出一切道路。这一层意思，海德格尔将其采纳在他的“大道”中了。海氏在一些地方专门讨论了“大道”的“开路”或“铺设道路”(Bewegen, Bewegung)。据海氏说，在南德的阿伦玛尼-斯瓦本方言中，现在还管“开辟道路”叫 wegen 或 bewegen。而在现代日常德语中却已经没有这样两个动词了。海德格尔认为，“大道”即有“开路”或“铺设道路”的作用，“大道”实即给予一切以道路的东西，或干脆就可以说是“开路者”(das Bewegende)。[①]“大道”开启一切道路。在这一开启道路的过程中，凡事凡物，世界诸因素（海氏归纳为“天、地、神、人”“四方”）得以进入光亮之中，得以敞开出来；同时也即“居有”自身了，各自获得“成就”了。这就是“大道”的“成道”(ereignen)，也就是老子所谓“道”的“成功遂事”。这里明摆着是海德格尔“挪用”——“居有”——了老子之“道”。

除了“道”的“道路”意思之外，海德格尔显然还把汉语思想中的“道”的“说”(“道说”）意思吸取到他的“大道”中了。此点自然联系到海德格尔后期的语言思想。“大道”的“开辟道路”就是“大道”的展开，就是“大道”的语言——也就是“大道”自行“道说”

① 参看海德格尔：《在通向语言的途中》，弗林根，1986 年，第 201 页以下和第 261 页以下。

（“显示”）出来了。“大道”的语言不同于人说的语言，或者更准确地说，不止于人说的语言。后期海德格尔专门思得另一个玄奥的词语 Sage，以之来表示作为“大道”的语言。在日常德文中，Sage 的意思是“谣言”“传说”等；而在海氏这里，意思就两样了。海德格尔明言：“Sage 乃是大道说话的方式。”[①] 据此，我们可以把 Sage 译为“道说”，实际上亦可译之为“大道之说”。

在上述与日本学者手冢富雄的对话中，海德格尔说，当他思语言之本质时，他老早不想用“语言”（Sprache）这个词了，而且他已经找到了另外一个词语，就是“道说”（Sage），来表示他所思的语言——“大道之说”。“语言”就如同“存在”（Sein）一样，是形而上学的、被用滥了的词语，其所指乃是工具性语言，即作为人的活动或表达的工具和媒介的语言。他所思的则是至大至深的“大道之说”，是形而上学的“语言”概念所不能表达的了。

在接触海德格尔后期语言思想的时候，人们多半能够咬定海氏所思并非一般的“人言”。仅止于此似还不够。其实，海德格尔的思路也可谓平实了。兹举一例。在语言科学日益昌盛发达的今天，诸如“方言”这样的现象恐怕已在我们的掌握之中。发声器官有异，故有不同的方言，仅此而已。但海德格尔却是另有一番见识。在他看来，说方言的差异在于语言器官的运动方式的不同，这当然不能算错，却是不够的。之所以有方言差别，更深的原因在于“地方”，在于“大地”（Erde）。从“地方”或“大地”中才生出特殊的方言。在方言中总是不同地起作用的是“大地”。说到底，作为肉体器官的嘴、舌，甚至我们人本身，都是归属于不断涌动和生长的“大地”的。如此，海德格尔就思得了“人言”的“大地性”一度，那是至大至深的“说”——“大道之说”。海德格尔的这种思法，好像有些玄秘，但其实却是从平

① 参看海德格尔：《在通向语言的途中》，弗林根，1986 年，第 266 页。

实处入思的，无论如何是启人思的。

海德格尔也把“道说”叫作“寂静之音”。这一命名恐怕也与老庄思想有一些干系。如我们所知，老子有“大音希声”之说。《道德经》第四十一章曰：“大方无隅，大器晚成；大音希声，大象无形；道隐无名。夫唯道，善始且善成。”《庄子·天地》也说“无声之中，独闻和焉”。庄子更有“天籁”“天乐”之说。海德格尔之谓“寂静之音”，实就是无声的“大音”。想必海德格尔是知道老庄的此类说法的。

另外再说开去，汉语思想中的“道”还有“理”（“道理”）的意思，这一层意思看来也为海德格尔采纳到他的“大道”中了。在他的语言思想语境中，海氏也把“大道”称为“一切法则中最素朴最温柔的法则”。[①]“大道”是至高的“理”，但它又不像逻辑规律那样刚硬，那样冷酷，而是素朴的、温柔的“道理”。这恐怕还是讲了中国式的“道理”。——我们且赶紧收住罢。

概而言之，老子的“道”的朴素的丰富意思，几乎完全在海德格尔的“大道”（Ereignis）之思中——特别是在20世纪五十年代的语言思想中——体现出来了。要是海德格尔对老子或者汉语思想的“道”无所了解的话，甚至要是没有相当深入的了解和体悟的话，我们就很难理解上面所描写的情况了。把汉语的“道”（当然更有希腊的“逻各斯”）化为他的“大道”，想必颇令海德格尔伤了一番脑筋。这里必须指出的是，海德格尔的“大道”（Ereignis）思想具有多重的构成因素，而且有一个生成、发展、变化过程，实际上，海氏在20世纪三十年代后期就形成了Ereignis思想。[②]其中似乎难以见出老子思想的影响；而特别在其50年代的语言思想中，我们则可以看到海氏的Ereignis思想与汉语思想中的“道”的显赫联系。这正是本文论述的重点所在，但并不意味着我们要从中得出一个“我们古已有之”的无聊结论。海德

① 参看海德格尔：《在通向语言的途中》，弗林根，1986年，第201页以下和第259页。

② 参看海德格尔：《哲学论稿》，《全集》第六十五卷，美茵法兰克福，1989年。

格尔后期屡屡要求思想实施所谓的“返回步伐”，要求思想返回到希腊思想的源头处；我们显然也可以补充说，海德格尔此外也实施了一种“跨越步伐”，努力跨越思想文化传统的地域界限，也把中国的（东方的）思想文化资源收入他的思想视野中了。

今天，当我们中国人对自家的“道”的非（西方）形而上学性质和丰富的原始意义越来越隔膜、越来越疏远的时候，海德格尔的“大道”却令我们“回忆”。但迫在眉睫的问题是：我们“回忆”得起来吗？我们能够“回忆”吗？

事实与立场

——再谈海德格尔与老子[①]

本文的副标题实际上是奥托·珀格勒尔（Otto Pggeler）教授一篇文章的主标题。在1999年出版的《现象学研究》(德文）特刊上，载有珀格勒尔的这篇文章：《再谈海德格尔与老子》。珀格勒尔以前写过一篇，叫《东西方对话：海德格尔与老子》。[②] 所以现在是再谈。这是一个老旧的话题了。你要再谈，未必出得了新意。毕竟就是这么个题目。海德格尔在哪里引用过老子的话，在哪里论说了汉语思想中的“道”，诸如此类，学界已经弄得相当清楚了。不但德国学界清楚了，中、日、韩三国的学者们也清楚了。(珀格勒尔的这篇文章就是他1998年在韩国汉城作的一个演讲，收在韩国人编的这个特刊上。）在我们这里，北京大学的张祥龙教授在《海德格尔与中国天道》一书中已经对这个题目作了特别精深的讨论，并且专门在书后加了一个附录，把海德格尔有关老子的论述都集中在一起了。笔者也曾在一些地方附带议论过这个题目。[③] 这里之所以再来谈一次，倒也不是有什么新发现，而是因为读了珀格勒尔的文章后有一点点感想。

老实说珀格勒尔教授的这篇文章也没有太多惊人的东西，还是用了这么些材料编织起来的。而首先令我感兴趣的是他的一个结论，或者说一个判断。他在文章结尾处说：德国哲学家与日本方面的交流已

---

① 本文2000年10月20日作于德国伍泊塔，未发表过。

② 载G.帕克斯编：《海德格尔与亚洲思想》，檀香山，1987年，第47页以下。

③ 参看张祥龙：《海德格尔与中国天道》，北京：生活·读书·新知三联书店，1996年版。也可参看拙著《说不可说之神秘》，上海：上海三联书店，1994年版；另见本书中的《道·道说·道路》一文。

经不是一个“单行道”了，年轻一代的德国哲学家中也有不少掌握了日文，因此两方面可以进行真正的对话了；而“与中国的对话还需要时间”。[①] 我想，这应该是一个有一定事实依据的判断。近代以来，日本人一直十分虚心、极其用功地向欧洲学习，不但把许多欧洲的东西介绍到日本，而且也把日本的东西推介到欧洲；他们甚至干脆就邀请欧洲学者去日本作研究、当教授。据我所知，日本人 20 世纪二十年代就邀请过海德格尔（时为弗赖堡大学私人讲师）去日本当教授，海氏一时心动，最后在雅斯贝尔斯的劝阻下才未接受这个邀请；但后来海德格尔的一位弟子哲学家卡尔·洛维特却是在日本当了一阵子教授的。至于中国，虽然我们也做了一点工作，但由于所谓“众所周知的原因”，我们在这些方面做得就比较差了，与日本相比差得太远了，所以现在差不多还在珀格勒尔所说的“单行道”上跑——莘莘学子跑欧洲、美洲去学习，而且如今更多的是学技术和工商的，愿意学哲学、学人文科学的还是稀罕。

这些都是大家了解的情况。所以我说珀格勒尔教授的这个判断也没什么。不过，珀格勒尔得出这个结论，似乎还与他在文章中对已故中国学者萧师毅先生的一篇回忆文章的批评有着一点关联。在这篇题为“我们在木材市场会面”的文章中，萧师毅先生描写了他与海德格尔共译老子《道德经》的经过。我这里说“批评”似乎也还不够确切，实际上珀格勒尔更多地只是用德语的第一虚拟式（用于转述他人的话）对萧师毅的文章作了摘要的陈述。不过，珀格勒尔的口气中明显地透露出一个意思：萧师毅的文章是有一些疑点的。

萧师毅的文章我以前读过英文本，题目有所不同，叫《海德格尔和我们的〈道德经〉翻译》，内容是大致一样的。记得读的时候对萧先生恭敬有加，虽然没有念过他的其他作品，对他的学问和思想没有

① 珀格勒尔：《再谈海德格尔与老子》，载《自然现象学》[《现象学研究》特刊]，弗赖堡，1999 年，第 113—114 页。

了解，但光是他与海德格尔共译老子《道德经》这个故事，也已经令我肃然了。所以，当时并没有留意他的文章本身到底怎么样，只是惊奇地、感动地读过一遍而已。现在看了珀格勒尔的文章，我赶紧去图书馆里把萧文的德文本找来，再细读一下。这个德文本刊于《回忆马丁·海德格尔》一书中，此书由贡特·纳斯克编辑，由纳斯克出版社出版于海德格尔去世后第二年。[①] 这书是海德格尔的弟子们、朋友们以及相关的人们写的一些纪念文章的汇编。据珀格勒尔的看法，这本书中的回忆文章总体是好的，但也有几篇文章是道听途说的东西，往往混淆了一些材料和事实。

萧师毅的文章到底有什么疑点呢？我们这里先把他的文章综述一下（参考了珀格勒尔文章中的指示）。萧师毅先谈了事情的起因。他与海德格尔相识于 1942 年。他在北平完成心理学和中国哲学的学习后，到意大利米兰继续学业，在那里习得了“学院的严谨”。然后到了弗赖堡，参加海德格尔的讨论班。其间他把自己的《道德经》意大利文译本送给海德格尔。萧也描述了他对弗赖堡城的印象，特别记录了 1944 年 11 月 27 日弗赖堡的一次空袭。空袭前 12 个小时，城里许多动物和一些人变得焦躁不安。特别奇怪的是城市公园里的一只大鸭子，它在近 12 个小时里嘎嘎叫着，发疯地扑打着翅膀。一般人们以为，动物们对自然灾难有预感反应，但空袭却不是自然事件，而是人类行为。萧说：“弗赖堡城市公园入口处为这只鸭子竖立的纪念碑不仅令启示灵学家们困惑，也给哲学家们一个谜团。”[②]

战后萧师毅与海德格尔在木材市场（按：弗赖堡城内一地名）碰面。当时海德格尔正在忍受“非纳粹化”（肃清纳粹影响）的审查。海德格尔向萧抱怨自己受到了误解和不公正的待遇。萧说他作为“半同

---

① 贡特·纳斯克编：《回忆马丁·海德格尔》，弗林根，1977 年。

② 萧师毅：《我们在木材市场会面》，载纳斯克编：《回忆马丁·海德格尔》，弗林根，1977 年，第 119—129 页。

盟者”（按：当时中国为战胜国之一）站在海德格尔面前，带着某种“胜利者的骄傲”，同时也难以“心安理得”，因为他清楚地意识到“海德格尔受到了人们多么不公和荒谬的待遇”。所以，“为反对不公而斗争的精神和力量”在他心里油然而生了。萧说，对一个中国人来说这是很正常的态度；他像绝大多数中国人一样，在青年时代就读了许多侠义小说和英雄传奇。劫富济贫、反抗不公乃是侠客和英雄的本色。所以中国人通常都需要并且乐于为他人的利益而反抗不公。不过，萧当时也看到了自己的限制：虽然他是“半同盟者”，但“他不能像对待小学生那样对待当地负责的法国官员，尽管他们中有许多人像其他占领区的官员一样应该得到这样的对待”。于是，萧就想到用孟子的一句话去安慰海德格尔：“天将降大任于是人也，必先苦其心志，劳其筋骨，饿其体肤，空乏其身，行拂乱其所为，所以动心忍性，曾益其所不能……然后知生于忧患而死于安乐也。”海德格尔听了这话似乎受了“感动”，遂要求与萧合译老子《道德经》；萧欣然应允了。

1946 年夏季学期结束后，萧师毅与海德格尔每周六定期在后者的托特瑙堡小屋里会面。萧骑着摩托车，为海氏带去当时他作为“半同盟者”才能得到的咖啡、可可、面条、香肠、黄油、香烟等。关于他们的合作，萧师毅说：“起先，我们的翻译是从蒋锡昌（Chiang Hsi Chang）的老子版本着手的，它是通过多于 84 个古代文本的比较而编纂而成的，暂时可被视为最好的校勘本。我们没有理会其他译本和评注。我们首先翻译了显然最难也最重要的关于‘道’的几章。由于海德格尔思想方式的彻底性，至 1946 年夏季末我们只翻译了八十一章中的八章。也许再用十年时间就可以完成全部工作了，或许也会更早一些，因为其他章节没有这样晦涩了。”

萧师毅继续写道，他们原希望在第二个夏季继续工作。但后来萧被邀请在德国各地作演讲，他一时难以决定是继续与海德格尔合作呢，还是到各地做演讲去。他知道他与海氏的合作翻译将在哲学界引起轰动；而他的演讲能为承受了多重不公和贫乏的德国听众带去安慰，尤其是通过最高司令蒋介石的讲话（按：这个讲话题为《和平的责任》，由萧师毅译成德文，刊于《当代》1946年1/2期）。因为与德国土地上的反德同盟国不同，蒋介石认为日本人民是无辜的，甚至反对战争赔款，只要日本人真心悔过、拥护和平就行了。他与海氏的合作终于没有再继续下去（按：看来萧最后还是决定作演讲去了）。

另外，萧师毅还写道，海德格尔曾让他用中文书写了老子第十五章（按：珀格勒尔误引为第二十五章）的两句："孰能浊以止，静之徐清？孰能安以久，动之徐生？"还有一次，萧带一位实业界朋友去见海德格尔，在一起谈到"大道废，有仁义"（第十八章）、"圣人外其身而身存。不以其无私欤？故能成其私"（第七章）等老子语句。当时海氏说，其实老子后面这个格言就接近于奥古斯丁的话："随心所欲地爱和行。"

萧师毅先生所描述的情况大致就是上面这些。珀格勒尔的行文也算"油滑"了，在文章中没有对萧文提出明确的疑问和责难，而是转而去讨论海德格尔论述老子的情况。但我们还是希望能把事情说得更直接和更明白一些。

这里还须申明一下：萧师毅先生是我们的前辈，我们并不想也不该对他有什么不敬。况且，凭借记忆的描述总难免有落实不了的地方。比如萧师毅在文中所说的公园里一只大鸭子在空袭前持续12个小时的预感反应，就比较难以令人置信。我想也未必确有其事的。但这些都不怎么要紧。至于弗赖堡城市公园有没有为这只鸭子树一块纪念碑，也不是特别应该较真的事。事关宏旨的地方只有两点：一是事实，二是立场。事实却是相当清楚的。我想无论如何，我们现在可以确定如下几点：

第一，萧师毅与海德格尔合作翻译老子《道德经》这件事情是确凿无疑的。这也就是说，萧师毅在文章中所描述的故事大体上是可信的。在海德格尔方面，我们也见到了相关的证词。在1949年致雅斯贝尔斯的一封信中，海德格尔就谈到一个中国人以及他与这位中国人合译老子的事："你关于亚洲所说的话是令人激动的；有一个中国人，曾在1943—1944年间听过我关于赫拉克利特和巴门尼德的讲座，同样在东方思想中见出了相似的东西。凡我对语言没有亲切在家之感的地方，我总是感到怀疑的；而当这个中国人（他本身是基督教神学家和哲学家）与我一起翻译老子的几个句子时，我就更加怀疑了；通过追问我才经验到，整个语言本质对我们来说是多么生疏；然后我们就放弃了这个努力。"[①]

第二，两人合作的译稿至今下落不明。这也是事实。海德格尔遗稿保管人（海氏之子海尔曼·海德格尔）说他父亲遗稿中未见有老子译稿。这里不外乎有三种可能性：其一，可能海氏自己把译稿销毁了。比如珀格勒尔就持着这种解释，他在文中说："海德格尔很快就认识到语言上的障碍，即使有一位中国教师的帮助也是克服不了的。显然他销毁了自己的工作笔记。"[②] 其二，可能是在海氏本人手上遗失了。但这种可能性微乎其微，海德格尔是善于收藏的。其三，可能是遗稿保管人把译稿藏匿起来或者销毁了。这甚至是一种比较流行的看法（尤其是几位关注海氏与老子之交道的东方学者持此观点）。人们以为，海氏家人蓄意把译稿藏起来或者毁掉了，目的是为了掩盖海氏那段不光彩的历史。但种种迹象表明，这第三种可能性也很小，只是一种没有依据的猜测而已。再说，老子译稿与海氏那段经历又有什么关系，有多少关系呢？最近刚刚出版的《全集》第十六卷公布了许多新材料，并且特别集中地公布了海氏在1933年的政治错误方面的细节材料。[③] 该卷按照时间顺序收录了290篇海氏毕生（1910—1976年间）的讲话、

① 海德格尔、雅斯贝尔斯：《通信集（1920—1963年）》，美茵法兰克福，1990年，第181页。

② 珀格勒尔：《再谈海德格尔与老子》，载《自然现象学》[《现象学研究》特刊]，弗赖堡，1999年，第112页。

③ 海德格尔：《讲话与生平见证》，《全集》第十六卷，海尔曼·海德格尔编，美茵法兰克福，2000年。

致词、文章、书信、诗作、谈话等材料。这也表明身为历史学家的海尔曼·海德格尔是有严肃的历史感的。就我个人看来，上面第一种可能性最大，也即珀格勒尔作的那个解释是比较可信的。而不管怎么说，海德格尔与萧师毅合作翻译老子的成果，我们迄今为止尚未得一见。根据 H.W. 彼茨特的报告，当作家恩斯特·荣格尔 1966 年准备赴远东旅行时，海德格尔曾以老子第四十七章（“不出于户，以知天下……”）的德译文相赠；彼茨特认为这个译文是海德格尔自己作的。但显然，这也仅仅是彼茨特的一个假定和猜测而已。[①]

第三，两人的合作翻译对于海德格尔是有相当影响的。虽然不能说海德格尔此前没有关注过老子思想，但特别从 20 世纪四十年代后期开始，海氏在演讲、文章中对于老子的引述是比较多了。这肯定与海氏与萧师毅的这次合作有一定的关系。萧在文章中也说：他们的合作虽然未能完成，但对海德格尔产生了重要的影响。萧这话应该是合乎实情的。我们看到，尤其是 20 世纪五六十年代，而且主要在对技术问题和语言问题的探讨语境中，海德格尔对老子有不少引证，老子对海德格尔思想的影响是显而易见的。这方面的文本和事实已经被讨论得很多了，这里可以不赘。[②]

第四，同样可以确定的是，海德格尔并不认为这次合作翻译是成功的，更没有因为这次合作而皈依老子或者东方思想。相反，如上所引，海德格尔说他由此更多地体会了无法克服的语言障碍，从而放弃了这个尝试。在 1953 年，海氏在与一位日本学者的对话中也表示了这种无奈，他认识到对东亚语言的无知限制了自己对于语言本质的探讨。他也期望着一种未来的东西方对话。[③] 但他决没有认为东方思想文化是现代技术世界的救星，倒是更倾向于返回到欧洲文化传统的源头。

---

① 参看彼茨特：《迎向一颗星——与海德格尔的交往和对话》，法兰克福，1983 年，第 191 页。

② 参看张祥龙：《海德格尔思想与中国天道》，北京：生活·读书·新知三联书店，1996 年版。

③ 参看海德格尔：《在通向语言的途中》，《全集》第十二卷，美茵法兰克福，1985 年，第 89 页。

在同年做的《科学与沉思》一文中，海德格尔也明言：与希腊思想家及其语言的对话“始终是那种不可避免的与东亚世界的对话的先决条件”。[①] 在 1966 年《明镜》杂志记者的采访谈话中，海德格尔期待技术世界里出现一种“转变”，并且说这种“转变”“不可能通过接受禅宗佛教或其他东方世界观来发生。思想的转变需要求助于欧洲传统及其革新。思想只有通过具有同一渊源和使命的思想来改变”。[②] 凡此种种都表明，我们需要全面、客观地评价海德格尔与东方思想的接触（包括他译老子《道德经》这一事件在内），避免对有关事件作出“过度解释”。

这也就涉及立场问题。就萧师毅的文章而言，若要说有什么问题的话，我看恐怕就有一个立场问题。立场也影响了事实描写的效果。读者诸君也已经看出，萧师毅对当时因为在纳粹时期任弗赖堡大学校长一职而受到政治审查的海德格尔采取了同情的态度，认为海德格尔受到了不公正的对待，所以决定用所谓中国人固有的侠义心肠来为海氏主持公道，并且动用了孟子的话来安慰落难的海德格尔。萧在文章中传达了一个意思：喏，当时是我拉了海德格尔一把。我们固然不能怀疑萧师毅这种侠义心肠的真诚性，相反，我们甚至完全可以相信，萧是仁义之士，的确是出于真心的同情，希望给予当时身处逆境的海德格尔以某种抚慰。路见不平，拔刀相助，救人于危难中，这也算是我们中华民族的传统美德之一。况且萧曾参加过海德格尔的课程，也可以说与后者有师生之谊。

然而，这里大成问题的是：萧师毅有什么理由认定海德格尔当时受到了“不公和荒谬”的待遇呢？而萧所谓的“公正”又是何种“公正”、谁的“公正”呢？或者，我们可以换一种问法：侠义心肠能不能代替政治正义性？道德同情能不能取代社会正义？

---

① 海德格尔：《演讲与论文集》，《全集》第七卷，美茵法兰克福，2000 年，第 41 页。

② 海德格尔：《只还有一个上帝能救渡我们》，熊伟译，载《海德格尔选集》下卷，孙周兴编，上海：上海三联书店，1996 年版，第 1313 页。

但这显然还不仅仅是萧师毅的问题。如他在文中引述了蒋介石的主张，即所谓反对战争赔款，只要日本人真心悔过之类，在今天看来也是大成问题的（当然这是蒋介石及其政府的问题了）。在这里，貌似宽宏大量，代价却是国民受害受苦，正义没有得到应有的伸张——因为战争赔偿本来就是伸张正义的一个方式和手段，而且现在看来是最好的一个方式和手段。害人者赔偿受害者，这是天经地义的事情，是最基本的公正。德国人在“二战”以后一直在进行战争赔偿，赔完了犹太人，赔完了受害国，直到今天（2000 年）还在赔偿战时强制劳工。这种赔偿无疑就是反省、认错、悔过的行动。再来看看日本吧，由于中国方面的所谓“仁义”，日本人逃过了战争赔偿，然而是不是就因此认错悔过了呢？并不！众所周知他们现在居然连战争事实都要否认了，反过来弄得当年的受害诸国一天到晚要为证明曾经有过侵略战争而费尽心机。虽然这里面有着复杂的原因，但我以为，我们现在必须反思一下我们的历史悠久的“道德政治”了。“道德政治”的后果往往就是丧失社会公正尺度，走向假仁假义。在我看来，也只有当我们脱掉道德假面，建立起社会政治的公正性原则之际，我们才可能拥有健康的道德。

如上所见，萧师毅当时就是带着一种博大的仁义之心在德国各地作报告，安慰受难中的德国人。我仍旧要说作为个体的萧先生诚心可鉴，也是无可指责的。然而，我们在这里不得不承认一点：好在蒋介石先生的主张和萧师毅先生的仁义之心没有成功地被推广到欧洲大陆，要不然，欧洲的战争受害者和受害国连一点补偿苦难的机会都将被剥夺掉了。

实际上，就思想态度而论，萧师毅在文章中透露出来的恐怕仍旧是一种“中国文化优越论”或者“中国文化救世论”（但愿我这不是乱扣帽子）。前述的萧师毅的侠义心肠显然也是与这种救世态度相关联的。在他这篇短文中，萧师毅也总是自觉不自觉地表现出这种态度。他说他之所以与海德格尔合译老子，是因为他坚信老子思想有利于战后西方世界的反思。他甚至费心设计了弗赖堡城市公园里一只对空袭有预感反应的神奇的鸭子，并且说这种在我们东方人看来十分自然的神奇现象，西方人是理解不了的。他设定：海德格尔的思想对许多西方人来说是多么怪异，多么难以理解，而对东方人却是不成问题的了。到文章的最后，萧师毅殷切地说："希望西方人能从海德格尔身上学到一点：如此真诚、如此开放和如此毫无保留地去探究我们亚洲人身上传承下来的那种真理。"号召欧洲人学习东方文化，这当然是一个很好的主意，但前提是：不要预先摆出一副救世姿态，设定西方文化已经没有出路，而东方文化是世界之最，是世界文化的归宿。

东西方文化之间的对话势在必然，而且实际上早已经在展开中了。海德格尔说这种对话的先决条件是欧洲传统对自身的深入理解。这从海氏角度来讲固然不错，特别是因为今日世界文化的主流和主体是西方工业技术文化，而这种文化的源头在古希腊，所以实施"返回步伐"（回到希腊去）便成为海德格尔对思想的一个基本要求。但我在这里想补充的一点是，这种对话若要获得成功，除了对话者对自身文化传统的深入理解外，还需要的一个基本前提，那就是平等和公正观念的建立。具体一些讲，首先，对话双方（或者多方）应当努力摆脱掉"种族中心主义"的陈旧立场（无论是欧洲中心主义还是亚洲或东方中心主义），构造一种平等的交往和商谈秩序；其次，应当确立一个非情绪的、基于共同人性的、合乎人类共同利益要求的、因而具有普世意义的公正观念。若没有这两点，则对话仍旧难免成为一种事实上的独白。

令人遗憾的是，时至今日，在中国学界，我们能听到的声音一仍其旧，不是"西方中心主义"（所谓"全盘西化"）的呼声，就是"东方中心主义"（"中国文化救世论"）的主张，而且更多地似乎仍旧是后一种主张。"中国问题"还没有解决，就急着忙着要去解决"世界问题"，要为全世界指出出路和方向，要去"解放全人类"了。这些年来不断涌现出来的弘扬“孔子仁学结构”的主张、“河东河西”的预言、“新世纪呼唤新孔子”的要求，在我看来都还是四海之内以我为大、你有物质我有精神之类的阿 Q 精神的发扬光大。就学理面而言，令人伤心丧气的是，我们在一个半世纪以来居然没有什么长进，仍旧是一派洋务姿态！

[附记] 话到这里，想到不久前一个阳光明媚的下午，我与伍泊塔大学哲学系的黑尔德教授、特拉夫尼博士等人同游黑森林托特瑙堡。我们在海德格尔的小木屋门前的台阶上坐下来，居然也谈起了“海德格尔与老子”这个话题，其间自然也触及海德格尔与萧师毅先生合作翻译《道德经》的故事以及各种评说。至少就思想史而言，这毕竟是一个重要的话题；而这座木屋也算是一个重要的“事发现场”了。如今当然已经是人去屋空了。往事悠悠，世事苍茫。东方与西方，时间与距离，历史与现实，事实与立场——这些都令我们感动，都让我们深思。

我们如何敲打词语[①]

1998年5月中旬，现象学翻译研讨会在杭州和绍兴两地举行。在我的印象里面，哲学界专门开会讨论翻译问题，近几年里好像还是头一次。以前是有过的。这方面，与文学翻译界相比，哲学界就显得比较迟钝了些。也许事情总是这样的——文学总比哲学热闹。但哲学的翻译不能说没有问题，其实简直是“问题成堆”。正是出于这个共识，国内一些主要从事现代德国哲学研究的中青年学者决定专门开一个会，议论一下翻译方面的事体。实际上，此前不久，如倪梁康和陈嘉映等同志，就专门写了讨论德国哲学之汉译的文章；大家也早就在议论，需要开一个哲学翻译专题的研讨会。

改革开放以来，我国的西方哲学翻译进展不小。最近40年间出版的哲学译著，从数量上讲恐怕已经超过了以前的一百余年（这是我猜测的，并没有真正做过统计）。特别是19世纪下半叶以来的现代哲学的许多作品，过去因为革命和动乱的原因，不能译，或者译得很少，现在就较为可观了。如今译品之多，译者之众，赶超玄奘时代的佛经翻译该是没有问题了（这也是我想当然的估计）。我想，实际上我们的汉语文化中正在发生和经历着一场“运动”，可以叫作“翻译运动”。再说开去，我们当代的中国学术，如果说它完完全全是“翻译学术”，可能会引起异议，一些喜欢倡导“原创”或者自诩为“原创”的学者们，就更加不能同意了；但如果说它是“带有翻译性质的学术”，应该是没有大错的。这样看来，翻译这个事业不但还要进步，而且也要求

① 本文原载《浙江社会科学》，杭州，1999年第1期。

有深层的反思。

我们的会议大致就是一个反思会，虽然规模小，仅仅局限于现象学哲学界。在这里，我想来谈谈自己在会上和会后所听、所思的有关哲学翻译方面的问题。

凡哲学都有“基本词语”。做哲学翻译，或者讨论哲学翻译，在技术层面上就更多地落实为对一些“基本词语”的琢磨和敲打。但哪些是“基本词语”呢？这首先就不容易认定。一些特别“宏大”的词语（范畴），如“相”或“理念”（idea）、“实体”（ousia）、“自我”“现象与本体”“先验和超越”“绝对精神”，等等，是欧洲哲学史上当然的“基本词语”。再如，海德格尔深思过的一些希腊词语，如 aletheia（“无蔽”，旧译“真理”）、logos（“逻各斯”）、physis（“涌现”，通译“自然”）等，被认为是早期希腊思想的“基本词语”，想来也是没有问题的。但具体进入到一个哲学家的文本中，我们有时候就较难确定究竟哪些是他的“基本词语”。如在海德格尔那里，像“存在”（Sein）、“此在”（Dasein）、“实存”（Existenz，通常译为“生存”）以及眼下已经有七八个中文译名的 Ereignis 之类，是得到公认的海德格尔的“豪言壮语”了；但此外也有一些比较平常的词语，在他那里（特别是在其后期思想中）也获得了某种基本性，诸如“事物”（Ding）、“天空”（Himmel）、“大地”（Erde）、“事情”（Sache）、“思想”（Denken）等，在传统哲学家那里就算不上是特别重要的概念。

所以，陈小文在这次会上发言，就只谈了海德格尔一个书名的翻译：《面向思的事情》。其中“面向”“思”和“事情”三个词，其实都很重要，也很可疑问，值得讨论一番。我们知道，这个书名显然与胡塞尔提出的现象学原则“面向实事本身”有关。这个原则在我国哲学界却已有多种译法，如“面向事情本身”“面对事情本身”“到事情本身中去”“面向实事本身”等。就海德格尔的这个书名来说，“面向”（zu）这个介词就有了问题，“面向”或“面对”这个译法给人感觉是“对立于……”，而这种对象性的意味恰恰是海氏讨厌的。译成“到……中去”倒是较为合义的，但译文要不要讲究一点简洁、工整感呢？“事情”（Sache）这个译名似乎没有问题，但因为太过平常，有时在译文语境中就很难显突出来。这个词，我现在比较倾向于倪梁康的做法，把它译成“实事”，也较好地体现了现象学的“实事求是”的精神。再说“思想”（Denken），因为在海德格尔那里，“思想”也不是传统哲学意义上的思想，而且他又特别强调德语“思想”这个名词的动词义，怎么区分开来呢？也确是问题。已故的北京大学的熊伟先生首创了“思”这个单词来译海德格尔的 Denken，现在已经比较流行了。我们在作《面向思的事情》一书的翻译时，基本上也从熊伟先生的译法。这是味道蛮不错的译法。但在具体处理时，我们也不免发现令人难堪的地方。举例说来，在同一个文本中，或者甚至于在同一个段落中，海德格尔同时使用了他自己意义上的和传统哲学意义上的 Denken，若分别译成“思”与“思想”，总还是令人不安的——毕竟这是同一个德文词嘛！一定要说成海德格尔的“思”与黑格尔的“思想”，也未免过于拘泥了。

这种情况却是相当普遍的。我这里再举出 Dasein 和 Existenz 两个概念。海德格尔的 Dasein，现有的比较为学界所同意的译名是陈嘉映、王庆节做的“此在”。但大家知道，海德格尔用的这个德文概念也是德国古典哲学的重要概念。康德谈论“上帝存在”时，用的正是这个 Dasein。在黑格尔那里，我们一般把 Dasein 译为“定在”。古典哲学中的 Dasein 意思接近于“现实性”（Wirklichkeit），是指一般事物的现实存在；海德格尔则以此词专指“人的存在”。要不要、能不能在译名上加以统一呢？例如，一概把 Dasein 译成“此在”如何？如若不加以统一，就会出现以下情形：康德讲的“存在”、黑格尔讲的“定在”和海德格尔讲的“此在”，其实都是同一个 Dasein。同样艰难的是 Existenz。此词有译“实存”的，有译“存在”的，也有译“生存”的。于是就有：康德的“实存”，萨特尔的“存在”（以及所谓“存在主义”），海德格尔的“生存”，其实，用的都是同一个 Existenz。这就让人犯糊涂了。从翻译操作角度看，如果在同一篇文章、同一个段落甚至同一个句子中出现各位哲学家使用的 Dasein 或 Existenz，则如何是好呢？作为译者，我是经常碰到这个问题或者类似的情形的，有时候没有办法，只能加注释予以说明，但终究不是良策，感觉上也是极不痛快的。

一个译名投入市场（语境）之后，就会形成所谓“约定俗成”的惯性力量。所以，大家明明知道只有一门“存在学”（Ontologie），而没有什么“存在”（Sein）的“主义”（-ismus），但还是舍弃不了“存在主义”（Existenzialismus）这个译名。以西文（如德文）的语感，Sein、Dasein、Existenz 三个词应该有一种直观的区别：Sein 是一般的存在，凡事凡物都“存在”，都“是”或“在”；Dasein 是“在此存在”，是“在这儿”，即事物的现实的存在；Existenz 则是实际地展开出来的存在，因为前缀 Ek（出离、绽出）和词根 sistenz（持立）的缘故而更带有动词性。这种词语间的微妙差异，对于母语人群来说应该是不难分辨的；但对我们来说，却有了感受上的困难和混乱。

从译名上讲，Sein 译成“存在”，差不多已经定型，当然也还有人不以为然，甚至还有坚决反对的，反对的基本理由其实大家都能同情：西文中的名词 On、Sein、Being（“存在”）是系动词“是”（einai、sein、be）的名词化，若把前者中译为“存在”，就难以显出它与“是”的联系了。所以，为强调这种语法形式上的联系，有人就主张把前面这个名词也译成“是”，而不应译成“存在”。我认为这个理由并不多么充分，因为即使在希腊文中，名词 On 与系词 einai（不定式）也是两个词，两者之间也并不具有同一个词形，两者在字面上也没有表现出什么联系，何以在我们汉语翻译中就一定要把两者统一起来、强求词形上的一致呢？在德语中，名词 Sein 与系词 sein 倒是只有大小写的差别，但显然这并不能支持人们把名词 Sein 译成“是”。在这个问题上，我的基本想法是：显示“存在”与“是”的联系，这主要是理解和解释的事，而不是翻译工作的首要考虑，虽然翻译总是理解性和解释性的。

再说 Dasein 和 Existenz，我认为目前已经有了统一译名的可能性。以“此在”翻译 Dasein，是较为合适、妥当的一个办法，无论是康德的还是黑格尔的还是海德格尔的 Dasein，都不妨统一为“此在”。至于 Existenz，无论是古典哲学的，还是现代哲学的，一概做成“实存”也是可以的，到底是事物的“实存”还是人的“实存”，则要在具体语境里领会。但这样一种“统一工作”谁来做、谁能做呢？毕竟学术上的事，不是谁能说了就算的，而需要在语境里自然地磨合。我这里只能表达一下自己的意见。

顺便还提一下：海德格尔那里的 Existenz，现有《存在与时间》中译本译作“生存”，大家好像比较愿意接受。但译者陈嘉映在一个场合里也讲到，这个译法也有让人为难的地方。比如，海德格尔在《回到形而上学的基础》一文中就讲出这样的话：只有人生存，岩石存在，但不生存，树木存在，但不生存（大意如此）。这里的“生存”用的是动词的 existieren。说“人生存”，可听；而说“岩石不生存”，固然也可以理解，但听来总让人以为是在胡说，至少是废话。由此也可见，把 Existenz 译为“生存”并不是最合身的。

我们在会上争论较为激烈的另一个问题是翻译的原则问题，或者照我的说法，是翻译的“方向”问题：译者在做哲学翻译时，是应该采取“上行”的策略呢，还是采取“下行”的策略？所谓“上行”策略，我的意思是指，译者在作学术翻译时要自觉地突破母语表达上的限制，打破常规约束，进行必要的语言（词语）创新，为改造、营造母语学术语言和学术语境出力；所谓“下行”策略，就是译者尽可能自然地使用日常语言，尽量向日常语境靠拢、贴近，不求新异，只求通俗易懂，使译文可以为大众所接受。实际上，这是译界长期以来争论不休的老问题了。或者说得更明了些，“上行”策略实为“硬译”主张，而“下行”策略实为“软译”主张。

在这个问题上，我与陈嘉映、倪梁康两位同志产生了明显的分歧和争执。若往深处想，这种分歧实质上体现了我们在语言观点上的某种差异，特别是对于日常语言的看法的差别。问题在于：日常语言有没有限度？是否具有优先性？学术语言与日常语言的关系如何？对于学术来说，日常语言够不够？等等。这些问题，自然不是三言两语就能谈清楚的。我的总体看法是：虽然学术语言离不开日常语言，是植根于日常语言的，而且可以说两者之间并不存在泾渭分明的界线，但学术语言又是一个相对独立的系统和组织，它对日常语言具有某种改造和提升的作用；也就是说，在学术语言与日常语言之间存在着一种紧张的关系，一种张力，而这种张力至少是革新日常语言的力量之一。我以为，日常语言本身是缺乏自我革新的动力的，它的革新和丰富须借助于学术语言、文学语言以及政治语言的异质力量。

我主张，学术翻译必须是“硬译”。我当时陈述的理由大致有以下两条：其一，学术本身就是“硬”的，就是为少数人的，属于少数人的，这不是什么“贵族主义”，而是文化之“实事”。我们译介进来的外国学术著作对我们自身的学术文化传统来说原本就是“异质的”，甚至是格格不入的尖锐的“硬物”。这些学术“硬物”因为其本身的性质，在原文的语境里就只有少数人才能进入，才能读懂，译成我们汉语以后同样也只能引起少数人的兴趣。像我国20世纪八十年代后期那样的“学术热”，我们固然不能说它不正常，但也不能说是“常态”。甘阳当年翻译的卡西尔《人论》，居然在九个月内印了十多万册；倪梁康当年翻译的胡塞尔《现象学的观念》，据说印数也有十多万册。这样的“学术狂热”当然是属于特定时代的，并不能否定学术著作的“硬”与“冷”的性质。

其二，我认为，学术翻译不但有引介思想内容的功能，而且肩负着改造语言的功能，特别是在现代汉语学术语言尚未完全成熟的情况下，“硬译”就更为必要了。这个理由差不多是鲁迅先生提出来的。大家知道鲁迅先生是主张“直译”（“硬译”）的，是主张“宁信而不顺”的（先生为此还吃了许多笔墨官司）。当然，鲁迅先生也说了，这所谓“不顺”，绝不是说“跪下”要译作“跪在膝盖上”，“天河”（“银河”）要译成“牛奶路”的意思，而是说，译文“不妨不像吃茶淘饭一样几口可以咽完，却必须费牙来嚼一嚼”。“这样的译本，不但在输入新的内容，也在输入新的表现法”。[①] 我理解鲁迅先生的意思，就是认为译文可以、应该保持原文形式上（词语、句法、文法结构等）的“奇异”性质——相对于我们母语日常表达而言的“奇异”性质，从而达到丰富乃至改造我们母语的效果。这个想法，我以为是特别适合于学术翻译的，因为在学术著作中，不同的语言、不同文化之间的相异性得到了最充分的体现。

实际上，就哲学翻译来说，是不可能做到“软译”的。倪梁康虽然在争论时主张译文要尽量做得“软”一些，但他在这次会上提出的几组胡塞尔现象学概念的汉译名，有的简直是其“硬”无比，被靳希平称为“最让人忍无可忍的译法”。希平兄是典型的老夫子，他一般是不会说“忍无可忍”之类的话的，可见问题是确实有点严重了。例如，倪梁康提出以下两组译名：Präsentation（呈现）、Repräsentation（代现）、Re-Präsentation（再现）、Appräsentation（共现）；Gegenwärtigung（当下化）、Vergegenwärtigung（准当下化）、Mitgegenwärtigung（共当下化）、Ent-gegenwärtigung（脱当下化）。

光就这些中文译名看，确实是“惨不忍睹”的，但大家虽然有不少意见和异议，好像也未能提供出更明白、更好看一些的译名来替代。这当然就是一种碰到“硬物”的痛苦了。

---

① 鲁迅：《全集》第四卷，北京：人民文学出版社，1981 年版，第 382 页。

关于翻译的“方向”问题，我们在绍兴文理学院专家楼会议室里差不多争论了一个晚上。当时我与陈嘉映、倪梁康的态度是对立起来的（其他同志的意见已经记不太清楚了）。现在想来，这种对立态度可能带着某种基于当下语境的情绪性，其实未必就如此势不两立。记得当时就有人指出，陈嘉映和倪梁康作的翻译可能是“上行”的，而竭力主张“上行”的我的一些译文，却好像更是“下行”的。这个时候，我除了苦笑外，就只能承认自己的译文没有做到家，偏离了我为自己提出的要求。

不过，这种情况也表明，无论是主张“上行”的译者还是主张“下行”的译者，翻译这件事实际上更多的是一种手艺活，既为手艺，重要的就不是主张什么，而是身体力行的感觉，那种敲打词语、体会语境的感觉，此外，要的就是职业道德，良心的尺规了。

后期海德格尔基本词语的汉译[①]

一、翻译的语境原则

先讲讲翻译的原则问题。翻译应该怎么个做法？这是大问题，是说不清楚的。依我看，翻译一般采取两法："硬译"与"软译"。当然你也可以说，有"不硬不软"或"亦硬亦软"的译法。但我以为，这样折中的"辩证法"最好不要在"事前"或"事中"作为指导方针摆出来。在实践中，我们常常碰到的不是"硬"东西就是"软"东西。本人一直是倾向于鲁迅先生的"硬译"主张的。先生的理由大家也是知道的：翻译本来就有改造自家语言和文化的意义在。

不过需要补充一条：翻译的"硬"与"软"也要视具体情况，要看译的是什么。若是文学作品或者普及读物，是需要让大众喜闻乐见的东西，或者是旨在娱乐群众的东西，我以为以"软"译为妙，否则就难以达到大众"教化"或"消遣"的目标。但对于思想学术类的作品，我是坚持"硬"译的。这方面的译文就要"蓄意地"做得"硬邦邦"的，让一般人轻易看不懂——因为原著本身就不是一般人所能接近的。若是把学术品也译得喜闻乐见（一般说来这也是不可能的），则学术翻译的意义已经丧失了大半。我想，当年汉唐佛经之译文，也不是当时平常人可以了解的，但鲁迅先生所说的改造语言的目的，甚至是改造思想文化的目的，最后不也达到了么？

硬译怎么个"硬"法，"硬"到什么程度才比较合适，这也是个问题。翻译与人们一般做事一样，不会也不应有绝对固定的标准做法，

① 本文系作者在"现象学翻译学术研讨会"（杭州 1998 年 5 月 13—17 日）上的报告。有关这次会议中对一般翻译问题的讨论，可参看本书中的《我们如何敲打词语？》一文。

因为毕竟是“手工活”，而不是机器做的事。若笼统地讲翻译的“硬”法，我只主张一个“原则”，就是“语境原则”。显然，这是一个可以松动的相对的原则。这里所谓的“语境”，意思可分为下面两项：

一是原文的语境，要依原文上下文的“理”和“路”，把本义传达出来，这也就接近于通常所谓的译事之“信”的要求了。在我们下面将举出的关于海德格尔“基本词语”的汉译例子中，有几个就关联到如何服从原文语境的问题。譬如“澄明”（Lichtung）这个词语，是已故的熊伟先生的译法，近几年来好像颇受人们怀疑。因为海德格尔曾以接近譬喻的方式，把 Lichtung 解为“林中空地”，于是就有人主张不应把它译为“澄明”，而应译之为“林中空地”。但只要看过几页原著，我们就会发现“存在的林中空地”（die Lichtung des Seins）终究不是好听的译法，特别是在具体语境中会显得十分别扭。再说了，这种译法又如何显明 Lichtung 与动词 lichten 的关联呢？你总不能说“语言是存在本身的既‘林中空地着’又遮蔽着的到达”吧？（海德格尔：《路标》，美茵法兰克福 1978 年，第 324 页。）我们把此句译作“语言是存在本身的既澄明着又遮蔽着的到达”。从原文语境考虑，我以为还是把 Lichtung 译为“澄明”好！

二是母语语境。海德格尔著作的汉语翻译，除了错译、漏译、意义偏失等技术性毛病会受到应有的责难外，另外还会受到一种特别的责怪，即把海德格尔过于“中国化”了。这个责怪本身值得我们细细考量。人们译康德或黑格尔，好像就没有受到此类责难。这是为何？值得我们想一想。我且把这个问题摆在这里。什么叫“中国化”？其实也是成问题的。我认为，至少这个责难是一个“失度的”责难，它包含着一种“原汁原味”的要求。人们要求看到一个“原本的”海德格尔。这听起来好像是蛮合理的要求，实则不然亦不该。我们汉语思想者研究海德格尔自然要着眼于汉语语境，“做”出来的海德格尔应该是而且必然是“汉语的海德格尔”——除非你放弃汉语，全盘用西文写作。

我这样说，并不是要为时下流行的中西文化比较研究中的拉郎配现象张目，例如把海德格尔与老子、庄子、王阳明，甚至朱熹等拉在一起“配种”。这样的“配种”首先已经设定被配的双方是“同类”，最后得出结论确是“同类”。我所谓遵从汉语语境是要强调两点：其一，中国的西学研究者必须充分地自觉我们的研究的“中国性”或“汉语性”，从思想—语言的共属一体性的角度，去体悟中—西思想之间的近与远，同一与差异。其二，从技术性角度讲，我们在翻译时，特别在确定译名时，必须照顾既有的学术语境，例如要充分考虑译名的基本的稳定性和连贯性，否则就会流于“无度”。在这方面，目前学界已出现许多混乱，可谓译名上的“百家争鸣”了。“百家争鸣”当然好，但也不可无边无际。这方面最大的问题是一些研究者往往试图以词语的“解释义”代替“翻译义”，有时甚至故作惊人状，从而动摇了译名的基本恒定性和一贯性，对于学术讨论并无好处。

废话少说，我们还是来谈点正事。

二、Die Sterblichen（终有一死者，终有一死的人）

我们先从基本的“人”开始。后期海德格尔说到“人”时，不再像他前期那样用“此在”（Dasein），而是喜欢用 die Sterblichen 一词。如他讲到“四重整体”（Geviert）或者“四方”（Vier）时，举出 die Erde，der Himmel，die Gttlichen 和 die Sterblichen 四者，这四者可分别译为“大地”“天空”“诸神”和“终有一死者”，为简约起见，亦可译为“天、地、神、人”。其中的 die Sterblichen 也有人译为“短暂者”，特别是从英文译读海德格尔著作的研究者，喜欢提出这种译法。好像也有人把它译为“凡人”。有没有其他的译名，我还不知道。我个人建议译之为“终有一死者”，在特定语境里，为更明确意义起见，也可译为“终有一死的人”。

前期海德格尔所谓的“此在”（Dasein）的一个本质特性是“有限性”（“时间性”）。在我看来，后期海德格尔用 die Sterblichen 一词，其基本意图也是要强调人的“有限性”“必死性”。在这一点上，Dasein 与 Sterblichen 应该并没有大的分别；海德格尔之所以弃前者而取后者，我认为只是为了避免以传统哲学的专名表达思想。

在德文中，die Sterblichen 是形容词 sterblich 的名词化。这个形容词的意思是：会死的、死亡的、非永生的。相应的动词是 sterben，意即死、死亡、逝世等。以海德格尔的说法，唯人能死，能赴死，而动物只是消亡而已。“短暂者”这个译名当然不能算错，但显然没有能够显出 die Sterblichen 与其形容词和动词中的“死”这个意义。“凡人”这个译名大致也有这个毛病。而我自己译的“终有一死者”或“终有一死的人”，“死”是有了，但也显得比较累赘。总之，这样一个简单的词语亦值得我们思量一番。“终有一死者”如何？还是“必死者”？

三、Ek-sistenz（绽出之实存）

在《存在与时间》以及更早的一些讲座中，海德格尔已经把“此在”的存在方式规定为“实存”（Existenz），并把它与“绽出”（Ekstase，希腊文的 ekstasis）联系起来。[①] 希腊文 ekstasis 的原意为“站出去”“绽出”。海德格尔以此表示：“此在”之存在方式乃是在时间性诸环节（将来、曾在、当前）中的“绽出”。而在 20 世纪三十年代

① 海德格尔：《存在与时间》，图宾根，1986 年，第 329 页。

以后的一些文本中，如在《关于人道主义的书信》中，海德格尔直接把德文的“实存”（Existenz）一词书作 Eksistenz，以突出标明人的存在方式是进入存在之真理（存在之澄明）中的“绽出”（“出离自身”）。

根据倪梁康博士的介绍，有日本学者把海德格尔的这个 Ek-sistenz 译为“脱一存”；倪博士认为还不如用“超一存”更好些。这样译来，看起来 Ek 和 sistenz 两方面的意思都带着了一点，但是不是过于拘泥于字面了呢？

我把 Ek-sistenz 一词译为“绽出之实存”，以区别于一般意义上的 Existenz（包括海德格尔在前期文本中用的 Existenz），另一方面也仍旧可以显出它与 Existenz 的联系；相应地，动词 ek-sistieren 译为“绽出地实存”。海德格尔有话：“此在不仅绽出地实存（ek-sistiert），而且也固执地持存（insistiert）。”[①] 在这个语境中，海德格尔并且使用了 ek-sistent（绽出的）和 insistent（固执的）两个形容词，两者似也可以译解为“外存的”和“内存的”。

四、Ereignis（大道、本有、居有事件等）

“人”的名称一变，在海德格尔那里相应的也有“存在”（Sein）一名的变化。现在人们已经发现，作为“存在”的 Ereignis 时隐时显地规定着后期海德格尔的思想进路。自 20 世纪九十年代以来，Ereignis 也已经进入了汉语语境之中，却是以多样而混乱的方式进入的。据我所知，眼下国内至少已经有以下几种对 Ereignis 的译法：“大道”（孙周兴）、“本有”（陈小文、孙周兴）、“本然”（张灿辉）、“本是”（陈嘉

① 海德格尔：《路标》，孙周兴译，台北，1997 年，第 193 页。

映)、“本成”(倪梁康)、“自身的缘构发生”(张祥龙)、“居有事件”(孙周兴),也有译为日常性的“发生”“事件”之类的。而且说不定还有我没见到的译法。算起来差不多已经有十几种译法了,算得上西文中译的译名中歧义最多者,堪称一绝了。我自己在不同的文本语境中竟采取了三种不同的翻译,弄得自己也哭笑不得。

我这里只说说个人的译法。“大道”这个译名,我是在译《在通向语言的途中》时形成的,起先对自己的这个译法颇为得意,倒也不怕被指责为“中国化”——既然 Logos 可以是“道”,何以海德格尔的 Ereignis 不可以是“道”呢?但在具体的语境中,这个译名也很令我犹豫,有时也只能以“居有事件”凑合;再与陈小文合译海德格尔的《时间与存在》等文章(载《面向思的事情》)时,更对“大道”这个译名起了疑心,至今仍感觉不安。

当时译“大道”,无非有三个理由:一是海德格尔把 Ereignis 与“逻各斯”(Logos)和“道”(Tao)三者并举;二是海德格尔把 Ereignis 与“道说”(Sage、Sagen)相联系;三是以海德格尔的理解,Ereignis 有“开辟道路”(Be-wegung)和“最温柔的法则”之义。这些理由在《在通向语言的途中》一书中尤为明朗。这样想开去,就自然想到可以把它译为“大道”了。在《在通向语言的途中》的一些句子中,我总以为我的“大道”一译较为通达,放在那里像一个句子。换上别的译名,有些句子多半就会让人莫名其妙,难成句子,或者与上下文难以接合。试看以下句子:

Es—das Ereignis—eignet.①

试译:它——大道——成其本身。

Das Ereignende ist das Ereignis selbst.②

---

① 海德格尔:《在通向语言的途中》,弗林根,1986 年,第 259 页。

② 同上书,第 258 页。

试译：成道者乃大道本身。

Das Ereignis ereignet.[①]

试译：大道成道。

Die im Ereignis beruhende Sage ist als das Zeigen die eigenste Weise des Ereignens.[②]

试译：作为显示，基于大道的道说乃是最本己的成道方式。

Die Sage ist die Weise, in der das Ereignis spricht.[③]

试译：道说乃是大道说话的方式。

但我的这个译法也不是没有问题的。海德格尔使用了与 Ereignis 相关的一类动词，诸如 ereignen、übereignen、vereignen、eignen、enteignen 等。这些动词都具有词根 eign（本、本己、自身）。若我们把 Ereignis 译为“大道”，则这些带“本”的动词该如何恰当地翻译出来呢？主要基于这个考虑，我在与陈小文合作翻译海德格尔的《面向思的事情》时，就试着把 Ereignis 译为“本有”。[④] 笔者之所以提出“本有”一译，还有另外一个考虑：海德格尔经常使用“作为本有的存在”（das Seyn als Ereignis）的说法，也可见海氏对 Ereignis 与“存在”（Seyn）作了相同位值的理解。[⑤] 在相应的语境里，我就把 ereignen 译为“居有”，把 übereignen 译为“转让”，把 vereignen 译为“归本”，把 eignen 译为“成其本身”，把 enteignen 译为“归隐”。但这样译下

① 海德格尔：《面向思的事情》，图宾根，1976 年，第 24 页。

② 海德格尔：《在通向语言的途中》，弗林根，1986 年，第 266 页。

③ 同上书。

④ 参看海德格尔：《面向思的事情》，陈小文、孙周兴译，北京：商务印书馆，1999 年版。

⑤ 可参看海德格尔：《哲学论稿——论本有》，《全集》第六十五卷，美茵法兰克福，1989 年。

来，既没有完全显出这些动词所共有的“本”（eigen）之义，也没有很好地显明这些动词与被我们译为“本有”的 Ereignis 的联系。

难也！似乎是没有办法的事。如果从海德格尔著作的具体语境来考察，我们就会看到，要把上述词语的词根意义完全传达出来，几乎是不可能的。我们拿与 Ereignis 直接相关的动词 ereignen 来说，我们首先大约可以译之为“成其本身”，如 das Ereignis ereignet。但是，海德格尔也往往把它用作及物动词，如以下句子：

> Was ereignet das Ereignis？
>
> 试译：本有居有什么？
>
> Was ist das vom Ereignis Ereignete？
>
> 试译：为本有所居有的东西是什么？[①]

这时候，把动词 ereignen 译为“成其本身”或者甚至“发生”之类，就大成问题了。

一个思想家的基本词语，当然最好有统一的译名。但对于海德格尔的 Ereignis 却难以做到。某个基本词语及其具有词根联系的词类，最好在译名上有所体现，但对于 Ereignis 及其动词族，我的感觉也是难以达到的。

五、Sage（道说）

Sage 是与 Ereignis 相关联的一个关键词语，所以也有必要讲一

① 海德格尔：《面向思的事情》，图宾根，1976 年，第 45 页。

讲。总的说来，这个词还比较明确可译，无非就是“言”“说”或“言说”等。英译者一般译之为 Saying。在日常德语中，Sage 一词的意思是“传闻、谣言、流言”；也有另一重意思，谓“传说”，例如“民间传说、英雄传说”等。但海德格尔并没有采取 Sage 的这两个日常意义，而是把它与 Ereignis 联系起来。所以，我主张把 Sage 译为“道说”，目的是为了显出它与 Ereignis 的意义关联。Sage 的动词为 Sagen（sagen），也可译为“道说”。海德格尔还提出了一个与 Sage 相关的古词 Zeige，其动词形式为 Zeigen（zeigen）。Zeige 可译为“道示”，动词 zeigen 则为“显示”或“道示”。

另外，如果我们把 Sage 及其动词 sagen 译成“说”或“言说”之类，就难以在字面上与另一个“说”（sprechen）明显地区别开来。而对于具体的翻译来说，“字面”原是十分重要的。

六、Unter Schied（区—分）、Zwiefalt（两重性）和 Austrag（分解）

这里列出的一组词语，在我看来在后期海德格尔思想中占有十分重要的分量，而在我们国内学界还少有讨论。这组词共同体现了后期海氏摆脱形而上学的“存在学差异”（ontologische Differenz）概念，而思入“存在”（Sein）或者“大道”（Ereignis，或译为“本有”）的“解蔽—遮蔽”“显—隐”“在场—不在场”和语言上的“道说—人言”“不可说—可说”的差异化、两重化运动的努力。海德格尔甚至说：存在和语言的本质是“两重性”之运作。所谓“区—分”和“两重性”，都是表示“存在本身”及其运作的词语。“区—分”是“存在者之存在”与“作为存在的存在”（存在本身、澄明）的区分。而“存在本身——这说的是：在场者之在场，亦即两者的出于其纯一的两重性”。[①]

就 Unter Schied 和 Zwiefalt 两个词而言，在翻译上似乎没有多少问题。但 Austrag 一词，就较难处理了。

海德格尔的讲法是 Austrag des Seins（“存在之分解”）。在日常德语中，Austrag 一词有“解决、裁决、调解”等义；其动词形式 austragen 有“解决、澄清、使有结果、分送”等义。海德格尔在《同一与差异》中说：“持留于其实事那里的思想——若这种实事是存在——必须从事存在之分解。”[②] 依他之见，“实事”（Sache）意味着“争执”，而思想的“实事”是“存在”，故有“存在之解决（调解）”一说。

在进一步的讨论中，海德格尔以 Austrag 一词来思存在与存在者之“差异”的区分化运作，并赋予此词以中心词语的地位。海氏在《同一与差异》一书的“前言”中说：“至于差异如何来自同一之本质，读者应当通过倾听在 Ereignis（大道、本有）与 Austrag（分解）之间起作用的一致音调而亲自去发现。”[③] 可见，这个 Austrag 与作为存在的 Ereignis 是一体的。海氏又说：“作为袭来（berkommnis）与到达（Ankunft）的区分（Unter-Schied），存在与存在者的差异乃是两者的既解蔽着又庇护着的分解（entbergend bergende Austrag）。”[④] 在我看来，海德格尔显然是想以 Unter-Schied 和 Austrag 来深化他前期的“存在学差异”思想，来思存在本身的“显（解蔽）—隐（遮蔽、庇护）”一体的区分化运作。

鉴于上述，我们权且把 Austrag 译为“分解”，勉强取“区分”和“解决（调解）”的双重意思。这里提出来供同志们讨论和批判。

---

① 海德格尔：《在通向语言的途中》，弗林根，1986 年，第 122 页。

② 海德格尔：《同一与差异》，弗林根，1957 年，第 42 页。

③ 同上书，第 10 页。

④ 同上书，第 63 页。

七、Lichtung（澄明）

Lichtung 一词（或 Lichtung des Seins）显然属于后期海德格尔思想中的少数几个“基本词语”之一。对于这个词的汉语翻译，如前所述，亦颇多争议。人们主要是对熊伟先生的“澄明”一译不满，以为此译过于“佛学化”，或者以为此译不完全合乎本义。有人主张应译之为“林中空地”(取其日常的、词典的意义)。陈嘉映兄造出“疏明”这个译名，目的好像是要反映出与“林中空地”的关联，可谓用心良苦，亦比较有可取之处；后又提供了“敞亮”一译。王炜兄取的是“林间空地”。不知道还有没有别的译法。

我个人是一贯支持熊伟先生的“澄明”这个译法的，在这里也还想陈述一下理由。

首先，Lichtung 这个词在后期海德格尔那里具有很高的地位，甚至可以说是与 Ereignis 有同等位值的，而且与海氏所释的早期希腊思想的基本词语 Aletheia（无蔽）相关联，所以我以为不宜以过于直观性的词语（如“林中空地”之类）译之。虽然海德格尔后期思想中有许多比喻性的说法（如“语言是存在之家”之类），但译名总归是译名，是不宜打比方的。

大家知道，海德格尔曾回溯过 Lichtung 一词的词源，认为这个名词源出于动词 lichten（照亮），而后者的意思是：“使某物轻柔，使某物自由，使某物敞开，例如，使森林的某处没有树木。这样形成的自由之境就是 Lichtung。”如果要下个“定义”，Lichtung 就是“自由的敞开之境”。[1] 在海德格尔那里，Lichtung 与 das Offene（敞开域）有相近的意义。从这个意思上了解，取 Lichtung 一词的日常含义即“林中

① 海德格尔：《面向思的事情》，图宾根，1976 年，第 72 页。

空地”似乎是很得当的。但这只是一个方面。在这个方面，海德格尔突出的是 Lichtung 的本源性，不是“光”创造了 Lichtung，相反，后者倒是前者的前提。不过，另一方面，海德格尔借 Lichtung 是要强调“存在”本身的“蔽”与“非—蔽”的一体运作，或由“蔽”到“非—蔽”的运作，这个运作即是 lichten。而“林中空地”这个译名却无以传达这层意义。

由“蔽”到“不蔽”是解蔽、澄亮。如若不在佛学意义上来了解，“澄明”这个汉词的意思是“清明透亮”，亦可解作动词义，即“使清明”。所以它是与 lichten 相合的。如果要得名词之义，则可以把 Lichtung 译作“澄明之境”。总之，我认为，把 Lichtung 译作“澄明”或“澄明之境”，应该是无大碍的。

八、das Heilige（神圣者）

据海德格尔的理解，das Heilige 是诗人荷尔德林的中心词语。在我们看来，此词亦为海德格尔的基本词语之一。值得我们注意的是，海德格尔不是在神学意义上使用这个词的，而更多是在诗学意义上，即他对诗和艺术的考察意义上使用这个词的。以海德格尔的说法，诗人歌唱“神圣者”，而思想者道说“存在”。

海德格尔所思的“神圣者”的非神学意义就在于：在他那里，“神圣者”（das Heilige）是高于“神性”（Gottheit）的，是超出“诸神”（Götter，Göttliche）和“神”或“上帝”（Gott）的。海德格尔之思“神圣者”，早已超出基督教神学之层面，绝非神性之思，而是一种“存在之思”。

在译名上，我不知道有什么办法把 das Heilige“非神性化”。当然，

“神圣”或“神圣者”这个词，其本来的、日常的用法也可以是非神性意义上的。在许多时候，海德格尔更愿意在字面上把das Heilige与“美妙者”（das Heile）和“不妙”（das Unheile）等词语联系起来，例如海氏曾说：“这个维度就是神圣者的维度。……也许这个时代的特征就在于美妙者之维度的被锁闭状态中。也许这就是唯一的不妙。”[①] 但话又要说回来，das Heile与das Unheile又包含有“救”（heilen）的意思，也可以翻译和理解为“有救”与“无救”，这就有了神性的意义。

九、Geviert（四重整体）

Das Geviert原是日常德语中的一个词，意思是“四方形、正方形、四方形的场地”。海德格尔则以das Geviert一词指称四个“世界区域”或“地带”，即“天空”“大地”“诸神”“终有一死的人”。海德格尔也把这四者称为“四方”（das Vier）。“天、地、神、人”“四方”相互映射的运作，构成了海德格尔所谓的“世界游戏”（Weltspiel）。[②]

从字面上了解，das Geviert的前缀ge具有“聚集”“集合”之义。海德格尔显然想以此词标明“天、地、神、人”“四方”的共属一体的整体性。所以我主张把它译为“四重整体”。陈嘉映博士所提供的一个译名是“四大”，显然仅仅译出了“四方”（das Vier），而没有译出Geviert。

据倪梁康博士介绍，有日本学者把这个das Geviert译为“方域”；倪博士认为这个日文译名不可取，因为其中出现了一个“域”字。我

① 海德格尔：《路标》，中译本，台北，1997年，第352页。

② 参看海德格尔：《演讲与论文集》，弗林根，1978年，特别是其中的《筑·居·思》《物》等文章。

倒并不这样认为。实际上，以“域”来译解 das Geviert 是合乎海德格尔的本意的，海德格尔恰恰就是把“四方”思为四个“地带”或“域”（Gegend）。因此，在我看来，这个日译名的毛病倒不在于其中的“域”，而仍在于它同样没有体现前缀 ge 的“聚集”之义；我的“四重整体”这个译名，如果说要有什么缺点的话，可能就在于它没有体现 das Geviert 的“域”之意义，即海德格尔所谓“存在的地志学”的意义。

十、Ge-Stell（集置）

熊伟先生最早译之为“座架”，也有人译之为“框架”。陈嘉映译之为“阱架”。张祥龙译之为“构架”。在我看来，这几个译法没有充分显出“置”或“设”（Stellen）的意思，特别是其动词意义。王炜译之为“构设”，“设”之义是有了，但前缀 Ge 之义仍未能显明。我建议译之为“集置”。

日常德语中有 Gestell 一词，意思为“支架”“框架”“底座”等。估计熊伟先生就是据此把海德格尔的 Ge-Stell 译为“座架”的。但海德格尔通过连字符号改变过的 Ge-Stell 一词已经脱离了日常的含义，已经成了一个新创的、具有特殊意义的词语。首先是这个词的后半部分，即 Stell，当然是与动词“摆置”“设置”（stellen）相联系的。“置”的方式是多样的，有“表象”（vorstellen）、“订造”（bestellen）、“制造”（herstellen）等。Ge Stell 包含了所有这些“置”的方式。海德格尔以此概念想说明：作为整体的现代技术的特征是对世界现实的总体“客观化”（Objektivierung）。一切都变成可“制作”的，一切都被“订造”了。一切都能够被操纵，受到人类的粗暴控制。作为 Ge Stell 的技术规定了现代人的实存方式。由 Ge Stell 所标示的“表象”“订造”“制造”等活动的总体，也就是技术中人对于现实的“摆置”态度，或“客观化”态度。

还有，Ge-Stell 一词的前缀 Ge 有“聚集”“集合”之义，可见就是把上面种种“摆置”活动（“表象”“订造”“制造”等）“聚集”起来，犹如 Gebirge 是把 Berge“聚集”起来。所以我建议把它译为“集置”。

十一、berwindung（克服）和 Verwindung（经受）

这两个词大概算不上“基本词语”，但对于后期海德格尔的“形而上学史观”或“存在历史观”来说亦有相当重要的意义。前期海德格尔提出的现象学意义上的“对存在学历史的解构”，在后期则演变为“形而上学之克服”，而这个“克服”又被表达为 berwindung 和 Verwindung。例如，海德格尔说：

> “对虚无主义的克服（berwindung）基于何处呢？基于对形而上学的经受（Verwindung）。”[①] 或者，海德格尔也说过：“形而上学之克服（berwindung）是在存在历史上被思考的。它是对存在之被遗忘状态的原初经受（Verwindung）的征兆。”[②]

问题在于，我们在翻译中极难传达这两个词的细微区别。德语中的 berwindung（克服、压倒、克制等）与 Verwindung（克服、熬过、经受住）有相同的词根和相近的意义，难以明确地区分开来。但在词

① 海德格尔：《路标》，中译本，台北，1997 年，第 411 页。

② 海德格尔：《演讲与论文集》，弗林根，1978 年，第 74 页。

语色彩上，berwindung 似乎比 Verwindung 更强烈些。陈嘉映博士建议把 Verwindung 译为“席卷”。理由如何？我曾求教于他，但没有得到满意的答复。

我在一些译文中把前者译为“克服”，把后者译为“经受”。主要的考虑有二：字面上，前者更具有暴力性、主动性，后者少一些暴力性，而多一些受动性；在义理上，后期海德格尔更把“存在历史”（包括形而上学）解为“命运性的”，因此不可以“压倒”它，而只能“承受”之，“打熬过去”，这种“受”或者“熬”意义上的“克服”就是 Verwindung。但我对这个区分仍没有多少把握，所以在这里提出来求教于大家。

十二、名词的动词化，如 wesen、welten、dingen 等

把名词动词化，或者，对名词作动词性的理解，这是海德格尔的表达风格之一。这种努力的思想背景是海德格尔对名词性哲学的改造，以形成一种动词性的思想。所以，这可以说是海德格尔“解构”形而上学哲学的一种策略或手法。众所周知，海氏是喜欢使用这种手法的。但对我们译者来说，就生出了许多麻烦。所谓“世界世界化”（Die Welt weltet）、“物物化”（Das Ding dingt）、“无不（无化）”（Das Nichts nichtet）、“大道成道”（Das Ereignis ereignet）之类的译法，虽然学者们差不多已经习以为常了，但终究是无法之法，未必就真的到位了。

例如，海德格尔喜欢把“本质”（Wesen）这个名词动词化，得动词 wesen。怎么个译法？若译之为“本质化”，有时也未必通畅。如《路标》中有一个句子：Der Mensch west nur in seinem Wesen，若把这个句子译为“人唯在其本质中本质化”，总让人觉得是废话。我试译为

“人唯在其本质中成其本质”。[①] 句子似乎稍稍稳靠了一些，但以“成其本质”译动词 wesen，实在也是难以让人心安的。英译本译之为：man essentially occurs only in his essence，[②] 以“本质性地出现”来译 wesen，如何？

我在不同的语境中，经常采用以下不同的译法：“现身”“本质性地现身”“成其本质”等，但没有一个是自己十分满意的。

十三、结语

后期海德格尔的一些“基本词语”，在哲学思想史上，或者在当代其他哲学家那里，却并不是“基本的”。这是后期海德格尔有别于前期海德格尔的地方。这就给我们译者出了一道难题：我们少有哲学史的上下文可资参照、对比、借用，而是需要依着海德格尔对词语的重新理解、重新命名和独创使用，以对海氏思想的具体语境的深入理解，来选择适恰的译名。

但事情又有另一面：笔者并不认为后期海德格尔著作的翻译要比前期海氏著作更困难。笔者的体会是，以《存在与时间》为代表的前期海氏哲学试图以旧哲学的概念（德国古典哲学的概念）来表达他的新思想，这就给我们带来了一个翻译的困难：在一些基本词语的翻译上，我们既要考虑它们与旧哲学概念的译名连续性，又要考虑海德格尔的特殊用法，他赋予旧概念的新义。如 Dasein、Existenz 等一些词语，在康德、黑格尔那里就已经是基本概念，而在海德格尔那里却有

① 海德格尔：《路标》，中译本，台北，1997 年，第 324 页。

② 海德格尔：《关于人道主义的书信》，英译本，载 D.F. 克莱尔编：《海德格尔基本著作集》，伦敦，1978 年，第 204 页。

新的意义。[1] 如何避免不必要的混乱，保持译名的连续性呢？对于这样一些大词语，我想我们最终还得寻求统一的共识，而这却是难事。相比之下，后期海德格尔的思想及其表达已经是非哲学的了，或者说力求达到非哲学的境界，所以，我们在翻译时就较少碰到这里讲的与传统哲学的译名的连续性问题。

也许可以说，在后期海德格尔的思想文本中，我们更多地是遭遇到了译名的适恰性和可靠性问题。以上所举，是笔者个人在研究和翻译中碰到的一些重点词语，也是我特别感到费解的词语，或者就是比较缺乏可靠性的译名。我愿意听各位的高见。

---

① 参看本书中的《我们如何敲打词语?》一文。

亲在的境界[①]

20世纪三四十年代游学欧美的一代学者，因年事趋高，这些年来逐个离我们而去，所剩已然不多了。这固然是自然的一个规律。但我觉得，此事对于中国学界来说也许还不只是“损失”而已，还另有一种意思在：由于传统的间断和语境的变迁，如此一辈的贯通中西的学养和境界，在后继的学人中恐怕就比较难得了。

北京大学外国哲学研究所的熊伟教授属这一辈的学者，不幸亦于1994年7月30日逝世。而此前已去了洪谦教授。这两位德高望重的哲学界元老相继作古，着实令人扼腕。

熊伟先生病重住院的时候，我几次想去北京探望，却困于种种日常的事由而迟迟未能动身，终于留下遗憾。现在，我只能写下一些未免苍白的文字，作为一个晚辈对一位学界前辈的纪念。

我与熊伟先生交道，纯粹是为了关心海德格尔思想的缘故。从1988年以来，我去北京大学拜见过先生几面，又断断续续地与先生通过一些书信，所谈无非有关海德格尔方面的事。先生是每信必回的，颤颤巍巍写得很少，往往几句话打住，然后是“此祝精进”之类；大约只有一次例外，因为谈到中国学者与海德格尔接触的一些故事，先生密密地写来三页。

记得前年初夏，先生审阅我的论文，在偌大的两张评阅表上，竟也只写上一句话：前半句说此文如何如何，后半句就是“足供论文得以通过”了。答辩委员们看了，煞是省心。

① 本文作于1994年10月1日，原载《读书》，北京，1995年第3期，署名白波。后收入《自由的真谛——熊伟文选》，北京，1997年。

但先生绝不是马马虎虎的学者。拙论实在是长而且臭的。在审阅的教授中间，我想大约只有先生是逐字逐句地读完的一个；因为阅完之后，先生立即写信来，指出了其中几处十分细节的、不易发现的错讹。这事是特别令我感动的。同时更有另外一件事：我在文中提到，海德格尔有一本遗著《哲学论稿》（《全集》第六十五卷），很是重要，但尚未整理出版；先生来信说，此书已经出版了，他那里就有，马上可以复制寄来。不几日，果然有一大纸包寄到。

后来，先生身边的学生告诉我，先生是自己跑复印室，印完后又跑装订室，分两册订好了，又自己去邮局，寄给远方的我。要知先生已高龄八十有几。我感激的心情根本就说不出来。

这一类事情本来可以叫学生们帮忙做去，但先生总是亲自动手。我也亲见老迈的先生在北大的校园里走动、办事。这时先生的视力已经很糟糕了。

1992年夏天，我去北大外哲所，适逢熊伟先生给两三个研究生授课。先生看到我，径直要我坐下来一起读文章。读的是海德格尔的一篇德文原著（我记得是《流传的语言与技术的语言》一文）。学生们轮着每人读一段，逐句解释；有不通处，先生即来纠正、澄清。先生在课堂上要求极严，每个句子的语法结构亦须追究清楚，想蒙混过关是不行的。我想，做先生的学生是有福了。

散课后，我在路上问先生："这把年纪了何以还开课呢？"先生答得很简单："所里并无要求，而学生有此要求，我也乐意嘛。"我要送先生回家，他执意不从，一个人慢慢吞吞地走回去了。

人常说人生难得知己。我说人生难得老师。人生道上，遇一好的老师不易；遇着了，终身受益无尽。我心里把熊伟先生视为自己的好老师，只恨没有机会在先生身边读几年书。

如我后学，对于熊伟先生早年的事迹了解不多。我只知道先生20世纪三十年代在德国从学于海德格尔，大约是我国唯一的一位海德格尔弟子。但先生在谈话中却从来不以海氏门生自居。他只是说，他在1933至1936年间听过海德格尔的课，且当时从未有机会与海氏深谈。这种态度，自然不是时下从海外回来的一些人物的口气了。

熊伟先生归国以后，曾在当时的国立中央大学任教。那年代动荡不宁。接着解放了，本来以为是我国学术的春天到了，然而也并不。二三十年间，各种各样的运动接踵而至。在运动过程中当然是作不了什么学问的。西方资产阶级的哲学又是毒草中最毒的草。我们大致亦可猜想先生在多年运动中的处境了。

尽管如此，如果今天已经差不多谈得上中国的“海学研究”（海德格尔研究）的话，那么熊伟先生无疑是这项事业的奠基人。他的奠基工作主要在两个方面：一是译介海德格尔的著作；二是培养海德格尔和现象学哲学的研究人员。这是有目共睹的事情了。

1988年，熊伟先生赴德国参加会议，顺便把海德格尔的《存在与时间》中译本送给海德格尔档案馆。当地报纸对此作了一个报道，并刊出一张有熊伟先生题辞的中译本扉页照片。报道标题是“《存在与时间》——也有中文版了”；副题为“海德格尔的著作现在已有二十三种语言”。

泱泱大国，汉语号称世界第一的大语种，而在这项事业上竟排名第23位。凭我有限的语言知识，还真罗列不尽排在前面的22种语言。先生从德国回来后把这个新闻报道的复印件寄给了我，大约也含有促动后生学业的意图。

《存在与时间》的译事由熊伟先生和他的两位高足合作完成，至1987年出版。但说这个译本是海德格尔著作的第一次中译，也明显不妥，上世纪六十年代初就已经有熊伟先生作的《存在与时间》一书的节译和《论人道主义》一文的译文了；至八十年代初，更有先生翻译的《形而上学是什么?》《只还有一个上帝能救渡我们》等重要文章。很长一个时期里，我国学界对于海德格尔思想的了解，基本也就凭着熊先生的上面这些译文了。

至八十年代末尾，因为众所周知的原因，复苏不久的西方学术研究很快冰冷。1990 年暑期我去看望先生，问起他做的《形而上学导论》译事。先生说，译文早已经做好了，但某家出版社要求他出资助金，方能印行。先生很激动而又不失斯文地发了一点牢骚："莫非要我一个老头到街头卖油条么？"

直到 1993 年，先生的这个重要的译本才在台湾地区印了一个繁体字的版本，大陆的读者迄今也还难得读的机会。

先生首创了海德格尔哲学的一些术语的中文译法，有很强的生命力，许多已融入了当代汉语语境里，成为我们的学术语言的因素。比如，先生以佛学语汇"澄明"译海德格尔的 Lichtung，尽管此译颇受争议，但我一直以为是很贴、很美的译法，而且此词现在已经用得相当普遍了。先生把海德格尔的 Dasein 译为"亲在"，虽然后来更有在字面上比较可靠的"此在"一译，但在意味上，我看还是先生的"亲在"贴合些。此类事例不待枚举。

先生的语文风格独具，有突出的个性色彩，是一眼就可以看出属他的。先生的译文里面，往往可见一些异乎寻常的用词，但显然都是经过审慎的斟酌的；行文有时不免令人觉得有些拖泥带水，但拖的和带的竟也很有味道。译文做到这个地步，我看就有境界了。

学界中人平时议论起来，常有人说熊伟先生是一位"述而不作"的学者。这样说时，人们是含着一分遗憾的。确实，先生并没有为我们留下大部头的著作，就连文章也是可数的一些。这当然很可惜。先生生命中的创造性的年华失落在各种运动中了，向谁去算这笔账呢？

我另外还有一个未必十分可靠的感觉：先生的气质和性情境界，大抵是不适合于做我们通常所见和所做的那种"学术著作"和"学术论文"的。我甚至猜想，先生似乎已经在"说"的边缘地带，已经达乎"不可言说"之境——那是真正的诗人和思者才能通达的境地。

谓予不信，我可在此抄一段先生的文字：

> “不可说”乃其“说”为“不可”已耳，非“不说”也。“可说”固须有“说”而始可；“不可说”亦须有“说”而始“不可”。宇宙永远是在“说”着。无非它的“说”必须用“我”的身份始“说”得出，若由“它”自己的身份则“说”不出。故凡用“我”的身份来“说”者，皆“可说”；凡须由“它”自己的身份来“说”者，皆“不可说”。但此“不可说”亦即是“它”的“说”；“它”并非因其“不可说”而“不说”……

这段奇文引自熊伟先生三十年代在德国莱茵河畔做的一篇文章。此文的题目就很怪，叫作《说，可说，不可说，不说》，载于1942年《国立中央大学文史哲季刊》上。[①] 它主要还不是写西方哲学的，而是讲中国思想的，但显然兼容西方哲学的精神。它的意义在于把现代哲学的重头课题——“说”的问题——先行道出。而这一番道出又是在人迹罕至处，行至“可说—不可说”的边界上了。

我在关于后期海德格尔的学位论文中，主要关心了这个“说”的问题。大约拙文引发了先生的一些记忆和共鸣，他才把他这篇早年的论文复制一份给我寄来。照我看来，后期海德格尔的玄秘运思即是要在“可说—不可说”之“生成转换”的问题上重解人类语言文化之谜。海氏提出，“寂静之音”“不可说”而自行“道说”；而人之“说”盖由于其契合于“道说”而“说”。无言（不说而说）之“大道”“用”人而“说”出，始得“显”出。如此等等。这些意思，看来熊伟先生早已有所思及。而海德格尔直至五十年代才渐渐公开显明了熊伟先生在此文

① 此文现在也收入《自由的真谛——熊伟文选》，北京：中央编译出版社，1997年版。

中透露出来的一些思想。

先生晚年还时不时贡献出一些篇幅不大的文章。在他的眼光里，特别地显出三个伟大思想家的身影：老子、海德格尔和马克思。他坚信古今中外人类思想的共通。他特别强调老子与海德格尔的契合，认为上下两千年的时间和东西方的空间并不能阻隔两者，并不妨碍两者的思想的接通。

也正因此，先生特别关注海德格尔四十年代中期与中国学者萧师毅合作翻译老子《道德经》的故事。与先生第一次见面时，他跟我讲了一通这方面的事情，先生说：可惜得很，海德格尔的这些译稿未能保存下来；管理文献的海氏之子矢口否认其父有此译稿。此事于是仿佛成了一件“悬案”。讲话间，先生对海氏之子海尔曼颇有些不满，因为最近几年去德国时，先生专门就此事问过几位海氏弟子和德国哲学家，知情者都是肯定这件事的。关于海德格尔译老子的事，笔者后来另有议论，参看本书中的《事实与立场——再谈海德格尔与老子》一文。

时隔一年又与先生见面时，他旧话重提，絮絮叨叨地把这些情况重讲了一遍。我当时想，先生毕竟年高了，啰嗦了；也想，难怪先生对此事念念不忘——对这样一个现代思想史上的中西文化交流的重要事件，我国的学者无疑是有责任加以关注的。

无论是老子的“道”，还是海德格尔的“在的澄明”，还是马克思的“自由”，在先生看来，都是历史上的人类所追求的共同的理想境界。而就我们每个“终有一死的”有限个体言，要紧的就是身体力行的悟道、亲在和实践。“亲在”要“在”得透底，要以“大无畏”的精神，“在”到无可逃的“死”中去。在此“大无畏”中，在此视死如归的横心一“在”中，才有个体的本真的自由。

先生曾经立言：“存在就是哲学，哲学就是存在。”先生孜孜求索和践行的，不正是这种“亲在”的境界么？

玄妙之门[1]

我和张志扬先生只有过一面之交。几年前，在一次会议上，志扬先生的发言成了会议的主要调门，所以印象特别深。他讲的东西很有味，也是沉甸甸的。虽然议题是西方的哲学，但让人觉得问题很紧张，迫在眉睫，让人无可逃。察言观色，当时与会者，附和的或者反对的不在多数。大约是因为听得不甚明白，或者听不习惯罢。

之后我们就有了一些联络。书信往来，谈过一些学问方面的事情。去年，他的书出版后，也就寄给我一本。我读得满头大汗，心里却还想着为这本沉重的叫作《门》的书写几句。

哲学要谈学理，而学理总不免玄奥。玄奥又有不同玄法。有的是凭空祭下棒来，作玄而又玄的推论和不着边际的议论，或者如陈康先生所谓，“将糖酒油酱醋姜倾注于一锅，用烹调‘大杂烩’的办法来表达自己集古今中外思想大成的玄想体系”。这样做出来的玄奥要不得。目下许多“理论”“学说”，恐怕多有此种玄奥。实际上是一些半生不熟的东西，是拿来唬人的。做此类“空头”文章，发挥此种玄奥，既可偷懒，又显得安全，只是往往要令自己内心发凉，脸面发红而已——这好歹也算是我个人的一点儿自觉罢。

另一种玄奥却并不凭空而来，而是从切身处发起话题。盖由于生活本来就有些玄乎，人的处身境况多耐人寻思，可以说出或者说不出许多奥妙来。如果竟还加上一些责任之类的东西，不但要说“我”自己如何如何，而且越俎代庖，替旁的人说如何如何，以至于要启发旁

① 本文是对张志扬《门·一个不得其门而入者的记录》（上海 1992 年）的评论，原载《读书》，北京：生活·读书·新知三联书店 1993 年第 6 期，署名白波。收入本书时作了修订。

的人去思、去说，那就不止于玄奥，而更见沉重了。

志扬先生所说所书属于后一种玄奥。所以他的书的名字就有些怪，立为《门》。书的副题更显得奇，叫“一个不得其门而入者的记录”。这样的名堂，自然与大众趣味益发远了。

记得钱钟书先生写过一篇题为《窗》的优雅散文，文中也联系到了“门”。钱先生的意思是，比起“门”来，“窗”代表着更高级的人类进化阶段，“门”是需要，“窗”则是奢侈；“门”是人的进出口，“窗”可以说是天的进出口。这个比较加比喻很有意思，当然是散文上抒情的说法，大抵可供消闲用的。

到了志扬先生的哲学笔下，“门”却有另一番意味。他似乎还没有奢侈到讨论如何临“窗”，或者如何“打开天窗说亮话”的地步。入“门”也难。更严峻的是，还不得其门而入，还无门可入。他说他“紧张得像被追逼的兔子，慌不迭投一家之门，眼巴巴登堂入室，以争一席之地……只是，每每落了空”。

老实说，这些年来，我们许多人在“入门”这回事情上恐怕都或多或少地有过志扬先生这里所讲的仓皇体会。我个人阅历不足，但也算是经验了不止一个两个的“热潮”了。尼采、叔本华之流刚刚热起，海德格尔、萨特已经接踵而来，弗洛伊德进了潜意识；现代主义刚刚开张，后现代主义已经滚滚而来；一会儿批“他人即地狱”，一会儿打倒“性欲至上”；今天抨击马克思主义“过时论”，明天大谈发展马克思主义；“全盘西化”是误入歧途，“中学为体”也是老黄历了；浪漫美学不免轻佻，基督宗教又似乎难合国情民风……倘若神经方面稍稍脆弱一些，恐怕真有弄出错乱症的危险了。

仿佛一夜之间，我们已经把别人西方百来年的所有思想思潮都一一演过。演完之后，剩给我们大抵只有恍惚和茫然而已——无门可入的恍惚和茫然罢。于是乎，眼下似乎什么也热乎不起来了。但在我看来，这倒也并不见得就是多么不妙的事情。走马观花的起哄也许更有害，更不着边际。

看最近十来年中国的思潮，我以为大体上有一个从美学到宗教的发展。起先，从上世纪七十年代后期到八十年代后期，美学是最为热闹的一个部门，所谓“美学热”即是。动不动就是“审美解放”，就是“自由境界”，就是“诗化”啊和“浪漫”啊。美学“热”起来自然并没有什么不好。对于刚刚从“文化大革命”的高压禁锢中解脱出来的中国人来说，美学，提倡个性和自由的美学，真可以说是久旱后迎来了甘霖。我们不妨说，美学之所以热，是时代的必需，是有它的社会历史基础的，而并不是平白无故地凭空而来的。

但这个民族，这个国家，我们大家的共同的处境，我们所面临的现代化的难题，毕竟不是率性浪漫一番，凭一己的高超空灵的性情境界，就能够对付得了的。现实逼迫着我们，让我们终究还逍遥不起来。稍事沉潜，就要从个人的“救”上升到集体的“救”。于是便转向宗教，有了最近几年的“宗教热”。在这个转变过程中，机智敏感的刘小枫先生是一位典型代表，起了大作用。他的《诗化哲学》出版的时候，正是美学热如火如荼之际。但两年后的1988年，刘小枫又推出《拯救与逍遥》，对自己的前书进行了某种意义上的自我批判。我认为，无论是否“拯救”有方，刘小枫的后一部著作无疑标志着中国新一代学人的一种更深的觉悟，一种更重的承担。而从美学向宗教的“重点转移”，无论如何应该算是走向成熟的、稳重的思的一步。

回到志扬先生的《门》上来。“上篇”的第一篇文章题为《禁止与引诱——追问“原罪”之源》。其中的宗教意识是明摆着的。不过，结尾的一首诗曰：“我总是没有根据 / 没有祖宗 / 没有上帝 / 除了毫无结果的抗辩 / 我什么都没有 / 你是世界的光 / 我却在黑暗里走……”看，还是“无门可入”的痛苦。

基本的张力自然来自中—西文明的冲撞。志扬先生说是要“在中西两大文化壁垒的夹隙里寻找现实的立足点，即个人的真实性及其限度”。别看收在《门》里面的那些篇目，仿佛纯粹是西方哲学专业领域的东西，实际上多半是在切身处发问，并且归结到我们自己的处境上面。因此，即便是追问“原罪”，也还是从“天人合一”的“个体残缺”追问起。人总得有门可入，总得安居乐业。倘若连“我”，以及“我”之为“我”那种“残缺”，那种“有限”，也还守不住，那么这个“我”总免不了虚假。赶这样那样的热闹，急匆匆从各色的门庭前经过的人，自然更是假面的人。

在西方近代哲学中，“我”的真实性是被设为自明的前提的。笛卡儿的“我思故我在”确立了“我”的中心地位。但这个前提自始就含着悖论。既然“思”就是怀疑一切的“思”，“思”可以怀疑上帝的存在，为什么“思”就不能怀疑“思”本身？在“思”（怀疑）中的“我”如何能够跳出去，反身而“知”“我思”，并且进一步“知”“我在”呢？按照志扬先生的讲法，这个“我”岂不是既在“思”中又在“思”外么？近代哲学的出发点正是这个貌似自明同一、实则背悖分裂的“我”——“我”既是主体又是客体。而正是这样一个“我”，构成了近代西方文明的“根据”，构成了自由、理性、博爱等资本主义法则的观念前提。

海德格尔也讨论过这个“我”的出现。他在《世界图象的时代》一文中讲到，中世纪以后兴起的人的解放运动确立了人的自由本质，而笛卡儿的“我思故我在”为这个自由的人提供了一个“形而上学的基础”。由“我思”的自明性必导致“我在”的确定性。“我”因此成为一个绝对无条件的 subjectum，即第一性的“基础”“主体”，成为自然对象的尺度和中心。海德格尔还认为，近代历史的两大基本进程是“人之成为主体”和“世界之成为图象”。这两大进程是互为条件的，是同步的。当人成为“主体”之际，世界便成为与主体相对立的、被主体表象和制造的“图象”了。[①]“我”之成为“我”简直是不可思议的。然而，没有这样一个“我”，近代乃至现代的西方文化就还是难以设想的。

---

① 参看海德格尔：《林中路》，美茵法兰克福，1994 年，第 75 页以下。

这都是在核心处反思西方的现代化和工业技术文明。如果“我”的法则就是现代化和现代文明的精神基础，那么，我们要的就是这个“我”，这个作为立法者的“我”了。难就难在，这个“我”已经被表明是虚假的，它的真实性已经受到了普遍的怀疑。

今天我们所直接面对的首先还不是西方的传统，而是西方的活生生的当前，首先还不是笛卡儿、康德和黑格尔，而是当下的海德格尔、维特根斯坦、福柯和德里达。所以，光捧住康德或黑格尔不放，一味摆弄“主体性”“主体哲学”之类的东西，就明显是不够的——我这样说，意思当然不是要否定哲学史的意义，并不是说康德或黑格尔等等不值得我们研究了。相反，我们对于西方哲学史和文化史的研究当然还是很不够的，可以说仍然停留在相当低级的水平上，最近一些年来更是进展缓慢。我的意思只是说：即便是哲学史和文化史的研究，也必须有鲜明的当代意识。唯有基于当下处境的哲学史或思想史研究才是活的研究。

看起来，至少有下述四重因素规定和影响着我们的观念和精神处境：其一，业已受到了怀疑和批判的、作为西方现代文化之基础的“现代主义”传统（主体形而上学、理性主义和科学主义）；其二，当代西方的以反传统形而上学（特别是反现代主义）为特征的所谓“后现代主义”思潮；其三，我们自家历史悠久的、但愈来愈与我们相疏离的思想文化传统；其四，我们的饱含着一个半世纪以来中西文明碰撞和冲击的痛苦伤痕的思想文化现实。大概，正是这些错综复杂、相互交织的因素决定着我们，让我们“不得其门而入”。

所以，志扬先生要问：有哪一家子门户不在我的听中发现我的缺席呢？

作为一个执着的思想者，志扬先生还把“门”立为一个思想的“实事”，予以深度的发挥。他的立论和铺写都特别机智，我们这里试引一段：

迄今为止，人，建立世界，就是建立门……

人被赶出伊甸园之门，是因为夏娃用一片树叶建立了自己肉体的即自然的门户。这片树叶不仅把人同自然隔开，同时也把女人同男人隔开。在没有这片树叶之前，人同自然是一体的，亚当同夏娃也是一体的，无所谓进出，也无所谓生死，否则，伊甸园不会安宁。突然，就算是智慧吧，它的第一个动作就是建立门，即用一片树叶遮住阴户。多么奇怪的暗示：用否定的方式肯定了“性——生与死”的存在。“不许进！”——就是说，“从这儿进！”这儿有快乐，也有生死。“只许你进！”——就是说，“不许他进！”被置换的可能性发生了，第三者存在了，一变成多。

认真严肃的学究们想必会对这样的文字大光其火。这是可以理解的。在我所尊敬的前辈学者当中，有一位孜孜于探究从动物到人的进化过程的确定时代（年代），希望弄清楚从公元前多少多少年开始，人就成为人而不再是一般的动物了。这位虔诚敬业的学者前年不幸猝然去世了，留下他未竟的事业和未实现的梦想——在我看来，那也是不可能完成的事业和不可能实现的梦想。

我总觉得，对人类文化现象（诸如语言、思维等）的纯粹发生学的追溯是不会有止境的，不但不会有止境，而且几乎不可能导致可靠的结论。你告诉我几千毫升的脑颅是人，否则就还是猴类，这消息难免令人不能放心。而志扬先生上面这样的思法和说法，在我看，倒可能是更有说服力的了。

如果说人建立世界就是建立“门”，那么，我们也进一步可以说，以往的所有哲学家都无非是在造这扇“门”，只不过造法有所不同而已：古代的哲学家主要在“有—无”之间找这扇“门”；近代的哲学家主要在“可知—不可知”之间找这扇“门”；而现代的思想家，尤其是

20世纪的思想家们，则主要是在“可说—不可说”之间找这扇“门”。这也就是西方哲学（在“第一哲学”意义上）从古代“存在学”（旧译“本体论”）到近代“知识学”（认识论），进而到现当代的“语言论”（语言哲学）的基本演化线索。

20世纪欧洲的两大思想家——维特根斯坦和海德格尔——都不外乎在“可说—不可说”这扇“门”的边缘处逗留。早期维特根斯坦的《逻辑哲学论》比较消极，以为在逻辑（语言）那里找到这扇“门”之后，别的就是“不可说”的，而对于“不可说的”，我们就应当对之保持“沉默”了。维氏后期思想的发展本身就是对他早期所建立的门户的突破。而对海德格尔来说，尤其是对于三十年代以后的海德格尔来说，我觉得，他的不懈的、艰苦的运思历程就是对语言之“门”——同时也即文化之“门”，人之“门”——的进入和超出。

海德格尔对于这扇“门”的描写可以说很玄奥。他自觉地返回到早期希腊思想的源头，去直观那原初的“门”的建立，探索希腊思想家和诗人们的造门之法。海德格尔所解说的“无蔽”（Aletheia），即“显（解蔽）—隐（遮蔽）”二重性，正是玄妙之“门”的开启运作。着眼于此，海德格尔思艺术作品中的“真理”（即“无蔽”）的发生问题，指出艺术家（诗人）的天职就是响应天命的神圣召唤，突入“显—隐”二重性的“裂隙”之中，去道说那不可说者。再往后，在走向语言之途中，海德格尔的思更严格地、更成熟地趋近于“门”——既说得又说不得的神秘的“门”。

简单说来，海德格尔区分出两种“说”：“说”（Sprechen）和“道说”（Sagen）。以他的诗句来讲：“无论在何种语言中／达乎言辞所说者／终非所道说者本身。”[①] 一般的人言是“说”，而“道说”是独具品格的说，是应合于“大道”（Ereignis）之“道说”（Sage）的说，是化无声

① 海德格尔：《从思的经验而来》，弗林根，1954年，第21页。

为有声、化有为无的说，是“说不可说之神秘”，总之是入“门”的说了。而在人群当中，也许只有诗人和思想家才能够“道说”(Sagen)，因为只有他们才能突入到那“二重性”的界面，那说的限界，那语言的“门”。海德格尔认为，“思”（运思）和“诗”（作诗）是本真的“道说”的两种基本方式；而这两种方式又是合二为一的，因为两者都是应合于“大道”的道说，都是在“门”的界面上说话。

对这样一回事情，海德格尔用了许多奇奇怪怪的词语来加以描写，诸如“裂隙”“二重性”“边界”“亲密的区分”“敞开之境”“寂静之音”“无蔽的心脏”等。在我看来，这些都不是故弄玄虚，而是经历了“入门”的艰难困苦才可能有的思和言。海德格尔思想的宏旨要义，恐怕就要从中见出。

在我们国内学界，无疑地，志扬先生是较早地摸索到这里所描写的西方思想的脉络，洞察到20世纪思想所探究的语言之“门”的。他在1987年所写的《论无蔽的瞬息》一文中，就挑明了“无蔽”问题和“语言转换”问题——从“不可说”向“可说”的生成转换问题。这篇文章最初刊在周国平先生主编的《诗人哲学家》一书中，是该书的“跋”，现在也收在《门》中了。同年作的另一篇文章《是路，还是风》，是专门阐释海德格尔《艺术作品的本源》这篇名作的，其中对于诗人进入“空隙”以及“说不可说者”等问题亦有进一步的发挥。他的另一些篇章，诸如《解释学的边界性》《语义生成：维特根斯坦和海德格尔》《语言空间》等，以及收在《门》“下篇”中的那些实践着“思—诗合一”的艺术解释文章，多半扣住了“说—不可说”的边界性，同样也体现出“入门”（思入）和“出门”（表达）的困惑和艰难。

登堂入室不易。一旦负起了思想的任务，则无门可入也罢，走投无路也罢，误入歧途也罢，真正的思想者必得铤而走险，也必得持守寂寞忧心，经受心灵裂变。因为，又如海德格尔所说的，思者乃是“边界上的行者”。

思想的本色[①]

我原先一直持有一个比较悲观的想法，以为在当代中国，学术和思想上的“大创造”的时机还远远没有成熟。理由大致有二。首先，自然是我们被耽搁得太多太久了，学术思想没有正常的、连续的发展，学术积累还十分单薄。尤其是因为，差不多二三十年间，整个民族只有极少数几个并不可靠和安全的脑袋在运转，而这样的民族实际上就等于是没有脑袋的民族。在这样的历史境况下，现在突然要期望有诸多个具有蓬勃创意的脑袋脱颖而出，可想是难的。

再者，观察现时的吾国国民，似乎多趋于怠懒，比较少见热忱的献身精神。心思方面不够清明，对于功利太过猴急，而且依旧流行着种种令人讨厌的假面的东西，世风大抵还是轻浮的。愿意认真读书思考的人们，总的来说是愈见其少了。据报载，目前就连在北京的国家图书馆里——那可是中国的“读书中心”呵！——也已经少见人影了。学院里面也少有勤业用功的学子了。这样的时候，自然是不能形成良好的、生气勃勃的文化创造的“语境”的。

所以，我一直以为，当代中国的学术思想依然处于“拿来”的时代，我们的当务之急还是吸纳和积累，为营造一个未来的创造性的学术思想时代做一些基础性的准备工作。一代人有一代人的命。一代学术也有一代学术的命。有什么法子呢？

不过，我的这种想法近来慢慢地受到了些许动摇——虽然还没有完全的动摇。首先是因为，我也越来越感觉到，自己的这种想法可能

---

① 本文是作者对张志扬《渎神的节日》（香港 1993 年）的评论，原载《读书》，北京：生活·读书·新知三联书店出版，1994 年第 1 期，署名白波。收入本书时作了修订。

过于刻板了，甚至带有一点“历史决定论”或者“宿命论”的嫌疑。学术，特别是思想，固然有传统，要积累，但毕竟不是商业生产，应该不同于机械制造。另一方面却是因为，即便在今天，我也依然见着了一些依然沉潜致思的学人。虽然是少数，但他们，用鲁迅先生的话讲，才真正是“中国的脊梁”。所有轻薄的世风都改变不了这些黑夜中的肉搏者的命运。这些人，这些“个人”，正以他们独立的个性，默默地从事着艰苦卓绝的创造性思想事业，不折不挠地向历史和人类证明着这一代学者的存在的身位价值。

这些年来，我们也已经可以看到他们的初步的成果了。譬如，香港三联书店推出“三联精选・学术系列”，并举出这样一个令人鼓舞的口号：“着眼于学科中的原创性、中国学术的独创性和思维论证的严谨性，愿为中国学术跻身世界学术之林，为中国文化对世界人类的贡献，尽一份绵力。”只可惜，这套书眼下只在香港的三联书店出版，内地的读者还难得读到。三年后，该书已有了内地版（修订版）。[①]

这当中，我见有张志扬的一本。书名依然新鲜动人，叫《渎神的节日——这个人在放逐中寻找归途的思想历程》。封底的“编辑者言”称：“这是一部中国学人著述的沉思录式的存在哲学。但它更有现象学和语言哲学的视野，以揭示被抛入现实社会传统机制中的个人，探寻自身真实性的精神世界与生活世界。”读完全书，我体会到这段话已经是一个绝好的提示了。

就我所知，这是张志扬的第二本著作。此前还有一本，是他的一本论文集：《门：一个不得其门而入者的记录》。两本书的思想是连续的、一致的。但无疑的，《渎神的节日》更具有一气呵成的思的严格性，更能让人清楚地见出这位思想家充满创伤记忆的心路历程。所以，上回已经介绍了玄妙之《门》。[②]我在这里还想就这本《渎神的节日》

---

① 见张志扬：《渎神的节日——一个思想放逐者的心路历程》，上海：上海三联书店，1997年版。

② 参看拙文《玄妙之门》，载《读书》，北京，1993年第6期。

讲几句。

说这本书是“中国式的存在哲学”，我以为是并不为过的。而且实际上，我们需要标举的恰恰就是真正的“中国式的存在哲学”。回顾百年的现代文化史，西方的某某主义、某某思潮流传到中国，多半是泥牛入海，杳如黄鹤。几曾见到，这种种的主义和思潮能在中国的土壤上扎根而为“中国式的”？又有哪一种主义和思潮挡得住我们强大的“批判的武器”？再怎么说，它们也是抵不住我们的“内圣外王”的道德境界，加上我们古已有之的阴柔功夫的。我们久已习惯了“西方物质—东方精神”这样一个阿 Q 式的逻辑圆圈，这圆圈几乎已经是潜意识地成了我们的文化研究和评判的百年不变的固定准则，它足以把中国的良民们“圈”得服服帖帖。

这里所谓“中国式的……”，当然并不是把外面的思想和文化“拿来”之后，不分青红皂白地塞进中国的顶天立地的机器里囫囵加工一番。若此，总还免不了泥牛入海，消灭得无影无踪的。人类文化和思想的事情是绝没有这么简单的。这里恐怕就有一个现代解释学哲学所谓的“视界融合”的问题。自然，这种“融合”是有前提的，前提是保持多样化的“个性”，而不是先验预设的“整一”；“融合”的结果恰恰也是实现多样化的“个性”，而不是后设的大而化之的“大一统”。

思想的“个性”表现在“入思”和“表达”两个方面。依我看来，张志扬的《渎神的节日》，以及他的别的一些著述，正是以这两个方面的艰苦尝试，体现出他的存在哲学的“中国特色”。从这一“进”（“入思”）一“出”（“表达”）两个方面，可以见出作者运思的要旨，那就是：为中国当代思想探索路径和基点，为中国当代思想找寻道说或表达方式。

无疑，这不只是“这个人”的任务，根本上也是一代思想者无可推拒的使命。

“入思”，说到底，也就是思想家为自己确定其“身位”。作者张志扬在这里把它概括为："在中西两大文化壁垒的夹隙里寻找现实的立足点，即个人的真实性及其限度……"在《渎神的节日》里，作者以"墙—圈—俑—门—垂帘—死谷—引—上帝与虚无—入思"，共计九章，来写他的运思经历。其中进学入思的艰苦和深邃，需要读者自己到字里行间细细体会。我这里只讲特别引发了我的思索的两点。

首先一点，我想越俎代庖，用"反黑格尔主义"来概括作者在书中所做的一个思想努力。在张志扬那里，这种"反黑格尔主义"的思想目的，明言是要为剥离出"个人的真实性"备下前提。

我们知道，作为一种西方哲学思潮，黑格尔主义以及新黑格尔主义，在20世纪上半叶（特别是在第二次世界大战后）就已经在西方世界偃旗息鼓了；但从现实的效应来看，作为西方形而上学的"完成形态"的黑格尔主义，并没有立即消失殆尽，而是仍旧在现代文化和文明中有着各种顽劣的表现。流入中国之后，它渐渐蜕变为一种顽固的意识形态倾向和思维定式，纠缠着当代中国人的心思。甚至，今天我们也许可以认为，20世纪的中国是黑格尔主义的最后的也是最大的一块地盘了。

这种黑格尔主义，用张志扬的概括，几乎成了我们的"存在-思维—表达"的基本模式。他将它提炼为：

> A."历史的必然规律告诉我们……"
>
> B."只要透过现象看本质，我们就……"
>
> C."因此，我们要为明天而斗争。"

这就是我们的"真理"，我们的"逻辑"，我们的"表达"。在这里，究竟谁是这个"我们"呢？不知道。无人是这个"我们"。或者，以张志扬的说法，是"被普遍原则所概括、所抽象的共同体或观念人"。而"我"，作为活生生的、具体的个人的"我"，却是连立足之所都没有的。不是吗，“即使我成千上万地死去，那因饥饿而死的生命无非是一个空洞的‘现象’而已，‘透过’它，伟大的‘本质’仍然完美无缺”。再者，这个无空间的“我”同样也失去了时间性，而仅仅是为了显示“历史的必然规律”的一个环节而已。于是，一个没有“此时此地”的“人”，却获得了公认的“本质”，并且仅仅作为这种“本质”而活动着。[①]

有多少个体的温热鲜活的生命牺牲在这样一个抽象的“我们”的“本质”机器里？对此，人们应该是记忆犹新的。而这种牺牲自然也是为了“本质”，是为了“历史的必然规律”，所以是适得其所的了。而且，错和罪向来就只是个体的事情，是“我”的事情，而作为“普遍本质”的“我们”是决不会出错犯罪的。你要申冤叫屈么？那就等着那“普遍本质”来为你“平反昭雪”“恢复名誉”吧。

在我看来，海德格尔、维特根斯坦、德里达等现代西方的思想家所发动的“形而上学批判”，根本上就是对上面这种在黑格尔主义那里登峰造极的西方形而上学“本质主义”传统——柏拉图主义传统——的反动。而对中国当代的文化现实来说，情形尤为复杂，黑格尔主义与封建主义王权政治的余孽结伴而行。因此，尽管自20世纪七十年代后期以来，“反黑格尔主义”实际上早已成为中国当代学术思想界的一个潜在主题，但对待这样一个“顽症”，也许仍然需要世纪末的一代中国思想家继续为之付出艰苦的思想努力。

重提“反黑格尔主义”这一命题，意义重大。以我的看法，这也是时下众说纷纭的西方“后现代主义”思潮对于中国当代思想文化可能具有的现实意义所在。但值得担忧的是，目前国内对“后现代主义”思潮所作的一些不无轻佻的议论，也很有可能致使这种本质上严肃的、承担着文化批判任务的思想有如过眼烟云一般在我们这里消失，就像

---

① 参看张志扬：《渎神的节日》，香港，1992年，第49页以下。

以前的别的种种西方思潮一样。

同样也与上述黑格尔主义的流布密切相关，在中国当代学术研究中（特别是在哲学、政治学和文艺理论等领域的研究中），仍旧充斥着干瘪的概念演绎和空洞的体系构架，蔓延着一种已经失去生命力的畸形的“学院语言”——也许更应该说是“经院语言”。虽然不是西方，但我们的学术语言所表现出来的浓厚的唯理论或观念论的色彩，可以说比西方更加西方了，其枯燥乏味和空洞虚假已经把语言可能具有的负面遮蔽功能发挥到了极致。这种情形至今也还没有得到根本性的改观。人们还到处可以见到那种气粗如牛、独断专横、不着边际、绝无纰漏的“学术论文”和“研究著作”。他既“发展”又“坚持”，处处既“辩证”又“统一”，谁知道他到底在想什么，要说什么？实际情形往往是，我们在其中既看不到“发展”也看不到“坚持”，根本还没有“辩”和“证”就已经“统一”起来了。

这当然不是一个简单的学风文风问题，其与政治意识形态因素的重重纠葛在此也可以按下不表。

思想与表达是一体的。语言的苍白亦是思想的苍白。当代中国学术语言的僵化和虚假方面，无疑标示着当代中国学术思想的僵化和虚假方面，标示着它与生活的真实的隔绝状态，它对于“实事本身”的离异状态。

我们看到，疏远于这种僵化和虚假的“学院语言”，张志扬的语言风格在当代中国思想家中可以说是独具品格的。这一方面自然与他的思想的创意相联系，另一方面也正显示着他对黑格尔主义的“学院语言”的一种自觉反叛。在他的文字里，植根于处身境况的深刻思辨总是与对词语的刻意驱遣相关联，“思”的严肃总是与“说”的精微结合在一起。其中有着丰富的思想的辨析，但并不是作悬空的概念推论；论题纯然是学术性的，但每每是从切身境况中发起话题，以鲜活生动的语言来表达厚重的哲思，特别着力于语言空间的构造，以彰显思想的紧张和力度。

学界中不少人对张志扬极具个性特征的文风不以为然，或有一些抱怨和指责。这当然是见仁见智的事了，不足为怪。但无论如何，我却对张志扬的文风持有深深的同情和理解。因为我从他的文字中体会到了一种词语的“温度”。词语（语言）是有热力的，真正贴近“实事”的思想必然也是对词语的温热的触摸。

以我的印象，在这方面，如果从思想资源上讲，张志扬恐怕是较多地受到了后期海德格尔的“思—诗一体”的语言观和运思实践的影响。这些年以来，海德格尔固然没有像萨特尔、弗洛伊德等那样在中国获得轰动的社会效应，但从影响的深度和持久方面看，海德格尔是远远地超出了其他一些现代西方思想家的。在西方，情形其实也是如此。思想不是流行歌曲，其生命力不在于轰动一时。

海德格尔的意义体现在“思”与“言”两个方面：他既是伟大的思想家，也是伟大的语言大师。照解释学家伽达默尔看来，在西方哲学思想史上，有三个伟大的“语言天才”：古代是亚里士多德，近代是黑格尔，当代就是海德格尔了。亚里士多德是希腊哲学的集大成者，是西方哲学语言和概念的构造者；黑格尔继承了康德“对形而上学学院语言的罗可可式的纤巧的德语化”，把概念语言发展到了极致境界；在海德格尔那里，我们则可以看到一种“原始性语言力量在思想领域中的突发”，海氏致力于开掘词语的原始的命名力量，发展出一种反形而上学学院语言的“半诗性的特殊语言”。[①] 实际上，上述三位西方思想大家分别标志着西方哲学三大阶段。他们在语言上的革命与他们在思想上的创造是一致的。

反观中国思想文化的历史，我以为大致也可以划分出语言创造和革新的三大阶段：首先是先秦时代，即中国传统思想语言的成型时期，

① 参看伽达默尔：《文集》第二卷，图宾根，1986 年，第 361 页以下。

形成了以“儒、道”为主体的中国传统思想及其道说方式；继之是东汉至唐宋时期，即由佛教文化传入、佛经翻译和传播而致的汉语思想语言的增生时期，形成了“儒、道、释”互动互补的中国传统思想文化格局和基本道说方式；最后是现代时期，是中国传统思想语言的瓦解和再生时期，其直接的起因就是所谓的“西学东渐”，即西方欧洲学术文化的传入，特别是一个多世纪以来中国学者对西方学术的翻译和述介——如我们所知，甚至现代汉语即白话文的形成，在某种程度上也得力于对西方文法的“翻译”。

需要强调的一点是，在上述三阶段中，由“成型”而至“增生”的阶段（即第二个阶段），中国古代思想和学术语言得到了改造和丰富，但其主体形态并没有发生根本性的变化；而到现代，汉语思想及其道说方式经历了一场革命性的转变，其变化之激烈和深刻是前所未有的，也绝非由佛教的传入所引发的变化所能比。

我们所处的这个世纪正是中国学术思想和语言发生激烈变化的“转型”时期。众所周知，中国传统的学术语言是与日常语言相分离的——在近代以前，欧洲的情形亦然。现代汉语的学术语言毕竟还是一个“新生儿”。“白话”还需要进一步锤炼。一个半世纪以来我们通过“翻译”而形成的大量异质的概念和范畴，还有待于在我们的语言和思想实践中消化、融通。此外，我们自然还面临着一个与自身的传统文化和语言的“间距化”的难题。一个多世纪以来，“在中西两大文化壁垒的夹隙里”，几代中国思想家筚路蓝缕，做出了近于“精神分裂”式的艰苦努力，孜孜于为现代汉语思想开辟新的路径，为汉语思想寻找新的道说方式。而毋庸讳言，其中成大业者稀。时至今日，我们仍然可以说，中国现代学术思想还没有形成具有鲜明个性的创造性特征，同样地，与此相应地，汉语思想的言说空间也还有待拓展和建构。

正是就此而言，我觉得张志扬的“思想—语言”实践是特别值得重视的一种。无疑地，他的思想还在行进途中，但已经可以看作一个征兆，标示着世纪末的一代中国学人对于自身处境的自觉，对自己的使命的承担，这就是：要在今天这个一体化的、又是多元化的世界时代里，为汉语现代思想的新生和勃兴，为汉语言的“命名”和“道说”力量的复苏，做一点铺路奠基的工作。而这同时也就是困惑于现代生存两难的学者“个人”为进入世界历史时代，找到自身真实性的位置的不息求索。

可想这是何其沉重的自设的思想苦役！所以，张志扬在《渎神的节日》一书“跋”中如是说——

> 不是智力，而是承受力，
> 把我引入哲学这死而复活
> 的受难地。

这个人在世纪末的仓皇[①]

早在 1993 年的夏天，应萌萌女士之约，我就在电脑里立下一个文件，开始写眼下这篇《世纪末独白》的文章，却一直交不了账。恍恍惚惚中竟已经过去了近四年时间。这其间，萌萌有好几次远远地打电话来催稿子，直让我心里发急发慌。被讨债的感觉当然不好。这次又来电话，我于是实在无以搪塞了。朋友们的这个设想无疑是有意思的，逼近世纪末的时候，大家的确应该找些话说，说说这个世纪，说说我们自己。

对于这个世纪以及世纪大事，我这里没有什么惊人的感受。当下想得起来的，也无非是战争、核弹、革命、主义、杀人、冷战，或者是技术进步了，“后现代”了，“后工业”了，等等；再就是，新近有人“克隆”出几头羊和猴什么的，据说马上要临到人类了，诸如此类。这些，都是众所周知的事体，不说也罢。而对于我自己呢，因为一向只是自我放任着，所以仿佛也少有话可说。但坐在这里琢磨寻思：这个人已经过了而立之年，立不立且不管，却确有必要正儿八经说说自己了。于是我想，何不就直接为自己说自己，是怎么活过来的，今天又怎么活的，以后也许还将怎样，等等之类呢？

话得从头说起。我生在仓皇时代里。我母亲甚至记不得我的出生月份了（这一点我根本不怪，也不能怪她老人家）。直到今天，我填写的履历表的“出生年月”一栏上，有时候写 1963 年 9 月，有时候写

① 本文原题为“三十年自述”，1997 年 3 月 28 日晚作于西子湖畔，原载萌萌编：《世纪末独白》，上海，1998 年。收入本书时重新立题，并作了补充和修改，2000 年 12 月 1 日改定于德国伍泊塔。

1963年10月，全看我自己高兴或者不高兴了。这固然不是什么惊天动地的事，但在我自己，总有一种想象上的不确定感。比如，我因此从来没有度过一个认真严格的生日。人总在不断找寻确定性。做哲学更是为谋求确信，寻找原点。而我连自己的生日都把握不了，如何可能心安？

有一些50年代诞生的同志，现在常喜欢说我们上世纪六十年代出生的同志要比他们幸运，没有他们受的苦难和沧桑。这话当然是对的。但我说也应该看看我们的苦处。在我看，上世纪六十年代人的身心多半也是先天不足的，也是“短缺的一代”。如我自己，就属于中国农民好歹熬过了三年困难时期，刚刚恢复一些体力后集中发挥生殖力而大量生产出来的一批。无论从哪个方面讲，这样的产品都实在是难得优质的。

回忆是要守持和确立什么，却是不容易的。萨特尔写《词语》书，记录自己幼时和少时的经验，特别是他幼年的语言经验，弄得娓娓动人。我读时总为他捏着一把汗。也许萨特尔真是天才吧。就我个人而言，我对于自己的童年生活几乎没有留下什么明显的印象，差不多是模模糊糊的一片。记忆中可以确认的童年往事，好像就只有两件：一是山村夜间狂吠的狗（那年头狗也累着）；二是没有充分的食物（当时所谓“口粮”）。

我之所以还能确立上述两件，也不是没有原因的。我父母虽说是地地道道的农民，却绝对是忠诚的共产主义者。在那个年头，中共党员或是“运动”的分子，或是“被运动”的分子，总之是活动分子。因为“革命”的缘故，我父母常常夜间外出开会，加上其他派系的农民也有其他一些勾当，就弄得村里的狗们十分惊慌。一个小小山村，几十条饿狗，一有动静，往往是吠声大作，此起彼伏。而幼时的我在夜间一听狗叫就恐惧，就做噩梦，见恶鬼。

至于饥饿，众所周知是那个年代的基本特征和普遍现象。口粮的不足和营养的不良的明显后果是我身体上的发育迟缓，不明显而深度的后果则是心灵方面同样也没有常态的发育。这一点唯有自知了，常恨恨不已的。

村里的小学只有一间平房，一个老师，五个年级，用绍兴土话教学，如语文课的第一课是“毛主席万岁”。因为出身成分好（当时也叫“根子红”，或者叫“根正苗红”），小学毕业我自然上了公社初中。初中教师多半是“民办的”，也就是本地一些初中毕业或者未及毕业的农民。整个学校活像一个大游乐场，以至于念完两年初中，我还不知道“水”的化学分子式怎么个写法。那一年，国家刚刚恢复了考试制度。考高中时，我除了语文课考得若干分外，其他各课都吃了零蛋。但大概因为大家都吃了零蛋，所以我也当然可以上高中了。

这时候人们开始一窝蜂地赶考大学。我被编排到附近另一个公社的中学念高中。校舍在山上，占着一座颓败的庙，名叫舜王庙。这是绍兴南部山区的一座名庙，现在已经得到修复，听说香火日益旺盛了。庙里的物件在“文革”中遭到严重破坏，香火已经断了多年。师生们吃住都在庙里面。地方阴森，生活艰苦。正当发育年龄的同学们，三餐吃着霉干菜，一个个都面黄肌瘦，情状凄惨。但大家学习劲头大得无比，都发了狠心，都不想当农民了。高考时，两个毕业班计有120余人，几乎全去投考，浩浩荡荡地集中到另一个公社中学的考场里，结果只上了两个。现在回想一下，这些农家子弟并非低能，且惊人地刻苦用功。唯因为出身和环境的先天限制，多半失去了“农民进城”的机会。举个简单的例子：上大学之前，我只读到过两本杂志，还是因为语文成绩尚可，语文老师“开小灶”，私下里借给我两本《解放军文艺》。我至今还清楚地记得这位可敬的老师打开锁着的抽屉、从里面摸出杂志时露出来的那种神秘兮兮的表情，以及我躲起来读杂志时的那种兴奋劲儿。

我应该是自愿填报浙江大学的地质学专业的。这个专业一直被人们视为畏途和末流。当时入学的大部分学生都不是自报的志愿。但若问我为什么自愿报了这个专业？我简直就答不上来。不过我敢保证，我当时根本不知道地质学到底是做什么的，似乎也根本没想知道它是做什么的。这时也许只有一个想法：我要上大学，我要上大学了。这样想着，上什么大学读什么专业就无关紧要了。

我就这样恍恍惚惚地进了杭州城。我在中学里没有学过外语，连 26 个英语字母都念不周全，高考时在可以打勾的地方胡乱打勾，竟也蒙对了 15 分——我的运气据说在中偏上（好在当年外语只计百分之三十的分数）。到了大学里，我仍旧十分真诚地想：好端端一个中国人，学什么鸟外语呢？我被安排在英语低级班里，从 ABC 开始学。有一次英语老师让我念一段课文，我咕噜了一阵，好像在讲绍兴话，没有人听懂，只赢得了满堂的哄笑；以后这位老师再没有让我念过课文，倒也让我清闲着。对于地质学专业，我进校不久就失去了兴味，于是常常逃课，自己躲起来看看小说诗歌之类，竟也写了一些酸溜溜的诗。

这里顺便插一段。我从自己的经历里得出一点：我们的大学制度是必须彻底改革的，改革的基本方向就是“教的自由”和“学的自由”。教师开什么课，教授什么，学生选什么专业，学习什么，都必须是完全自由开放的。若没有这两种自由，大学就不可能实现自己的本质，而对于国家和个人来说就意味着劳民伤财。想当年我们一个班共 27 名学生，现在仍在从事专业工作的只有二三人！这是什么样的培养效果？！

我就这样糊里糊涂地度完了大学生活。毕业后我被分配到泰山脚下的一个矿业学院教书，教的是“普遍地质学”和“大地构造”两课。以我在大学里的学业情况，这时自然免不了误人子弟了。其时生活沉闷，心灵开始发育，就对哲学生出了一点兴趣。到这个时候我才认识到了外语的重要性，于是开始发狠地自学德语。

工作第三年（1987 年），我报考了母校的“马克思主义哲学”专业硕士研究生。这回之所以又报了浙大，原因却也简单，只是因为当时在刘再复先生的《性格组合论》一书前言中，读到他节录的“远方的浙江大学的副教授刘锡光先生”的一封信，而后者在当年的硕士研究生招生简章上列出了“人类本体学”这样一个玄玄怪怪、莫名其妙的方向，着实吸引了我。

后来的事实证明刘锡光先生确是一位怪异的、可敬的学者。盛年早逝的刘锡光先生没有留下什么文字（有一大堆手稿），主要是因为他的思想难得稳定，而总在变动过程中。另一个原因是，刘锡光先生在50年代的反右运动中一不小心做了右派，之后近30年时间里一直在田里乡间劳动改造（他居然也在我老家的一个采石场上被改造了几年！），不可能读书写作，结果是当他有机会写作时，他已经不能用清楚的语言来表达自己的思想了——虽然他经常有一些新鲜的有意义的思想，而且也能够把这些思想口头传达出来。这是一位特别悲剧性的学者。他的悲剧其实也是我们国家的悲剧。我在这里把深深的哀思寄托给他。

又两年后，1989年，我同时报考了南京大学和复旦大学的“现代西方哲学”专业的博士研究生。那年头没人愿意读书了，结果两校都发给我一份录取通知书。众所周知那是一个动荡的夏季，形势由不得我从容选择，我就以通知书的先后顺序决定去了南京大学。但没想到一年后，导师夏基松先生调动工作到杭州大学哲学系，我也只好跟着他又一次回到了杭州。

接下来是毕业、留校。至1996年调动工作，我又一次回到了自己的大学母校浙江大学（这已经是我第三次进浙大了，看来此生与浙大有难解之缘）。生活的轨道越来越固定。职业的感觉越来越显明。我就这样演变成了一个“哲学工作者”，而且弄不好就要成为什么什么“专家”了。

这个人何以到了这个地步，我自己简直弄不明白，似乎也不好从历史上推理。这个人的历史乏善可陈，其实只需要半张“简历表”就足以说明。而且，上面这样写下来，时间这东西就让我感觉十分空虚可怕——我每次填写简历时都会产生这种虚空感。在可以排列出来的日期和经历后面，发生过无数大大小小的事情，那才是我真实生命的流逝过程，却像梦一般虚幻不定。对于自己的空洞的过去，今天的我又能确定多少，又能坚持什么呢？

来源规定着未来。我今天在大学里活动，讲的是经过自己努力改造，但终于没有改造好的土著语言；甚至我的德语也好像很有“个人特色”。人说学术和艺术是贵族事业。这个固然可信可不信。但至少有一点：学术是需要积累的，并不是你想做就可以做、想创造就可以创造了的。想想自己的情况，我至今都“积累”了些什么呢？论所谓“中学”，先秦诸子都没有正儿八经读完；论“西学”，半生不熟地弄了点海德格尔而已。什么都需要补课，外文要补，中文得补，甚至连感觉能力也得补。

记得 1997 年金秋的一天，我与来自海南的张志扬、陈家琪两位先生坐在西湖边喝茶聊天。当中不知有谁提出了一个问题：你什么时候最有快感？快感当然是多方面的。这时候提出这样一个问题，似乎应该排除肉欲方面的快感。大约每个人都需要想想这样一个问题。人生在世，恐怕都有这个快感问题。当时是家琪兄先答题，他说他在演讲（讲课）时最有快感。一般人可能并不信这个答案，但曾经亲临其境、听过他讲课的人都会相信这是真话。在我的印象中，家琪兄在讲台上是目中无人，忘乎所以的。我理解他这种完全的投入就是一种快感了。志扬兄的回答比较复杂，我没有能够记住，只好省去。我自己的答案如下：我在电脑面前翻弄自己的文字，而且特别是自己作的译文时，最有快感，因为这时候我有一种平安的感觉。

这个想法可能并不高妙，却是真实的。好些年来，我以一种固执的心态从事着海德格尔著作的翻译工作。常有朋友奉劝我可以停下来了，应该多思考一些问题，多写些“自己的东西”了，但我却一仍其旧，继续辛苦而快乐地做着这个译事。这不是毫无原因的，基本原因大概就在这个“快感”问题上了。我想，对个人来说，平常玩弄什么也是应该讲究的事情。能自由地玩弄自己钟爱的文字，当然是不错的。我作翻译，并且选择了海德格尔这位思想家的文字来作，就有这么一个十分具体的理由。此外大约就与天赋、个性之类有关了。

迄今为止，我仍对城市生活怀有一种莫名的恐惧感。我一如既往地以进城农民的眼光窥视着城市。我讨厌上街。即使囊中并不羞涩时，我也恐怕进市场；一入市场我就心里发怵，不知所从。我老婆开始时做过长期艰苦的努力，采取各种手段把我往闹市商场里拉；若干年后，她终于放弃了。

我使用电脑已经有好多个年头了，在我们这个不大不小的城市里，我应该属于最早用电脑写字的人群中的一员。但直到今天，我仍对这个可爱又可恶的存在物极不信任。这倒并非仅仅因为我曾在电脑上面无端地丢失过若干个文件，而是因为，电脑这个机械以及电脑磁盘里的文字从来没有让我产生出某种可靠、可握的坚实感觉。我曾在一个场合里说：电脑和网络正在使人类生活和人类文化丧失掉“质感”，而譬如一本书，一本可以触摸的书，给人的感觉是多么稳靠，多么实质，多么沉甸甸啊！

但问题在于：现在的我哪里还离得了电脑呢？这是不是也算得上一种“存在的荒诞”？

一些年来，身为时代闲人，我内心一直滋长着一种被抽离的悬空感觉。这种感觉与我的年龄极不相称。我时常惶然不安，甚至时常担心我居住的房屋就要崩塌下来。恰好我现在的书房，大概因为书太多太重的缘故，在寂静无声时常发出莫名的轻微声音，好像正在分裂开来。这种声音着实有点怪异。我有时觉得这种声音来自屋顶，有时又觉得它来自四壁，或者地板，或者别处。总之这种声音与我的惶然不安一样，好像是完全无来由的。但它却有某种吸引力，夜深人静之际，我常会沉湎于对它的谛听。许多时候，我坐在电脑面前，眼睛盯着屏幕上面方方正正的文字，耳朵却在期待那无定律的声音的出现。这时候我就一次次想念卡夫卡笔下的那只地洞动物。我就这样听着看着想着，消磨了生命中的一些时光。

我走上哲学的道路，原是想为自己寻找一种生活的信念和凭靠。而时至今日，我也许得承认自己的失败。实际上，我越是费尽心机想摆脱自己这种不安不定的状态，就越是深陷于其中，就越是觉得自己在根子里空空如也。这种失败当然也是言语的失败——也许更是言语的失败。无可规定便无确信。我无以标榜自己，也不能诉诸时代。我曾做出努力，试着用各种方式来界定自己这种状态，但从来都没有令自己满意过。也许那是一种语言不能穿透的状态？或者，那是一种出于对自己的虚情假意而不能招认的状态？

此时此刻，当我写下这些文字时，依然心生疑窦：我是否能真实地道出自己？我将何以为继？

对于一个人来说，三十几岁差不多已经是半生半世了。回过神来想想，能活着终归不错。活着就是希望。而活着就要行动。也许只有行动才给人坚实感觉。荷尔德林有诗云：

> “我们每个人走向和到达，我们所能到达的地方。
>
> 这是诗人的大智大慧。也可见行动是命定的。”

生不逢时、死得其时的哲学家尼采说：“当一个哲学家是很舒服的，因为谁也不要求哲学家什么。”这话多体贴。要是当哲学家真有这么舒适该有多舒适呢！然而，这个凶狠尖锐的尼采很快又撕下了脸皮：“今天的哲学家表现了这个时代的所有罪恶，特别是它的仓皇。他们冒冒失失地写，毫不害羞地教，虽然他们可能根本不知道他们教的是什么。”

我于是在写和教的时候，经常诚惶诚恐。

赶紧打住了罢。

再版后记

如果从1990年在北京《读书》杂志上发表第一篇文章《诗的源始》算起，我写字、治学的经历也近20年了。近20年里，我的主要业务却是学术翻译。或有空闲时，也写些短小的文章，多半是一些读后感或者译后感之类，无足挂齿，不过好歹也算是本人翻译和研究西方哲学文化的一点心得体会。到2000年时，经学兄倪梁康教授安排，我有机会把十年的短章集成一册，就是眼下这本小书了。

我出生在浙江绍兴农村，老家位于绍兴南部山区，离城约有40公里路程。虽然旧时绍兴乡间一直有“耕读之家”的风俗传承，但经过“文革”的动乱，淳朴民风丧失殆尽，人心不古，只把心思里的恶俗和野蛮挑动了起来，哪里还会有什么书卷之气可言？因此，受到时代环境的限制，我小时候少有机会读书，也根本无书可读。高中毕业那一年我才读到了《红楼梦》节本，而此前几乎连接触期刊的机会也没有过。外文就更不用说了，高中毕业时我还没有把26个英文字母认个完全。这些悲哀的故事，恐怕现在的后生们是无法设想和体感的了。

比照自己的出身，我后来走上翻译和研究欧洲哲学的学术道路，实在是有些意外，也有一点点奇怪和滑稽的。旁人费解，自己想想也是荒诞一种了。

本书初版于2001年，一晃有七八年时间过去了。这次再版之际，我审读了全书，作了稍许文字改动，订正了若干处误植词，但没有内容上的变动。我多处说过，看自己过去的文字是一件不开心的事，还是少看为妙。

这两年家里不顺。先是送走了母亲，两年后的最近又送走了父亲。

家父家母都是地道的农民，生前只知道我当了“哲学教授”，至于我做着什么，读着和讲着什么，他们是全无了解的。他们纯朴而温良的心思是那么不“现代”和不“文化”，他们的“生活世界”与我的所谓学者生活是那么格格不入，想来是可以落泪的。如今两位老人都已离开了人世，我这依然离乡的儿子只能祝祷他们的在天之灵安息。

我也把这本小书献给他们，以寄托我的哀思。

2008 年 11 月 14 日记于沪上同济